知恵をマスターする – 充実した人生への道

知恵をマスターする – 充実した人生への道

知恵を習得する

充実した人生への道

アイ・ジェイ・ナヤック

インド
2023年

コンテンツ

第 1 章 はじめに: 私たちの時代

第2章: WORDS: 生き物たちの詩

第 3 章: 肉体の恵み

第 4 章: 愛の教訓

第 5 章 - 信仰の歴史と発展

第6章 - 希望の再考

第 1 章 はじめに: 私たちの時代

私は生きるためにリスナーをしています。私は知恵と美、そして聞くために叫ばない声を求めています。この本では、ある側面について詳しく説明しています。

私は、世代、時代、分野、宗教宗派を超えた会話になったことから学びました。

この冒険は世紀が変わったときに始まり、成長し、変化してきました。これらのページで私が焦点を当てているのは、私を驚かせ、私の信念を引き裂く、生きることに固有の側面です。私は、これから続く段落で、優雅な心と人生の間を行ったり来たりしながら、会話を通じて私のアイデアがどのように生まれたのかを説明しようとしました。私は、変化する世界に関する知恵の地図の形として、私の文章の相互関連性を発見しました。それは、私たち全員が共に歩む広大な領域への言葉で書かれたロードマップです。これは、混雑した中心部と同じくらいエッジを重要視する一連のポインターです。なぜなら、変化は常に人類の歴史の片隅にあり、それが今日まさに起きているからです。日常生活における地震環境の変化は、地球物理学の世界では亀裂や空間から始まります。

この魅力的でめくるめく世紀は、20 世紀が解決したと考えていた根本的な疑問を明らかにしています。私たちが問う質問は深遠であると同時に文明的であり、人生が始まる時期とその始まりの定義を定義します。

死は、家族や結婚の重要性、そしてアイデンティティの意味においても起こります。私たちの自然との関係。テクノロジーとのつながりだけでなく、テクノロジーを介したつながりも。黎明期のインターネットは、創造し、主導すること、そして参加することについての私たちの考え方を変えました。それは私たちを宗教改革の時代に導きますが、今度は、教育、政治経済、宗教などを含む私たちのすべての制度が同時に起こります。現時点で最も興味深く、そして難しいのは、古い構造が機能しないことを私たちが認識していることです。将来のフォームがどのようになるかはまだ決定できません。私たちは「リアルタイム」を使用してそれらを作成しています。私たちは時間の概念さえも再考しています。

人類は、時として軸時代と呼ばれる時代に、世界的な視野で自らの内部を初めて見つめ始めました。これは、西暦中期にあたる西暦の数世紀前でした。変化の別世界の完全に分離した文化の中で、孔子は中国で生まれ、仏陀は悟りを模索しました。プラトンとアリストテレスは魂と精神に注目し、ヘブライ人の預言者は神の民が誕生するという考えを書き始めました。内なる平和の追求は、部族や親族以外の人々、孤児、よそ者、恵まれない人々などの幸福が個人の幸福と結びついているという衝撃的な考えの中で始まりました。人間は、「人間であるとはどういう意味ですか?」以来、宗教と哲学の世界を形作ってきた問いに声をあげてきました。人生で最も大切なものは何ですか?死に関して考慮すべき最も重要なことは何ですか?私たちは同胞と世界に奉仕するために何ができるでしょうか?

遠く離れた見知らぬ人々との相互依存がますます増大する時代において、その疑問は生まれ変わり、再構築されつつあります。それは、人間とは何かという問題であり、私たちが同胞たちに対して自分自身をどのように定義するかという問題と密接に結びついています。私たちは、この課題に取り組むための物理的および精神的な手段についての豊富な理解と知恵を持っています。私たちはテクノロジーがますます進歩しているのを観察し、テクノロジーの意識能力について畏敬の念を抱きます。いつの時代も、私たちは心の中に知性を高める可能性を秘めています。知恵は私たちの知性を豊かにし、意識を高め、進化のプロセス自体を加速します。

精神的および宗教的な伝統は、時を経て知恵をもたらしてきましたが、緊張した環境下であっても、パロディに歪められることがあります。私がこれらのことについて話すとき、私は他の学問分野では比類のない、私たちの人類に最大限の注意を払っている場所について話しています。それは、愛され、喜びを感じる能力、敵を妨害し欺く能力、失敗の不変性です。そして失敗、奉仕したいという願望。私は、宗教が生み出す希望についての深い洞察力、過小評価されている美の価値への崇拝、そして人類の普遍的な神秘体験に対する宗教の真剣さに畏敬の念を抱きます。

私たちの霊的生活は、私たちと私たちの仲間の神秘に直面する場所です。

私たちは過去数百年間、西洋からの謎を終わらせるために戦ったが、代わりに現実の鋭いエッジ、つまり解決策、アイデア、計画、そしてファシズム、共産主義、そして資本主義の帝国主義の3つの間で変化することを再確認した。私たちの暗く酸っぱい時代の中で、私たちは長い間そこに存在してきた現実、つまり混沌と輝かしさの中での人間の状態、そして私たちの希望と野望が実現するか失敗するかの基盤である現実に立ち戻りつつあります。「歴史を知らない者は歴史を繰り返す運命にある」という古い格言は十分ではありません。歴史のサイクルは、私たちが自分の歴史を本当に深く認識するまで繰り返されます。今日の世界経済の混乱は、人間の介入が存在していることを示唆しています。天候の乱れも同様です。冷戦後の世界に残された唯一の「主義」であるテロリズムは、あらゆる場所での人間の絶望の結果です。

アインシュタインが作成した道徳方程式については、あまり知られていないものの、彼の数学方程式と同じくらい根本的なものであると私は確信しています。アインシュタインは、科学の社会的利益に対する深い確信を持って人生を始めました。科学は部族の対立や国家の境界線を超えるべき宇宙的な取り組みの集合体です。その後、彼はドイツの科学がファシズムに屈服するのを目の当たりにした。彼は物理学者や化学技術者が大量破壊装置を作成しているのを見ました。同氏は、当時の科学者たちは3歳の幼児の手の中にある鋭利な刃物になりつつあったと主張した。彼は、ガンジーやモーセ、イエス、仏陀、聖人のような人々を認識し始めました。アッシジのフランシスコ、「生活芸術の天才」。人間の尊厳、安全、幸福を確保するには、客観的な知識よりも「霊的天才」の結果としての彼らの才能の方が重要だと主張した。

私の仕事は、日常生活からの精神的な天才が私たちの周りにたくさんいることを教えてくれました。彼らは辺境に位置しており、広報担当者もいません。それらはレーダーに映っておらず、壊れています。私たちが日常生活について話すことは、ますます憂鬱なものになっています。ジャーナリズムという私の職業では、歴史の最初のバージョンを作成しようとしていますが、その不十分さ、腐敗、悲惨さ、失敗を調査するために最大限の分析能力を使用します。ジャーナリズムの分野では、「ニュース」はその日の最も異常な出来事として定義されますが、ほとんどの場合、世界で起こっている信じられないほど恐ろしい出来事として解釈されます。24 時間年中無休の情報サイクルの中で、悪い情報の嵐を、私たちがどのような人間になったのか、そして私たちが種として戦っている課題についての通常の現実として受け入れてしまうのは簡単です。

しかし、私たちの世界は美しさ、勇気、そして優雅さに満ちています。社会に変化をもたらす人類の変革に、私たちが自由に使えるあらゆるツールを使って貢献したいという欲求が高まっていることを私は認識しています。デジタル時代は、多くの点で完全に現代的な西部開拓時代ですが、基本的なレベルでは、私たちが生身の人間として生きることの贅沢と可能性を表示する画面にすぎません。スピリチュアリティは進化しており、栄養源はより広く入手できるようになってきています。科学は、私たちの脳と体に関する知識を明らかにしており、それは個人としてだけでなく人間としても、私たちのありのままの姿と、なりたい自分との間のギャップを埋めることができる日々の力の形です。医学的および社会的学問を通じて、私たちは人間の状態についてまったく新しい理解を深めています。活力と完全性。

私たちは、立ち直り、変革された人々になることで、変革的で永続的な新しい現実を創造することができます。それは恋人、愛する人、国民、政治家、社会起業家、そして困っている人についての物語です。それは私であり、あなたのことでもあります。

＊＊＊

存在するということは、聞くということです。じっとしていることではありません。私は、私の質問だけでなく、私の経験を共有する他の人と交流します。私は、自分の人生がたどった道筋の予測不可能さと、与えられた視点に感謝することを学びました。それは私に実際に社会の基盤である限界空間についての深い知識を与え、力を行使する領域、つまりアイデアの可能性と行動の力へのアクセスを与えてくれました。私は、今日私たちが経験している危機と考えられるもののインスピレーションの源となっている過去の長い歴史について理解しています。私たちがどこから来たのか、そしてそこからどのようにして現在の場所に到達したのかを学びました。

私の生まれ故郷は、ジョン・F・ケネディが大統領に選出された1960年の選挙結果が届いた深夜の早い時間でした。私はオクラホマ州ショーニーで育ちました。この小さな町はアメリカの間にある若い州の真ん中にあり、人々は過去の歴史を忘れ、祖先の惨状を過去に放置する傾向がありました。私の母方の祖父母は、オクラホマの荒々しい砂塵の中で一から生活を築くために、屋根付きのワゴンを運転して旧インディアン準州に入りました。私の父は、私が3歳のときに祖父母と呼んでいた家族に養子として引き取られました。彼と私たちにとって、それは単なる薄くて壊れやすい層でした。

私はたくさんの願望を持って育ちましたが、それが何のためにあるのかはわかりませんでしたし、オクラホマやテキサス以外の宇宙についても知りませんでした。社会的交流の主な源は、私の祖父が牧師を務めていた南部バプテスト教会でした。私が勉強する必要があった唯一の本は聖書でした。そのため、私は聖書が提起する大きな疑問や解決しそうにない疑問と夜遅くまで格闘することがよくありました。その後、高校4年生の夏の間ずっとシカゴのディベートキャンプで過ごし、世俗の可能性を理解するのを助けてくれた人々に会いました。そのうちの１人は、私が聞いたこともなかったブラウン大学に進学するためには何でもするということで、私も応募することができました。私にとってブラウンに行くのは火星に行くのと同じでした。到着すると、両親の一人、とうに亡くなった大統領が寮の部屋に住んでいるのが見つかりました。並行世界、他の惑星、そして私が SF で憧れた、科学者たちが今では真剣だと考えているような物語の世界——ショーニーとプロビデンスからのジャンプの多くの部分が、私にとって完璧にマッチしているように思えました。

爽快な跳躍は、どんなにスリリングなものであっても、ほとんどの場合、生き物にとって厳しいものです。今思うと、そのどん底は、大学2年生の時に初めてうつ病を経験した時で、読んだことのない本や行ったことのない場所のせいで圧倒されてしまいました。この人里離れた世界でクラスメイトに追いつくことはできないと思っていました。しかし、私は今自分の方向にある可能性に身を投じることに決めました。私はドイツ語でコースを受講し、ヨーロッパを横断して戻り、その後、二度目の火星へ行きました。ロストック内での非現実的な交換プログラムに参加して、一学期を過ごすことができました。ロストックは、西ドイツの共産主義都市ロストックです。バルト海。

ロストックでは、特にドイツと世界全体が共産主義と資本主義、地政学的善と地政学的悪に分断されていることに、知的にも感情的にも捕らえられました。私は、政治の舞台にはすべての重要な問題があり、すべての正当な解決策も利用可能であるという 20 世紀半ばのメッセージに魅了されました。私は神についての考えを脇に置き、メディアや政治制度を通じて敬意を持って世界を守り始めました。

大学卒業後、私は静かな西ドイツの首都ボンで学び、その後ニューヨーク・タイムズのストリンガーとして分断されたベルリンに移りました。私には持続可能な収入や署名などの保証はありませんでした。しかし、当時は中央ヨーロッパ全体が忙しい時期だったので、私は東ドイツのテレタイプや、西から来た革新的な新しいモデム技術を通じて記事を記録しました。18か月後、私は国務省での役職に就きました。国務省は基本的に、戦後の四大国体制における政府の一部門でした。

壁が倒れた。私はベルリンの壁の向こう側で人間関係の発展に携わっており、それを維持するよう任務を受けていました。80年代を通じて、「ドイツ国内の国境」を越えてさまよった人々の間で人間の絆が急増し、人間との交流や、彼らが教会、芸術、政治と共有した環境をきっかけに目覚めた環境活動家たちが、魅力的な破壊活動で衝突した。方法;成人する若者たちは、日中は共産主義のプロパガンダの世界、夜は西側のテレビの世界に身を置く。統合失調症で、文化的に混乱し、理解を超えて動揺している。

私は幸運にも西側諸国で刺激的な仕事に就き、最終的には核兵器の専門家であった新しく任命されたアメリカ大使の首席補佐官になりました。私が築いてきたキャリアは私の身分証明書でした。ベルリンでは多くのことを学びましたが、それが今のまったく異なるキャリアパスにつながっています。当時は、宗教、精神、その他政治的でない意味についての議論はありませんでした。しかし、地政学的なドラマは、その瞬間、その場所において、実存の問題でした。子供の頃、私はこの熱狂に魅了されました。ドイツの歴史は何層にもわたる迷路であり、あらゆる年齢の人々にとって非常に強烈で、揺るぎない重みを持っていました。その悪魔はあらゆる部屋に存在し、識別され、絶え間なく戦っていました。

結論として私にとって、ベルリンを支配していた政治よりも説得力を持ったのは、それが大規模な社会実験と化したことであった。一つの民族で言語を共有していたこの街、歴史と文化は、私が初めてベルリンに来たときにしっかりと根付いていた、全く正反対の2つの世界観と視点に分かれていました。私はこの街の中心と魂を貫く壁の両側の人々に畏敬の念を抱きました。しかし、私は、危険にさらされる可能性のある東洋と東洋に対して正気を保とうとする必死の試みの中で惹かれ、私の人生と精神はより活力とエネルギーを与えられました。この認識は、私の個人的な成長と教育に対する認識を揺るがし、西洋でも自由と多くのものを享受し、孤独な生活を送ることが可能であることを認識させました。また、東洋では「何も持たず」、親密さ、美しさ、尊厳のある環境を過ごすことも可能でした。

1989年11月9日、私の29歳の誕生日に壁が開き始めたとき、壁が崩壊する可能性や鉄のカーテンが崩壊する可能性など誰も想像できませんでした。私たちはこれらの事件についての語りを、ミサイルと外交、そしてレーガンとゴルバチョフという魅惑的なカリスマの領域に限定しています。確かに、それぞれがドラマの中で重要な役割を果たしており、彼らの周りにいた戦略家や外交官も同様でした。しかし、彼らは状況をある程度までしか把握できませんでした。壁はついに爆発ではなくささやき声で破壊され、国中から恐怖が一気に解放されました。チェックポイントチャーリーを歩いたり車で通過したりした

その不条理が権威の源であることを認識しながら、何度も。夕方、記者会見中の官僚の失策を受けて壁が崩壊し、街全体が壁を突き破って大騒ぎになった。国境警備隊も彼らに加わった。本当に簡単でした。私たちの生活の中には、私たちが考えることも対処することもできない領域があり、私たちが想像する以上に大きな変化の可能性を秘めています。

ベルリンでの私の経験は、それ以来私が提起してきた種類の質問に私を導き始めました。私たちの中にある生の、命を与える、そして悲痛な場所にどのように話しかければ、私たちはそれらを注意深く理解し、それらが私たちに与えてくれる教訓を実践し、私たちが一緒に生きるためにそれらの知恵を活用できるでしょうか？

私が30代になって考え始めたのは神学であり、神学はさまざまな神学の語彙や質問をするためのツールを提供してくれました。神学の表向きの姿は、いつの時代も神の抽象概念や神をめぐる戦いと結びついてきたが、私は、人間、その行動、そして人間の圧倒的に複雑な本性に取り組む神学の豊かな伝統に感謝している。それは、神学に畏敬の念を抱いていた若い頃の自分にとって、疑わしく敬虔に聞こえるかもしれないが、理想主義的でもある特質の発達を強調してきた。現実主義を超えた希望。現実の政治の限界を超えた愛。

フォローしているページには、私たちが今経験している現在の変化の中にこの可能性を見ることができる人々や声が集まっています。この本には美しく本質的な詩がたくさんありますが、それはまた、私が探求するより深い動機によるものでもあります。科学もたくさんあります。私の会話生活は、神経科学者や物理学者、生物学者、そしてかつては哲学者や神学のものであった道徳の問題に光を当てる質問をし、発見をしている神経科学者の知恵で満たされています。

これらのページの中心は、美徳を説明するために使用される言葉であり、おそらく古めかしい用語ですが、欲望を行動に変える具体的な規律の必要性を即座に認識する若者を惹きつけるものであることがわかりました。私たちの宗教的伝統は、時代を超えて美徳を体現してきました。それらは聖人や英雄の作品ではなく、プロフェッショナルとしての人生を生きるための道具です。これらは、私たちが実践できる新しい画像や言葉を使って神経科学が研究している、人間の行動に関する知恵の一部です。私たちが行うこと、学ぶことは、次のように変化します。ピアノで演奏したり、フットボールを蹴ったりすることは、破壊的で無分別な方法で、または優雅で寛大な方法で世界を探求する私たちの能力に当てはまります。ポジティブな特質に気づくことができたし、

私たちが時空間において血と肉において最高の状態になれるよう助けるスピリチュアルなテクニックとしての儀式。

愛の許し、思いやりなど、すぐに思い浮かぶ特定の美徳があり、それは一日または一生の結果である可能性があります。私たちの生活を構成する原材料を手放すことによって、これらを可能にするのは、思考と行動の微妙な変化です。

私は、知恵の基礎であると私が信じてきた日常生活の基本的な側面である基本要素の 5 つのカテゴリーで私の考えを構造化しました。これらの問題に対する私の理解と経験は完全に変わりました。

一つ目は言葉です。私たちは、真実の全容を私たちに提供してくれる、あるいは私たち自身と世界の真実全体を読者に明らかにしてくれるという事実の真実性を信じることさえも失ってしまったのです。私たちは、日常生活の中での言説と思われるものに疎外され、驚かされることがよくあります。私たちが美徳として信じている言葉も、過剰な使用や決まり文句によって妨害されます。作家エリザベス・アレクサンダーの言葉詩に込められた「きらめく言葉」に隠された現実世界の意味を探ります。私たちの最も深い信念と情熱を、想像力を閉ざすのではなく拡張する方法で表現することが可能であると私は確信しています。もっと質問することの重要性について私の経験を共有しています。今日の世界は、あなたと私が作成できる最も活気に満ちた変革的な言語を必要としています。私たちは

すぐに聞きたい会話を始め、新しい方法で私たちの時代の物語を語ることができます。

3番目は物理的なものを指します。身体はあらゆる美徳が存在するか消滅する場所ですが、これは私の人生において、若い頃の宗教の世界とは異なる重要性を持っています。最新の科学研究は、以前と同様に実現可能な治癒と再生の全体像を明らかにしつつあります。私たちが学んでいる私たちの肉体は、単なる肉体以上のものです。それらは痛み、喜び、思い出だけでなく、世界やお互いを開いたり閉じたりする私たちの能力を運びます。美、喜び、知恵の間には深いつながりがあります。そして、私たちは食べ物の選択から始めて、これらを実践的な方法で学び直しています。私たちが自分自身を超えて到達する能力、つまり神秘を体験したり、他者に存在したりする能力は、すべての欠点とその恵みを私たちが自分の体にどれだけ完全に植え付けられているかにかかっていると信じるようになりました。

3つ目は愛です。それは、21世紀における膨大な人間の相互作用と課題に対処するのに十分な大きさの唯一の目標です。「愛」は、少し（またはそれ以上）破壊された別の言葉です。私たちはそれがそこにあることを忘れてしまうことがよくあります。

私たちはそれを、私たちが参加したり参加したりできるものと呼んでいます。人間の状態と私たちの能力についてのちょっとした知恵として、それは私たちがやっと発見し始めた特質と生き方です。歴史を通じて世界をその軸を中心に変えてきた人々は、人類に愛を受け入れるよう促してきました。私たちは今、自分自身の生活の中でこの課題にもっと熱心に取り組み、私的な利益だけでなく、社会的な利益として実践的で創造的で永続的なものを愛することが何を意味するのかを学ばなければなりません。ことわざにあるように、もはや政治に限ったことではありませんが、ほぼすべてのものに市民的価値があります。どこに行っても、私たちの共同生活の必要性として愛という言葉が言及されているのを耳にします。人種と経済的幸福の問題に取り組むとき、愛はどのようなものになる可能性があるかについて、私が聞いたことを共有します。脳に対する私たちの理解の深まりも、この物語の一部です。恐怖や思いやりから離れ、お互いの本質的な帰属意識を理解する上での素晴らしい新しい友達です。

4番目の要素は信仰です。私の人生は信仰をテーマに議論することから始まりました。21世紀初頭に私の信仰が変化するにつれて、私の疑問も進化してきました。スピリチュアルな過去の知恵がこれまでと同様に私たちに利用できるようになり、私たちは自分自身のスピリチュアルな生活をデザインすることを選択できるようになりました。これはある意味、地球全体の利益のために、伝統の最も深い側面の再発見につながっています。私の考えや懸念は、物理学者との会話や無宗教者の出現によって豊かになりました。私が興味を持っているつながりの逆説的な性質は、私たちのテクノロジーが文字通りの世界がすべてではないという認識、そして数学者や科学者が美と神秘を持っている豊富な語彙をどのように認識させるかということです。神秘体験とは、生まれ、愛と死を経験することを含む、人間の正常な体験であると私は信じています。神秘の言語と、非信仰と信仰、科学と信仰の境界を越えて質問するという固有の美徳に対する意識が高まることは、他者の存在を認めながら、自分自身の個人的な真実と才能を喜びを持って生きるのに役立ちます。今から1世紀後に宗教がどのようになっているかはわかりませんが、信仰の発展は私たちの生活をより良いものに変えるでしょう。

5つ目は希望です。人生における会話は、希望の重要性を再定義することにつながりました。私は希望を理想主義や楽観主義とは異なるという観点から定義します。それは希望的観測とは無関係です。それはあらゆる場面で現実世界を反映し、真実を崇拝します。それは、世界のまぶしさの中に否応なく織り込まれ、時にはそれを征服するかのように見える闇に心を開いており、畏怖の念を抱いています。すべての美徳と同様、希望は選択であり、最終的には習慣となり、精神的な筋肉の記憶に変わります。それは、あなたがありのままの生活を送るのに役立つ、再生可能なリソースです。

私たちが望んでいるようなものではありません。私は、私たちの時代の物語の一部として私が見てきた美しい顔や物語のいくつかを説明し、他の衰退と危険の物語と同じように、私たちが何ができるかを指摘します。

イエズス会の古生物学者ピエール・テイヤール・ド・シャルダンは、特に人類の希望について考えるときに、この作品のインスピレーションの源となっています。彼は生涯、科学革命、知的厳密さ、そして人間の精神についての魅惑的で広大なビジョンを受け入れました。「宇宙の解釈は、物事の外側だけでなく内側も、物質だけでなく精神もカバーしない限り、満足のいくものではない」と彼は書いた。中国で古代の「北京原人」の化石を発掘し、現代の私たちの魂と精神を発掘する人類の未来を想像すると、それは原始的なものにしか見えません。彼は、私たちが生物圏とヌースフィア、つまり人間の知性、知識、行動能力が及ぶ領域をカバーすると予測しました。彼はそれがインターネットに似たものになるだろうと予測した。インターネットが進化の次の段階、つまり意識と精神の進化の触媒となるだろうとの彼の信念でした。これは、私たちが現在経験している可能性のある将来のリスクを想像する、巨大でスリリングなビジョンです。

しかし、テイヤールはゆっくりとした深い地質時代を信じていたので、私たちもそうすべきです。時間を長期的に見ることは、私たち自身の存在と周囲の世界の存在についての理解を取り戻すのに役立ちます。私たちはまだ思春期の段階にあり、自分の能力を完全に備えているわけではありません。21世紀の世界は、私たちが現在持っている10代の若者の脳と似ており、非常に不均一で、時には革新的で創造的であり、時には危険で破壊的です。

アメリカでは、私たちの公生活には、成人期よりも青年期に適した側面がたくさんあります。私たちは、自分を落ち着かせたり、自己中心的になるのをやめたりするなど、大人が学ぶことでできるような活動には参加しません。大多数のメディアと政治は、私たちを否定的でナルシストな方向に導きます。私たちは大きな道徳的問題を「問題」に落とし込み、それを二つの側面に単純化し、メディアや政治家がそれらを相反する両極として提示することを許します。しかし、私たちの大多数は世界をそのようには見ていませんし、世界はそのようには機能しません。文化の「中心」となるものが存在するかどうか、あるいは存在するとしてもそれが魅力的であるかどうかはわかりません。しかし、人生の中心から左に外れても、人生の広大な真ん中や中心にいても、私たちは皆、答えではない疑問、つまり自分の信念に少し魅了されていることがあります。この本は、大きな疑問に答えたい人向けです。

勇気を持って考え、行動し、今私たちが住んでいる世界に新しい現実を創造し、それを熱心にそして楽しく行うことができる私たちの人生。

簡単ではないときにも喜びを感じられず、自由に、自分自身に対してさえ笑ったり笑ったりすることができない人に、私はまだ会ったことがありません。ユーモアは、謙虚さと思いやり、そしてそれが最善の選択である場合に適応する能力と組み合わせると、私の美徳リストの一番上にあります。これは、他のすべての美徳をより快適に感じさせる美徳です。デズモンド・ツツは、私が疑いの余地のない人物だと信じていましたが、神には笑う能力が生得的に備わっていると信じています。科学は、脳のユーモアを創造性の現れであると認識し、思いがけないつながりを形成し、そのつながりを熱意を持って受け入れるのに役立ちます。したがって、私はこのページから時折笑顔の声が聞こえてくることを信じ、願っています。また、私はここにいくつかの声を持ち込んでいます。会話の小さな断片が、私の仕事や生活の中でいつも使われているのと同じように、私の考えを埋め、形成しています。

私たちのような複雑な宇宙で非論理的で恐ろしいことが起こり、私たちと同じような知的存在がショーを運営していると考えても、私はショックを受けません。しかし、予想外のことだけが変わらないという現実に勇気づけられます。

私たちは決して責任を負っているわけではなく、実際にコントロールしているわけでもありません。私たちが思い描いていた通りになることは何もありません。私たちの最大の目標は達成されず、最悪の予測も達成されないでしょう。私は魅惑的な真実に魅了されており、私の会話の一つ一つが、私たちを壊すものによって創造されたということを微妙に思い出させてくれます。誕生自体が、血なまぐさい危険な過程を経た勝利なのです。歩行は、転倒の危険がある時点でのみ習得され、これは、それに応じてより複雑な力学とともに、私たちの生涯を通じて当てはまります。私はこのテーマについて多くのバリエーションを聞いてきました。取り残された人につながる病気との闘いや、天職につながる幼少期の痛み、完全性と世界の全体性の認識を可能にする身体的障害などです。あなた自身の、より深い理解への突破口となり得なかった劇的な日常の瞬間、そしてあなたが宇宙に向けて提供する贈り物の一部についての、あなた自身の個人的な物語があります。ここから知恵の開発が始まります。

個人に当てはまることは、すべての人にも当てはまります。私たちの挑戦は、前世紀の壊滅的な戦争や恐慌よりも苦痛ではありません。私たちの人口動態、経済、環境問題は実際に極めて重要です。これは輪郭の合意に基づいた物語ではありませんが、私たちはそれを体の中で感じていると思います。世界的な危機、私たちが賭けている賭けの規模は、私たちの文明の終わりの始まりになる可能性があります。

私たちはそれを見てきました。それが、人間が人間の状態に効果的かつ知的に取り組み、それを開発し始めるという目の前の実際の仕事をひねくれた形で引き受けなければならない理由なのかもしれない。

第2章: WORDS: 生き物たちの詩

言葉が重要であるということは、私たちの人生にとって不可欠な事実だと思います。あまりに当たり前のことなので、一日に何度も見落としてしまうことがあります。私たちが話す言葉は私たちの生き方を定義します

私たち自身の認識、私たちの周りの世界をどのように認識しているか、そして私たちが他の人々と何をしているかを知っています。創世記以来、人類はオーストラリアの先住民の歌を通して、命名があらゆるものを理解する鍵であることを常に理解してきました。過去のラビたちは、文章、本、そして特定の単語の文字自体を生き物として理解していました。言葉は世界の基礎です。

私たちが生まれた10年間に、私たちは今日生きたい社会を築くために、「寛容」という言葉では少なすぎる選択をしました。私たちは、長い間存在していた、明確ではあるが平等な人種の違い、そして異なる民族、宗教、信念の新たな融合に対して自分自身をオープンにしました。ただし、寛容が常に歓迎されるわけではありません。それは許容し、許可し、甘やかします。医学用語では、否定的な環境で生活することの限界について説明します。寛容は多元主義を可能にする最初のステップにすぎず、多元主義は他のすべての概念と同様に、自分がコントロールされているという幻想の源です。見知らぬ人を心配する必要はありません。それは私たちに、会うことを求めるだけでなく、お互いに興味を持ち、お互いに感動したり驚いたりすることを求めません。

ここでは、私が気に入っている言葉をいくつかご紹介します。それは、目的を達成するための手段ではなく、存在感を表現する言葉です。栄養を与え、啓発し、勇気を与え、寛大で、魅力的でありながら好奇心旺盛で、冒険心に満ちた柔らかい言葉です。プロとしての活動を始めました

ジャーナリストの生活は、危機と封じ込めの時代だった20世紀の言葉を扱うのとよく似ている、リアルポリティック。当時もその後も、ニュースのいくつかのサイドバーに最も必要な特定の単語が予約されていました。それらは捨てられ、決まり文句になった。平和は奇妙なことに分かれている問題です。正義は少し政治的です。「多様性を称賛する」ということを高い台座に載せて、その厄介さや奥深いものを無視するという考えには、私は驚かない。ここ数世代で私たちは公共生活に対する認識を歪め、政治生活にあまりにも狭く焦点を合わせてきたため、私は日常生活の言葉を社会生活と融合させています。私は、「礼儀正しさ」のような言葉、たとえば、畏敬の念を抱かせるような言葉、筋肉質や刺激的な言葉などを使用するときは、すぐに修飾語を追加します。なぜなら、フレンドリーで礼儀正しく、礼儀正しくなりすぎる可能性があるからです。

言葉はあるレベルでは単なる入れ物ですが、それが重要な点です。意味と言葉のつながりは、精神性と宗教の相乗効果に似ています。言葉は人間によって作られ、人間によって操作されます。それらは私たちの不完全さや欠陥のすべてを反映しています。それらは、伝えるために作られた真実を抑圧したり、増幅させたりします。よく壊したり落としたりします。それらは何度も更新されます。

著者とエリザベス・アレクサンダーとのやりとりをご覧ください。

私たちは何が欲しいのですか。私たちは真実を語る人を探しています。私たちは真実を求めています。常にナンセンスなことがたくさんあります。政治的な演説やニュースで見る演説のパフォーマンスを見て、あたかも「機会があれば本当に言わなければならないことは…。」

エリザベス・アレクサンダーは、オバマ大統領の最初の就任式の際にこの詩を書いた詩人で、「公用語と公用語」の欠如についての私のトップライターの一人です。2009年1月にワシントン モールで読み上げた彼女の詩は、言葉と現実の漠然とした驚くべき相互作用についてのものでした。2年後、言語が野生化した政治の時代に、私は彼女に連絡を取って話をしました。その後、代表のガブリエル・ギフォーズ氏が銃撃されて負傷し、彼女の死亡と同時に他の数名も殺害された。

アリゾナ食料品店の前での集会。国家的荒廃の時代に詩人と共演するということは、よく言えば少し素朴、悪く言えば素朴かもしれないと私は懸念していました。その代わりに、詩が私の人生に入り込み、それを心の中に侵入させようと要求したとき、私自身が感じているのと同じような喜びに満ちた感謝の洪水が起こりました。

私たちはお腹がすいていて、お互いにコミュニケーションをとるために使用できる新しい言語を学ぶことを待っています。それはエリザベス・アレクサンダーが名付けたものです。

クリエイターとエリザベス・アレクサンダーの会話を聞いてください。

母親として毎日たくさんのことを学んでいます。私の息子たちは現在11歳と12歳ですが、子供たちが不意を突かれたときにどのように感知するかを観察できます。また、キラキラした言葉や力のある言葉にも惹かれます。初めてこの言葉を聞いた場合、彼らはあなたにきらめく言葉を繰り返すように懇願するでしょう。それは彼らの目に明らかです。

うちにも小さな息子がいます。これらの用語のうち何か思い当たるものはあります
か？

実際のところ、もし彼らが今日ここにいたら、騙されて騙されてみたいと思うでしょ
う。自伝的と思われる「私」が含まれる詩を読むと、人は時々私に尋ねます。
人々は細部に興味を持ちます。いったい何が思い浮かびましたか？あなたが引
き起こしたのですか？私が伝えたいのは、たとえ私が個人的な経験からインスピ
レーションを得たとしても、詩の現実性はそれが実際に起こったかどうかよりもは
るかに重要であるということです。重要なのはその根底にある真実、それが詩の
力だと私は信じています。

あなたが話しているとき、私はあなたが書いた詩「Ars Poetica #100: I Believe」、特
に次のフレーズを思い出します。

詩はあなたが見つけることができるものです。

角を曲がったところの汚れの中で

バスの運転手の声を聞いてください、神様

細かい部分では、細部に目を向けるしかありません。

ここから反対側に行くために。

詩（そして今、私の声は上がっています）

愛は見た目のすべてではありません。それはすべて愛ですか、そして愛です
か、

犬の死が残念です。が亡くなりました。

詩 (ここでは私の声が一番大きく聞こえます)

人間の声は人の声です。

私たちはお互いに興味がないのでしょうか？

したがって、この詩の本質は実際に起こった出来事や出来事ではなく、むしろ
「私たちは本当にお互いに興味があるのか？」という問いにあると私は信じてい

ます。私にとってそれは、彼女が履いている靴や、私が彼女の靴が好き、または興味深い仕事を意味するものではありません。それはこれ以上のものです。私たちは共同体の中で生きている人間なのでしょうか？私たちはお互いにコミュニケーションを取りますか？私たちはお互いに注意を払っていますか？私たちは友達になりたいですか？人間の間にある大きな溝を乗り越えてください。自分の子供たちを見ていて、私はあなたのことを知っていても、あなたの心の中で何を考えているのかわからないと思います。しかし、私は子供たちのことをこれほど深く知りたいのです。だからこそ、愛する人たちと過ごすのはとても感情的ですが、私はこれが世界中にいるための効果的な方法だと信じています。正確で、非常に正確な言語、つまりあまりにも滑らかすぎず、しかし正確な言語でそれを行わなければ、私たちは本当にお互いにコミュニケーションをとっているでしょうか？

＊ ＊ ＊

1990年代半ばに、人生の奇妙で計画外の道の1つを経てミネソタ州に移住した後、私はカレッジビルのセントジョンズ修道院のベネディクト会の修道士たちから基本的な事実についておしゃべりする技術を学び始めました。アメリカ人の生活に蔓延していた宗教的厳粛さはピークに達していた。

娯楽を提供する声に対するメディアの欲望によって煽られた有害性。私はまだ神学を勉強したばかりで、重要な問題について公の場で話すための知識や語彙が非常に限られているという事実を痛感していました。ベネディクト会は1960年代に「エキュメニカルで文化的な研究」を行うため、人里離れた大規模な研究所を設立しました。カトリック教徒とプロテスタント教徒が関係を持っているという考えは、想像を絶する大胆な行動でした。それは、20世紀後半における宗教の相互受精の苗床でした。

このエキュメニカル機関の創設者らはアルツハイマー病と診断された。単に年をとっただけの人もいた。彼らは私に、この特定の場所で何が起こったのか、何が起こったのかを口頭で記録するように求めました。遠くから来た多くの命がここで接触し、彼らの宗教が宗教的反対者とどのように関係を築くことができるかに影響を与えました。これらには、ローマカトリック教会、東方正教会、長老派教会、ナザレ教、ペンテコステ派が含まれていました。そのうちの1人は、著名な福音派神学校の学長であり、パウロ教の牧師に叙階されたトム・ストランスキー氏であった。彼は第二バチカン公会議時代に教皇と非カトリックのカトリック監視員との連絡役を務め、現在は自身のタントゥール・エキュメニカル研究所を管理していた。エルサレムとベツレヘムの間を走る道路の真ん中でのキリスト教徒、ユダヤ人、イスラム教徒の交流の様子。

これらの見知らぬ人たちの宗教とのつながりは並外れたものでした。私たちが生きているうちに、私たちが想像できる以上の変化が起こるだろうということは、私のベルリンでの経験から直接の結果でした。彼らは皆、長い間そうであったように、同じ態度を保ち、自分たちの信念に熱心でした。しかし、彼らがお互いの心の中で得た好奇心、尊敬、称賛の喜びと旅は、世界を大きく変えました。それは教義をより人間的なものにしました。それは彼ら自身の伝統に対する認識を再燃させるとともに、彼らが世界にもたらすさまざまな伝統に対する驚きの感情を人々にもたらしました。彼らはこれらの新しい考え方を受け入れ、家やコミュニティに溶け込みました。偉大な宗教史家マーティン・マーティは、アメリカがプロテスタント多数派からカトリック多数派に移行したことは、人類の歴史の中で最もスムーズな引き継ぎの一つだったと述べた。この物語には多くの章がありますが、カレッジビルで起こった出来事はそのうちの 1 つにすぎません。

エキュメニカル制度を設立したセントジョンズ修道院の修道士であるキリアン・マクドネル神父は、サウスダコタ州の森の中で幼少期を過ごした後、神学大使として世界中を飛び回った。「世界の終わりではなかった」と修道士は自分の故郷の町についてよく言っていました。

でもそこからは見えました。それから10年後、私が彼に会うことができ、70代になったとき、その詩人は出版詩人としてかなり成功していました。彼の作品の中で私の個人的なお気に入りはこれです。

完璧、完璧

完璧に仕上げてきました。

荷物を車に置きましたが、

ここから出て行きました。

消えた。

雨のように確実に

あなたを濡らしてしまいます。

完璧はあなたのものになります

で。

露ほどではないよ

夏の芝生の上で

自由と緑を提供する

喜び。

完璧はうねりです

慈悲の美徳

ウィザーズはそのことに歓喜した

誕生。

戦争が半ば始まったとき、

冷酷な性質は思考です

勝つのは不可能だ、これは事実だ、だからこれはゲームではない、と認める

戦争。

通知を提出しました

鍵を返してもらったので、

私は退職金に署名しました。

やめる。

私ができるかもしれないいくつかの提案:

彫りの深い完璧な形状

ミケランジェロの見事なダビデ像

目を細める、

ミロのヴィーナス

腕がない、

自由の鐘は、

割れた。

キリアン神父とその家族は、私たちの人生の漠然とした素材である色や複雑さの中に、意味に基づいた言葉を埋める技術を私に教えてくれました。深遠なるものの真実は、美徳の言語と同様、公式の把握から逃れることができます。それはすぐに硬直化し、抽象化や常套句に変わってしまう可能性があります。しかし、スピリチュアルな観点を出来事や経験、イメージに適用すると、それがあなたの存在の基盤のどこに固定されているかを書き留めてください。そうすれば、あなたとそれを聞く他の人々の伝え方が変わります。

カレッジビルでは、巨大で重い神学的な問題についての議論が、それを質問として組み立て、次にテーブルにいる全員に、「神とは何ですか?」という人生の物語を使ってその質問に答えるよう招待することから始まりました。祈り?悪の問題に取り組む最善の方法は何でしょうか?クリスチャンの希望の本質は何でしょうか?それが私の意見ではないことが判明したので、私はあなたに同意しないかもしれませんが、私はあなたが経験したことに同意します。あなたと私が関係にあり、お互いの立場の複雑さを認識し、より率直に耳を傾ける関係にあることをあなたが経験したことを理解できたとき。私たちの見解の違いは今後も残る可能性がありますが、それが私たちの間の境界を定義するものではありません。

セント ジョンズ大学では、私たちは自分たちの話を分かち合い、他の人の話を聞く機会があり、提起された「なぜ」「次はどうする」「だからどうする」という質問について学んだことを何日も模索し、それから一緒に話し合うことができました。。私はこのモデルの基本的な知恵を維持し、それをさまざまな場所や時代に蒸留することができました。私は、自分が知っていること、自分が誰であるか、信じていること、生き方、そしてそれが私たちに何を教えてくれるのか、その交差点を行ったり来たりする人々に同行します。無神論者であろうと科学者であろうと、親であろうと詩人であろうと、無神論者であろうと宗教的志向であろうと、私が最初に最も頻繁に抱く質問は次のとおりです。今どう定義するかは関係なく、あなたの子供時代に精神的または宗教的な背景はありましたか?これは、私が決して言いたくない、あまり明白ではない恐ろしい質問である、「今日のあなたのスピリチュアルな生活について教えてください」とは全く異なるものであることに注意することが重要です。私たちが説明しようとするすべてのことと同じように、この側面は個人的なものですが、これらの質問とはまったく逆です。知識豊富なクエーカー教徒の作家であり、私の最愛の友人であり指導者であるパーカー・パーマー教師は、私たちの魂を、精神の奥地に住み、直面すると逃げ出す可能性が高い野生動物に例えています。

「『魂』という言葉は、私たちの多くが懸念する形で使用されている多くの言葉の一つです。私が見つけたほとんどの人は、子供時代の精神的なルーツについて共有すべき物語を持っています。この率直な質問は、オープンでオープンな質問を誘います」「魂とは」または「精神が意味する」という言葉の概念について私たちが収集したすべてのニュアンス、創造性、明晰さを尊重する正直な回想は、確信のニュアンス、経験、夢や恐怖によって影響を受けている私たちの一部を揺さぶります。. それは、私たちが生涯にわたって追いかけてきたかもしれない質問の答えと同じくらい明確に覚えている場所であり、適切な励ましがあれば、他の人と共有できるかもしれません。同様に重要なことは、それが将来の会話の基礎を可能にすることです。他人の目の前で私たちが示す典型的な大人の姿勢よりも、より瞑想的で堅苦しさのない姿勢であり、また、大人になってからの情熱や職業に発展する好奇心の源へと自然にまっすぐまたは滑りやすい道を導きます。

一言でまとめて、「愛」と「孤独」という答えを聞いたことがあります。若い頃の宗教について人々が言うことの多くは、存在だけでなく不在にも基づいています。たとえば、家族を教会に連れて行ったのは母親でしたが、父親は家にいて新聞を読んでいました。新聞を読んでいる父親の名前は、宗教の壁の中にある他の儀式と同じように、将来の宗教的思索の構造の中に埋め込まれています。私は、油膜の表面の色のパターンや星の動きを数学で説明できるという発見について語る科学者たちと話をしました。また、この発見がいかに畏怖の念を抱かせ、彼らに根底にある目的の感覚を与えたかについて話しました。宇宙がどのように機能し、私たちがどのように宇宙に溶け込んでいるかを発見できる可能性があるということは、超越的でした。私は神経心理学者と話をしました。彼はスペシャルオリンピックスの新人ボランティアとして、何が心をユニークで美しいものにするのかという概念について困惑し始めました。私はフランス生まれのチベット仏教僧侶であり、情熱的な写真家である彼にお会いすることができて光栄でした。彼は無神論者、分子生物学者としてキャリアをスタートさせました。彼の人生は、彼が見た僧侶の顔の画像によって変わりました。その画像は、美しい女性の驚くべきモデルを明らかにしました。、調和のとれた輝く人生。

メディアや私たちの文化のあらゆる側面には、個人的な物語の力を発見するための、楽しく根本的な人生を与える動機がたくさんあります。私がここで話している会話術は会話術に関連していますが、それは微妙で別の方向、つまり私たちが何者であり、誰になりたいのかを理解する目的で私たちのストーリーを共有することです。すべての素晴らしい物語は、私たちがお互いに参加できる刺激的な交換から始まると私は信じています。「質問は何ですか?」どうやってこれはあなたのものの見方や生き方にどのような影響を与えますか?これは私の考え方や生き方にどのような影響を与えるのでしょうか?私たちはさらに自分自身を押し進め、より力強い言葉を使い、この時代の歴史を新鮮に伝えることができると信じています。

これに関する私のお気に入りの例の 1 つは、賢明な女性で医師のレイチェルナオミレーメンと私が以前に共有した会話です。彼女の言葉は私の世界の歩み方を変え、それ以来振り返ることはありません。彼女は、それぞれの病気には物語があると認識した後、がんの治療プロセス、そして医学教育の主題に疑問を持ち始めました。人はがん、糖尿病、または心臓病と診断されますが、その人の人生の特性により、がん、心臓病、または糖尿病のそれぞれのケースが異なり、それぞれの治療法も異なります。私が彼女の存在に対する精神的な影響について考えていたとき、彼女はハシディズム派の祖父であるラビの話や、「世界を修復する」という強力で要求の厳しいユダヤ人の指示の背景である世界の誕生日の話をしてくれました。」

著者とレイチェル・ナオミ・レーメンの間のやりとりをご覧ください。

この物語は、私自身への誕生日プレゼントでした。初めに存在したのは、すべての生命の源であるアインソフだけでした。歴史の流れの中で、ある時点で、千の宇宙である世界が、聖なる暗闇の深みから巨大な光線のように現れました。そして、これはユダヤ人の物語のせいか、事故が起こり、この世の光、宇宙全体を収めていた器がバラバラになってしまいました。全世界、そして宇宙に輝く光が百万の光の破片に散りばめられた。それらはある種の人々や出来事に分類されたため、今日まで不明瞭なままです。

父によると、この大惨事に対して人類全体が反応しているそうです。私たちがここにいるのは、あらゆるもの、あらゆる人の中に隠された光を見て、それを高めて明らかにし、そうすることで宇宙の本来の完全性を回復する能力があるからです。その

私たちの今の時代に重要な物語。この使命はヘブライ語で「ティクン・オラム」として知られています。それは世界を回復するプロセスです。

もちろんこれはグループの仕事です。それは、生まれたすべての人、生きているすべての人、そしてこれから生まれるすべての人が関わる集団的な取り組みです。私たちは皆、世界中のヒーラーです。この物語は私たちに可能性を感じさせます。それは大きな影響を与えることで世界を復興させることではありません。

それはあなたの人生の周りの世界を修復することであり、あなたの周りにあります。

あなたが身近にいる世界。

そこに私たちの力があるのです。うん。このような時代に多くの人が無力感を感じています。

右。しかし、「世界を癒す」という言葉をいきなり「世界を癒す」と使ってしまうと、それはまるで実現不可能な夢か夢のようなものになってしまいます。

これは 14 世紀に遡る古い物語であり、私たちの力についての新しい視点です。それが現在の状況にとって決定的な要因となる可能性があると思いますし、決定的な要因です。私は従来の意味での政治的思考を持った人間ではありませんが、私たちは皆、世界に変化をもたらすには自分には不十分であり、より豊かになることが求められていると感じていると思います。、より強力であるか、より教育を受けているか、または私たちとは異なる人々です。この物語によれば、それはまさに必要なものなのです。これについて少し考えてみるのは興味深いことです。私たちがまさに必要とされているものだったらどうなるでしょうか？何が起こるでしょうか？もし私がまさに世界を癒すために必要な存在だったとしたら、私はどうするでしょうか？

私は7歳の息子に、宇宙の創造と飛び出す火花と神聖な空気についてのこの物語を話しました。彼は完全に耳を傾け、そして「私はそれが好きです」と宣言しました。

私はこの話を聞かされました、この話を見てみましょう、約63年前に私はこの話を聞かされました。そしてそれに対する私の反応も同じでした。それは物語についてとても重要なことです。それらは私たちの体内の人間的なものに触れ、変化しないままである可能性があります。おそらくこれが、最も重要な情報がストーリーを通じて共有される理由です。これが文化を結び付けるものです。どの文化にも語るべきストーリーがあり、その文化に参加するすべての人がそのストーリーを共有します。世界は物語で構成されており、事実で構成されているわけではありません。

私たちは自分自身の事実をでっち上げるかもしれませんが、それでも真実をつなぎ合わせるのを助ける必要があります。

実際、このように見たい場合は、事実が物語の大部分を物語っています。その事実には、例えば私が過去 52 年間クローン病を患っていることが含まれます。私は8回の大手術を受けました。しかし、それは私の物語と、その結果として私に起こったことについては何も伝えていません。このような状態になり、人間の強さを発見するのはどのようなことなのでしょうか。9/11のような危機が起きたとき、米国全体がこの物語に注目したことがわかりますか?私がいたその地域で、何が起こったのか、それらの建物の中で何が起こったのか、建物の住人の一部だった人々の運命はどうなったのか。これが、物語を語り直すことによって世界を理解できる唯一の方法です。その地域で何人かが殺害された可能性が高い。物語は、人間であることの素晴らしさと、人間であることの脆さを語ります。

私たちが社会やエンターテイメントの形態や情報で遭遇するあらゆる種類の物語があるが、それらの物語には常に始まりと終わりがあるという指摘は、興味深いコントラストを生み出していると思います。あなたはまた、私たちの人生における物語、それが私たちの生活の中でどのように使われるかを伝える物語には時間がかかるとも言いました。本当の話には時間がかかります。

私たちが生きていくためには、時には食べ物以上のものを必要とするという、よく言われる格言があります。彼らは私たちがどんな人間であるかを教えてくれます。

それは、私たちにとってカードに何が含まれているのか、そして何が尋ねられるのかということです。また、彼らは私たちに直面しているのは私たちだけではないことを思い出させます。物語はまだ終わっていない、と私が言う場合 たとえば、物語の一部は、あなたの子供に誕生の物語を全世界に伝えることです。それは私の祖父の物語の一部でもありますね？あなたの息子さんは私の父親だった人に会えてうれしく思っていませんが、もしかしたら私の祖父が彼の人生に何らかの形で介入するかもしれません。それは少量かもしれないし、起こらないかもしれないし、それはわかりませんが、それでも、そのようにして物語が完成するとは言い切れません。

精神の原料は常に変化しているのです。過去をどう見るかは、今日何が見えるかによって決まります。これまでに私は、南部バプテストの説教師である祖父の生涯と、彼が私に与えた影響について語ることから、私の人生の霊的ルーツに関する質問への答えを始めることができるような文章をたくさん書いてきました。これらのページにはその男に関する多くの情報が掲載されています。私自身の人生のこの時点で、父が自分の家族の歴史についての感覚を失ったことは、幼少期の精神的な基盤であり、私の真ん中に座っていた巨大なブラックホールであったことを痛感しています。時間と空間が互いに崩壊したと言うのは素晴らしい例えです。出入りできる光はありませんでした。彼は、姉や赤ん坊の弟と同様

に、事前の通知なしに養子縁組のために連れ去られました。彼の人生の最初の
数年間がそれ以前のようだったかどうかは分かりませんが、おそらく最も困難な
時期だったと思います。父は、兄弟や兄弟、母親にはまったく興味がないと言い
ましたが、名前は覚えていたと思います。彼が成長したとき、母親は彼を連れ戻
そうとしました。彼はその話を偏見のない方法で語った。彼は時折、叫び声をあ
げる恐ろしい悪夢を見ることがあり、それが私の夜に危険な雰囲気を与え、母親
が彼を連れ去ろうとしているのではないかと私に信じさせました。

私が子供の頃、家族の中でこれらのことについて話し合うことはありませんでし
た。私たちの家庭では、質問はたくさんありましたが、尋ねられることはありませ
んでした。もちろん、名前のない現実と答えのない質問は、私が理解するのに
長い時間がかかるような形で、私たち全員の内側から影響を与えました。この本
を書く過程を通じて、私は今世界中で重要なことについて話したいという私の熱
意を、私の個人的な物語の始まりにまで遡り始めました。これは皮肉であると同
時に、それはそれで美しいことです。毎年会話に次ぐ会話を重ね、私は他の人
たちに、自分の最大の価値観の交差点を発見するよう勧めてきました。

現実世界と場所と時代、過去と現在、傷から現在までの目標と最高の知恵。現
在、私は他の人のために、そして私にとって初めてこの知識を完全に受け取るこ
とができるように、私が学んだことを提供している最中です。

＊ ＊ ＊

私の比喩を拡張しすぎると、私は人生のブラックホールに惹かれます。同じよう
に繰り返しリハーサルをする議論に加えて、まったく議論できない、痛みを伴う
複雑で恥ずかしい問題です。どちらの側に属するかに応じて、正確に 2 つの側
が「勝ち」または「負け」という用語を定義します。それは予測可能な行き止まり
の結果です。日常の議論において、新しい会話を開始し、新しい出発点と結果
を生み出す技術は、ロケット科学ではありません。ただし、それを達成する唯一
の方法として定着してしまった特定の行動を変更または排除する必要がありま
す。私たちは、自分が情熱を持っていることの擁護者となるよう訓練を受けてき
ました。市民社会の世界ではそれは良いことであり価値ですが、お互いを心配
することは意思決定のプロセスを妨げる可能性があります。

傾聴は一般的な社交術ですが、私たちが忘れてしまっているスキルであり、学
ぶ必要があります。リスニングには、自分が言う必要があることを話せるようにな
るまで、ただ相手の話を聞くだけではありません。私は、レイチェル・ナオミ・レー
メンが若い医師たちに必要なことを説明するために使用している「寛大な傾聴」
のファンです。寛大な傾聴は好奇心によって引き起こされます。この美徳は、私
たちが奨励し、自分自身の中で培って生得的に身につけることができます。そ

れには、ある程度の脆弱性、驚きを持って先入観を手放し、不確実性に取り組む能力が必要です。聞いている人は、他人の言葉の背後にある意味を理解しようと努め、最高の自分自身と、自分自身の最高の考えや質問を呼び出そうとします。

実際、熱心に耳を傾けると、より良い質問が生まれます。私たちが教室で教えられたことには真実はありません。悪い質問にはコツがあります。アメリカ社会に関して言えば、私たちは多くの答えや競争、さらには激怒させたり、イライラさせたり、誘惑したりする質問に投資します。ジャーナリズムは「厳しい」質問への執着です。「厳しい」質問は通常、調査と戦いを求めるふりをした思い込みです。私は、ソフトに聞こえることを恐れて、私たちが制作した番組から「あなたの人生の精神的な背景」のような質問を長い間カットしていましたが、それがその後に続く他のすべての質問に影響を与えることはわかっていました。質問の質を測る唯一の方法は、質問が生み出す率直さと雄弁さです。

これ以外に何かを学んだとしたら、質問の力を学んだことになります。質問は強力なツールとなり、言語を強力に使用できるようになります。それらは類似した答えを促します。答えは、彼らが提起したり解決したりする質問を反映しています。したがって、問題の核心に迫るためには率直な質問がまさに必要であるかもしれませんが、簡単な答え以上のもので基本的な質問に対処することは困難です。質問の緊張感を克服するのは難しいです。寛大な質問を断るのも難しいです。私たちは誰でも、誠実さ、正直さ、率直さを求める質問をする能力を心の中に持っています。適切な質問をすることには、神聖で気持ちを高揚させるものがあります。

自由回答形式の質問のもう１つの利点は、市民芸術や社会芸術のツールであり、すぐに回答を必要としない場合や、回答を必要としない場合もあります。検討のために取り上げられ、熟考することはできますが、そうではありません。私たちが今日直面している深刻な社会問題は、私たちがすぐに満足できる答えによって解決される可能性は高くありません。

詩のライナー・マリア・リルケは、はるか昔、私がベルリンにいた頃、時間と空間の友人でしたが、質問をすること、生き続ける質問をすることの提唱者でした。

質問が部屋に閉じ込められている場合や、別の言語で書かれている場合と同じように、質問をすべて取り上げてください。解決策を探さないでください。質問を生きていくことができないので、今日は利用できないかもしれません。ポイントは自分の人生を生きることです。今日は時間をかけて質問に答えてください。おそらく、少し先の近い将来、あなたはゆっくりと、気づかないうちに答えに向かって進むことになるでしょう。

エリザベス・アレクサンダーの「私たちはお互いに興味がないのですか？」という質問を詩の形で表現してみたいと思います。市議会や国会議事堂で、それを少し漂わせてみましょう。

対立する意見を通じて問題を議論する私たちの文化には、解決策を見つけたいという願望が伴います。私たちは他の人たちに自分たちが正しいことを認めてもらいたいのです。私たちは討論を呼びかけることも、同じ立場であることを確認することも、投票して先に進むこともできます。もう一つの選択肢は、会話の目的そのものに対して、どちらが正しいか、どちらが間違っているかではなく、私たちが同意するかどうかではなく、双方の主張に基づいて検索を促すという別のアプローチをとることです。、私たち全員にとって人間の面で何が危機に瀕しているのかについて。そこから得られるものはある

難しい質問をすべて保留したまま合意を見つけようとせずに、正直に話し、敬意を持ってお互いに敬意を持って話すことができること。

私は家族や組織を引き裂いた最も困難な避雷針の議論に関わった経験があり、私たちを前進させる質問を再定義することで新鮮な会話が生まれる可能性があります。私たちはありがちなレトリックを回避し、避けられない停滞を回避することができます。フランシス・キスリングは、カトリック・フォー・チョイスの代表を長年務め、選択推進活動家として最もよく知られている。あまり知られていないが、彼女は約10年前にカトリック教徒の選択をやめた後、政敵とのリアルタイムの関係が何を意味するかを研究することに時間を割く決断をした。私はかつて彼女と福音派の倫理哲学者デイビッド・グシーと中絶について話し合ったことがあります。私たちの目標は、中絶に関して私たちが議論するすべての問題に関して、人権の観点から何を考慮すべきなのか、そしてなぜ中絶がこれほど激しく論争され対立するテーマなのかを判断することでした。私たちは「プロチョイス」や「プロライフ」という言葉を完全に避けようとしていた。議論は大規模で、これまでにない意味で厄介なものでした。それは不快ではありましたが、興奮するものでもありました。それは、性革命が私たちの社会にとって有益かどうか、そして私たちのつながりを人間らしくし深めるために何ができるかという、議論が始まる前には私たちが探索したことのなかった未知の領域を開いたからです。公共の場でも私的な空間でもセクシュアリティに関心を持ちます。私たちはこれらの問題について考えたいのに、よくある使い古された議論によって隠蔽されていたということに人々が気づきました。

時には、ある時期に存在し、変化し、同様の人間の物語をさまざまな角度から生きてきた、ある知恵の声が、両面的な議論よりも深みを与えることがあります。フランシス・キスリングは私にとってそんな声の一人です。彼女はリプロダクティブ・

ライツという特定の分野に夢中ですが、学んだことは人生のあらゆる側面に応用できます。彼女はまた、深い違いの中で共通点を見つけるなど、対話の基礎として私たちが本能的に飛びつく特定の言葉を取り除きました。彼女は次のように述べています。

作家とフランシス・キスリングとの会話を聞いてください。

私は、深い意見の相違がない人々の間には共通点があると信じています。政治では妥協が生じることがあります。政治という芸術は可能だ。しかし、全国カトリック司教会議と全国女性組織が当然のこととして考え、彼らが中絶に関して共通の理解を得るだろうと信じることは、現実的ではありません。これを延長することも可能です。しかし、お互いに同意しない人たちがなぜそう信じるのかをより深く理解するために団結すると、大きな結果が得られると思います。しかし、合意に達するようプレッシャーをかけると、お互いを本当に知ることはできません。そして私たちはお互いを理解することができません。

何十年にもわたって人々が互いに叱責し、一方を非難してきた中絶に関する極端な二極化は、人々が相互理解を見つけることを可能にするレベルの信頼を反映していないことは確かです。したがって、他の人がなぜそのように考えるのかを理解することで恩恵を受けることができる人は少数ではありますが、全員ではないというこの概念から始める必要があります。そのうちのいくつかは、人間化の基本的な概念です。つまり、その個人は実在の人物であり、暴君ではなく、悪意を持ったものではなく、おそらく一部の人にとっては、私たちが非難されている中傷を乗り越えることができるというものです。これは私が大ファンなのです。

過去10年間で私は多くのことを学び、中絶の特定の側面について自分の意見を変えました。それは、私の意見に同意しない人々の信念や意見をより深く理解できるようになったからです。最終的に、私は彼らの価値観の一部を維持しながら、自分の価値観を犠牲にしない方法を見つけることに興味があります。これが私にとって、起こった状況です。

それは、もちろん、私たちの社会にあると私が信じているこの熱狂的な圧力とはまったく異なり、共通点を見つけること、または同じページに立つことへの言及であると思いますか？同じページに立つということではありません。

いいえ、いいえ。しかし、ご想像のとおり、一般論としてプロライフ主義者であるシドニー・キャラハンは、民事での議論の特徴は、同意できない相手にとって何が正しいかを認める能力であるとずっと前に述べています。

あなたが書いた記事を読んでみたいと思います。あなたは、物議をかもしている問題に対して建設的で前向きなアプローチをもたらすために必要だと思われるいくつかの特性について説明していました。私が印象に残った特質の1つは、「情熱的に反対する人々と対峙したときに、脆弱になることを厭わない態度」でした。

それが最も難しい任務だと思います。このような状況にある私たち全員にとって、たとえば、この問題に対するすべての解決策を持っていないことを認めるのは非常に困難です。私たちが住んでいる社会における中絶の問題について、それが中絶そのものの問題であるか、中絶に関する意見の相違をどのように解決するかという問題であるかに関係なく、すべての答えを持っているのかどうかはわかりません。そしてそれを喜んで認めることは、とてもとても難しいことです。

あなた自身の状況で問題を引き起こしているのは何ですか?他人の立場のどのような点に魅力を感じますか?疑問に思う部分は何ですか？最近、ある人と話したことがありますが、これほど難しいことにどうして35年以上も取り組み、どの問題についても考えを変えることができなかったのかわかりません。私たちがやってきたことは効果がありませんでした。自分がしてきたことが自分が望んでいた場所に到達できなかったと気づくと、より弱くなりやすいと私は思います。したがって、脆弱であることの一部には、少しの無力感が含まれます。自分には助けが必要だとは思っておらず、すべてが完璧であると考えているのであれば、あなたは脆弱ではありません。あなたが危険を冒す理由はありません。

社会変化がどのように起こるかについて何を学びましたか?今後数年間の進歩はどのようになると思いますか?

これは答えるのが難しいです。私はどんな教訓を学んだでしょうか?前向きな姿勢と変化への熱意を持って他者に近づくことの重要性は、あらゆる変革に不可欠です。他人を変えることは不可能です。私は最もタフなファイターの一人だ。具体的に言ってみましょう。私がディベートでは苦手であるという評判はよく知られていますが、私は戦いのスリルが大好きで、勝つことが好きです。しかし、私が学んだことは、あなたも以前に聞いたことがあるでしょう、簡単に言うと、蜂蜜よりも酢を使用した方がより多くのハエを捕まえることができるということです。素晴らしい言葉ですね。

私の経験では、その中間にいる人たちは大きな変革を起こす人にはならないだろう。変化をもたらすためには、自らを真ん中に置き、リスクを冒す覚悟が必要です。さらに、両方に良い点があるという考えを持って違いに注目する必要があります。それでおしまい。もし我々がこれを実現する方法を見つけられず、一方を脅威とみなすことに反対する双方の一部のギャップを見つける方法がなければ、紛争はしばらく続くことになるだろう。プレッシャーはたくさんありますが、自分の意見に同意しない人の意見を聞くよりも、合唱団に意見を言うほうがずっと簡単です。合唱団はすでに存在しているので、私たちがそこにいる必要はありません。

* * *

どちらの立場の人も、どちらか一方を悪だとは全く見ていない、そのギャップこそが私が居たい場所であり、広げていきたい場所なのです。

私たちが自然環境に直面するとき、言葉がこれほどはっきりと対立を生み出し、これほど穏やかな癒しの手段となる場所はありません。どの大陸でも、環境の不安定性に直接悩まされない個体はますます少なくなってきています。公開討論会で私たちが話さなければならない唯一のことは、「気候変動」をめぐる緊迫した議論であり、それは実際に影響を及ぼしますが、最終的には気が散ってしまうものです。それは、すでに圧倒されている否定的な環境ニュースの雪崩に対して落胆と怒りを強いています。地球上の生態学的未来に対処する上でのスピリチュアルな側面が省略されています。これは他の問題と同様に、人間が自分の個人的な幸福を他者の幸福と比較して、より大きく包括的な観点から見ることができるかどうかという根本的な問題なのでしょうか。

家族や部族を超えた、より大きなサークルでしょうか？ 自然は私たちの日常生活の基盤であり背景であるにもかかわらず、忘却の彼方に追いやられています。それを修復し、育むプロセスは、食べること、子供を産むこと、出身地を受け入れること、美しさの中にある美しさを認識することなど、命を与える普遍的な経験を指しています。これは、触れて感じることのできる世界で、なすべき仕事をしている人々から私が聞く話し言葉の一種です。この言語は、行動の意味を変え、行動する必要性を罪悪感の領域から離れ、よりポジティブなものに変えるものです。

それらの多くは宗教的なものです。保守的なキリスト教界では、ニュースの騒々しい声とはまったく対照的に、興味深い話が展開されている。これは、言語の変化が加速し、思考や心の変化につながる物語です。損害を引き起こした言葉に対する悔い改めがあり、文字通り直線的に吸収された古典的な聖書の言葉が放棄され、西洋文明と遠く離れた自然界との関係を形作ってきました。創世記における人類への神の祝福の欽定訳聖書の解釈は、キリスト教の実業家や植民者、さらには探検家たちによって、「産めよ、増えよ、地に満ちて地を征服せよ。

そして海の魚を支配せよ」という敬虔な叫びとして解釈された。海、空の鳥、そして地上を動くあらゆる生き物たちを。」

今日、これらの同一のセリフが解釈され、再現されています。1990年代にイェール神学校にいたとき、私はエレン・デイビスという教授と一緒にヘブライ語聖書を勉強していましたが、彼はどの本にも土地への敬意を表す言葉があると指摘しました。10年後、彼女はその経験に対して準備が整っていなかった、そしてそれがその後何年にもわたって彼女の人生と奨学金をどのように変えたかを私に語った。

著者とエレン・デイビスとのやりとりをご覧ください

私は初めてヘブライ語聖書、旧約聖書を講義していました。私の最初の学期の終わりに、教室で最終試験を書いているとき、博士課程の学生の助手がこう言いました。「土地について質問する必要があります。」それから私は尋ねました、

"なぜ？"すると彼は、「あなたがいつもそのことについて話しているからです」と答えました。私はそのことに気づいていませんでしたが、聖書のすべての本を通して自分のやり方で話すことを意識していました。今なら、私が毎日土地について話しているのは明らかだと思います。なぜなら、水、土地とその健康、健康状態の悪さ、または肥沃な土壌の欠如について言及せずに数章以上進むことは不可能だからです。そして水。しかし、これは当時の私にとっては驚きでした。

同じ瞬間に、私はカリフォルニアの私が育った場所に近いカリフォルニアの一部への小旅行をしましたが、十分に遠かったので、長い間訪れていませんでした。私は自分の記憶に起きた変化に驚きました。そのとき私は、聖書の著者たちが自分たちが住んでいる壊れやすい風景に並外れた注意を払っていることと、私たちの文化や当時の土地利用についての無関心との間には大きな違いがあることに気づきました。カリフォルニアとイスラエルは風景が非常に似ています。どちらも壊れやすく、半乾燥しています。だからこそ、ある意味で時間が崩壊しているように感じたのです。聖書の中でモデルとして考えられている土地に対する配慮と、私自身のレベルで見たその配慮の欠如との間には、腹立たしい類似点がありました。

その間、私が以前に書いたり、何度も講演したりした章や段落を読んで、私たちが住んでいる土地と人々の健康について私たちに伝えていることの文脈でそれらを見ていることを発見します。以前は見逃していたものが私に現れてくるのがわかります。私にとっては明らかなことですが、理解しようとさえしなかったことがたくさんあります。

創世記の抑圧的な言語、特に「支配」からどのように逃れますか?私たちがテキストを翻訳して利用した方法では明確ではないことは何ですか?

ヘブライ語の「戦い」という言葉は非常に強い言葉で、私は「生き物たちの間で熟練した技能を行使する」と解釈しています。熟達という概念は、工芸品や人間の実践のようなものを暗示します。ほぼすべての聖書著者の観点から、人間の存在を否定しているわけではありません。一人一人ではありませんが、ほぼ全員が、宇宙内で独自の権力と義務の地位を占めています。しかし、私たちが巧みに熟達するための前提条件は、前節の海と天の生き物に対する祝福によって概説されています。彼らはまた、生産的で増殖する必要があります。したがって、熟練した修練を実践することが私たちにとって何を意味するとしても、以前の祝福を覆すことはできません。この種の絶滅の6番目の偉大な時代を迎える私たちにとって、これはかなり説得力があると思います。

あなたの言葉を借りれば、創世記1章は典礼詩であることに注意することが重要です。それは、それが何を伝えようとしているのか、そして私たちに何を伝えているのかを読み取る上で何を意味するのでしょうか?

詩は私たちの心に語りかける言語です。この場合、私は聖書の用語「ハート」を使用しています。現代の言葉でこの言葉に最も近いのは、想像力という言葉でしょう。聖書の生物学で説明されているように、心は感情の中心であり、私たちの心の中心でもあります。これら2つの側面を分離することはできません。詩的な言語は正確です。詳細で現実的ですが、単なる事実の言説ではありません。したがって、聖書の最初の章と第2章の両方が、世界における私たちの立場について、そして私たちが種として生まれる複雑な関係の網について、さまざまな方法で私たちに知らせていることに留意することが重要です。私たちは特定の場所に配置された生き物です。私たちは一定の順序に従っています。これは、私たちが通常聖書を文字通りに読んで考えることと比較して、自分自身について考えるための異なるアプローチです。私の意見では、これは聖書を学ぶ刺激のない方法です。

あなたは何年もの間、このテーマを掘り下げながら、ウェンデル・ベリーと一緒に執筆し、共同制作してきました。あなたはケアと喪失の詩を「生き物たちの詩」と表現して書きましたね。

私自身を存在として熟考する際に最初に参考にしたのは、元カンタベリー大司教ローワン・ウィリアムズの観察で、「今や、生き物であるという芸術は、ほとんど失われた芸術である」と述べています。私たちは有能でなければならない、生き物になるためには教育を受ける必要がある、ということを勉強しなければならないという考え。実際のところ、私たちは生き物です。私たちは生き物を人間以外の人間と同じように見ています。

これは私たちが仲間の生き物に対して享受している力です。

これが、私が「支配」ではなく「熟達した技能の行使」という意味を好む理由です。なぜなら、それは人間としての芸術を示唆しているからです。取扱説明書や教科書、その他読みたいものをあまり集中せずに調べるのはよくあることです。問題の本質を発見するまで、ざっと目を通すだけです。しかし、この方法では詩を書くことはできません。詩は心拍数を下げます。私たちの現代社会では、現在私たちを遅らせているものはすべて、贈り物として、あるいは神の呼びかけとして、大切にされるべきです。

エレンは、私が存在すら知らなかった環境宗教の世界を私に紹介してくれた最初の人でした。その最も有名な人物の一人であるカル・デウィットは生物学者兼科学者であり、ウィスコンシン州ダンの田園地帯を囲む湿地に健全なコミュニティを構築し、その中で3年以上暮らしています。彼は福音派のクリスチャンでもあります。

クリエイターとカルビン・デウィットの会話を聞いてください。

30 年以上前、あなたが住んでいるウィスコンシン州の町でこれを初めて近所で始めたとき、おそらく何か過激なものだと思われていたでしょう。

確実に。実際には問題がなかったので、私たちは奇妙に見られましたが、問題を見つけようとすれば明らかにできると私は信じています。しかし、私たちがやったのは、私たちの町を調べたことです。私たちはそこにあるすべてのもの、農場や湿地、泉や湿地の古い場所、インディアンの小道、建物、そして私たちのタバコ農園もその中に含まれていたものを棚卸しました。私たちがこの地域に愛着を持って、この非常に慎重かつ広範な棚卸しを行った後に何が起こったのか。私たちは自分たちがどこにいるのかさえ知りませんでした。私たちは周囲の世界の美しさを知らずにただ引っ越したり出たりしていただけです。

私はカル・デウィットの宗教の定義「地球上で正しく生き、正しい生活を広めようとする情熱」が好きです。彼の自宅の芝生には 70 種の植物があり、彼はそれを「生き生きとした動植物のためのマルチテクスチャーの環境」という形で喜びを表します。彼は、渡りの季節に、3,000羽のコマドリがミミズを食べるために芝生に降りてきたときのことを「私がたくさん作っているからで、努力したからではなく、そういうことが起こるからです」と語ります。カル・デウィットは、1996 年の絶滅危惧種法などの法案に批判的な福音派支持者を生み出すのに尽力しました。彼のオー・セーブル環境研究所は彼によって設立され、25 年間運営され、キリスト教の大学や単科大学向けのカリキュラムやカリキュラムを開発しました。彼は、人種的緊張のまぶしさから隠され、人生に植え付けられた人間の生態系に私の心を開かせてくれます。まるで彼の庭にコマドリがやってくるのと同じです。彼は、現実世界の機敏な社会変化に対して福音派キリスト教が持つ美徳神学としての回心から来る根本的な重要性について説明しています。

作家とカルビン・デウィットとの会話を聞いてください。

福音主義の世界では人間の権威について深い疑問があり、聖書の知恵が私たちの生活、仕事、日々の実践の源となっています。したがって、聖書を読んで、被造物への配慮が人間の責任の本質的な側面であり、私たちがこれを先延ばしにしていたことが明らかになった場合は、再回心の時期が来ています。福音派は次のような概念に慣れている

回心プロセスの名のもとに彼らの考えを変えることがすべてなのです。私は 1970 年代初頭から中頃、世界の飢餓問題に関してこのことを観察しました。ブレッド・フォー・ザ・ワールドは、飢餓の軽減を支援する他の団体とともにキリスト教徒によって設立されました。それは驚くべきことであり、現在のヴィンヤード・ボイシやアイダホ州にあるヴィンヤード教会などの現状とよく似ています。ペンテコステ派です。ヴィンヤード・ボイジーの牧師、トライ・ロビンソンさんには環境コースを受講していた娘がおり、父親に環境問題について声を上げるよう勧めていた。トライ・ロビンソンは保守的な共和党員の牧場主である。彼は、娘の助けを得て、それに対して行動を起こす必要があると悟ったのです。彼はこれを聖書的な方法でどのように表現できるかを発見するのに、1年間の聖書研究を要しました。少しの不安とたくさんの祈りを込めて、彼は創造物の良き管理者となることの重要性について説教しました。信じられないことに、彼の人生のまさに最初の瞬間に、群衆が集まり、説教者にスタンディングオベーションを送りました。

彼らは、外来種を根絶し、材料をリサイクルし、登山者を連れてトレイルを作るプログラムを定期的に行っています。また、個人のキッチンとして機能するだけでなく、23 個の追加のフード パントリーも備えています。この地域は活気があり、活気があります。また、教会の会員数が劇的に増加していることも明らかです。なぜなら、財産を剥奪され、教会が行動するのを待っているあらゆる種類の環境活動家がいるからです。そしてそれがここにあります。それが起こっています。注目してください。

カル・デウィットは、欽定訳聖書で「支配」と訳されている言葉の語源にある「管理」と「奉仕」を明らかにします。エレン・デイビス、そして彼が不可欠な部分であり、その一部である変革の世界全体と同様に、彼が使用することを選択した言葉が彼の人生を変えます。彼はまた、「環境」の背後にある意味を探究的に調べることに時間を費やしてきました。この言葉は、チョーサーが「周囲」という言葉を作り出したことから、この言葉が誕生した、と彼は私に語った。この言葉は、私たちと自然界との間に境界線を確立する創造的な効果でした。私たちと自然界との間、さらにはお互いの間でも、「創造」の世界では作ることができなかった境界線です。言語学的に言えば、私たちはチョーサーを通してチョーサーの言語、つまりお互いの間に障壁を作る方法を構築しました。「それで、復活に関して最も重要なことは何ですか？

言葉のような言葉のような言葉のような言葉のような言葉のような言葉の作成というような用語の作成と、作成の世話をするということは、この 2 つの言葉を結びつけるということです。」と彼は言います。

2002年、デウィットはサー・ジョン・ホートンというイギリスの物理学者とともに、保守的な福音派の指導者たちに気候変動の背後にある難しい科学を暴露するという、その範囲において画期的なイベントを企画した。全米福音主義者協会の元ワシントンD.C.首席代表、リチャード・シジク氏は、この会合の後、同団体は気候変動の科学に「転向」したと述べた。チジク氏は他の人々とともに、全国の教会でそのような懸念に対する認識を促進し続けた。これは、環境への配慮は当然の義務であると信じる新世代の信者の育成と連動したものでした。神の性質についての継続的な会話はこれらのコミュニティで行われ続けており、ヴィンヤードボイシ教会で起こったことは他の場所でも起こっています。子どもたちは両親だけでなく牧師にも異議を唱え、聖書が持ち出されて調べられた。創造物に対する信仰の生成的義務についての考察と行動があります。「創造関連のケア」というフレーズは、今や、目の前にある問題の科学的説明を受け入れない人々にとっても、活力を与える言葉の表現であり、実際的な必要性の源となっています。「『野のユリを見よ、空の鳥を見よ』というイエスの教えが、ここではよく生かされている」とカル・デウィットは沼地について語る。。」

「クリエーション・ケア」という言葉は、創造主義とは真逆の創造主義の一形態であると混同されやすい。実際には、この言葉は文化戦争の一方の端で非難され、もう一方の端では気候変動が批判されています。真ん中の空白の中で、双方の人々がお互いを脅威として認識していないとき、私たちは言葉が私たちを近づけたり遠ざけたりする能力を再発見します。同時に、私たちは、自分の発言に込められた目的である従順な声調を確実にとるための道徳の必要性に立ち戻ります。私たちが生活する場所にもたらす自信と優しさ。違う話し方を学ぶ目的は、違う生き方をすることです。それはダンスであり、生きた芸術です。

エンディングノート

マリー・ハウ

詩は、話し言葉と私たちが従う沈黙に対するマリア・ハウの華やかで遠慮のない
見方の作品です。彼女は詩人でありパフォーマーであり、カトリック教徒の子供
時代の厳しさ、普遍的な家族のドラマ、そして私たちに栄養を与えてくれる日常
を持ち合わせています。おそらく彼女の最もよく知られた作品は、28歳でエイズ
により亡くなった兄ジョンについて描いた詩集「What you Do for the Living Do」で
しょう。

著者とマリー・ハウの会話を聞いてください。

ある人が詩人で今も生きているとは知りませんでした。若い頃、私は古典的な
ハーバード・クラシックを読んでいます。彼らはリビングルームにいました。私は
密輸されたこれらの本を熟読し、経験するのに十分な言語を見つけようとした
り、理解できないものを保持できる言語を見つけたりしようとしました。ミサの参加
者の中にはまさにそのことをした人もいました。これからわかるように、たとえ話に
はそのような効果があるのです。私はノアの寓話や物語、アブラハムとイサク、そ
の他多くの素晴らしい古い物語の大ファンです。それらは詩であることがわかり
ました。それらは謎と複雑さに満ちています。物語はどこにでもありますが、真実
だけが物語ではないことも私たちは知っています。本当の話は言語化できな
い。それが私が気に入っている点です。イベントとイベントの間のギャップが好き
です。

そして、あなたがキャリアとして詩の分野に出会ったのは人生のほんの少し後の
ことでしたので、どのような経験をしたのか、他の言語ではできない詩の何が好
きなのか、また何ができるのかについてどのように考えたのか気になります。そ
れは私たちの生活に役立つでしょうか？

そう、詩というのは表現できない真実なのです。言い換えではありません。翻訳
ではありません。私が楽しんでいる素晴らしい詩は、生きていることの神秘です。
当たり前のことのように感じる単語集です。素晴らしい散文、素晴らしい散文、美
しい散文があります。あなたも私も、そのいくつかは今日から使えるかもしれませ
ん。詩は一種のトランス状態のようなものです。それは経験のようなものです。そ
れが起こったとき、娘は家にいました。

その日、彼女はこんな素早いことをしていた。「Zのフォーメーションで指を鳴らさないでください/説明/手に話しかけて、手首に話しかけてください/ああ、お嬢さん、あなたはちょうどディスられたばかりです。」それは意地悪な女の子に対する対抗呪文のようなものだった。私は、これが私たち全員がいくつかの対抗呪文を使って乗り越えることができるものであると考えていました。詩というのは、その起源を考えてみると、そういうものなんです。

魔法を起こす言葉。

絶対に。最初の詩には、母親が子供に歌った歌、あるいは「すべては大丈夫」「すべては大丈夫」という呪文が含まれていた可能性があります。ここにいた。寝る準備をしてください。あるいは、雨を降ってくれと願ったり、トウモロコシの神様に感謝したり、狩猟を予定している鹿に向かって歌を歌ったりしました。それは呪文です。その根は聖地から決して奪われないかのようだ。

私はあなたが書いた詩「草原」の最後の行が大好きです。

「……窮地に陥った人間よ、目が覚めたときのあなたの闘いは、現在舌の上に残っている文の中から選択し、その中に、あなたを永遠に変えてしまうかもしれない全く斬新なフレーズがあることに気づくことだ。」これは、言語がどのように機能するのか、そして言語が私たちの生活の中でどのようにして誕生したのかという複雑さを熟考するための素晴らしいアプローチです。

今日の言語は、この現代世界で活動として残っているほぼすべてです。少なくとも私たちの多くにとって、私たちの行動は私たちの発言に変わり、私たちの生活の道徳性は実際の行動よりも私たちの発言に現れます。

ジョン・ポール・レデラック

ジョン・ポール・レデラック氏は30年以上にわたり、4〜5か月を現場で過ごし、5大陸、25カ国以上の死と生の危機を支援した。彼は今日最も賞賛される調停者の一人であり、ノートルダム大聖堂の講師であり、生涯米国居住者でもあります。

メノナイトは、平和構築への生涯にわたる献身の象徴です。

ジョン・ポール・レデラックとのやりとりをご覧ください。

私はここ数年、詩、平和、人間関係の構築とのつながりにとても興味を持っています。私の個人的な実践における洞察の１つであり、主要な分野は、複雑さに対する一種の俳句の評価を利用することの重要性を探ることでした。私の考えでは、これは難しいことを理解できる能力です。ある意味、俳句家は常に人間の相互作用の全体的な深さを、可能な限り短い言葉で捉えようとしているのです。これは魅力的です。私は俳句の大ファンで、日本の詩人が運営していたクラスで俳句のルーツに立ち返ろうとしています。彼らが自分たちが書いている作品を理解する方法は、特定の環境、特に自然の文脈の中にいることについてでした。彼らは、私たちの人間の経験と自然の美しさを、非常に短い 5 音節、7 音節、5 音節の中で時間と季節、そして人間の経験を真に伝えることができるスタイルで結びつけました。オリバー・ウェンデル・ホームズはかつてこう書いた、「複雑さのこちら側の単純さのためには一顧だにしないが、複雑さの向こう側の単純さのためには命を捧げるだろう。」

私はこれが大好きです。

それが俳句家が追い求めていることなのです。それでいろいろ試してみます。その 1 つは、自然界とその中に存在することとのつながり、そして暴力の状況にあるときに何が起こるかをより意識するようになったということです。私にとってはある意味リセットです。もう一つは

だからこそ、私は仕事で旅行するとき、人々の会話に俳句を求めます。私が気づいたのは、誰かが何かを発言し、その発言について誰もが「なるほど」と思う瞬間は、多くの場合、複雑さの中にある単純さを捉える方法であるということです。かなり近いものがよく出てきますが、俳句の形ではありません。もしよろしければ、これをいくつかお譲りします。

はい。

私はそれらを会話の中の詩だと考えています。

聖金曜日協定の署名から 7 年後、私は北アイルランド内の教育セミナーに参加していました。国民は協定が成立したことに満足しつつも、これは北アイルランドの宗教的・政治的緊張が化石化した兆候だと信じていた。状況は変えられず、それほど良くならない可能性があることは明らかでした。夕食の会話の中で、一緒に座っていた北アイルランドの同僚の一人がこの考えを共有してくれたので、私はそれを俳句の形にしました。私はいつも俳句に名前を付けるわけではありませんが、この句は「Rainbow's End?」という名前です。

彼はこう言うかもしれない

どれだけ高くてもいい

平和的な偏見。

別の。私はビルマ出身の民族グループと仕事をする機会が何度かありました。彼らは多数派であるにもかかわらず、民族的少数派と呼ばれます。つまり彼らはビルマ人ではないということだ。彼らは軍隊も持っており、その多くは現政権に対して何年も何十年も戦っている。私は、それぞれの理由でシャトルの仲介者として連れてこられた選ばれた人々のグループと協力しました。彼らは、ビルマ政府の一員である個人やさまざまな民族グループの間で、ある種の協定について話し合い、公開し、あるいは開始しようとしていました。各民族グループからなる7人または8人の小さなグループがありました。

グループ。2003年は、私が初めて一週間以上座って彼らの物語を聞いた年でした。公平な調停者の観点から見ると、これは私が聞いた中で最も難しい話の1つです。

私には、ビルマとのバングラデシュ国境のすぐ近くに位置し、国境を越えて反対側に位置する機甲部隊の指揮官に情報を伝えなければならなかった部隊の記憶があります。しかし、彼らは国境を越えてこの地域に直接入ることはできませんでした。彼らは首都ヤンゴンまで行かなければなりませんでした。ヤンゴンに行ってパスポートを取得します。各パスポートは訪問後に返却する必要があります。その後、彼らはメッセージを送信するために別の国に飛びました。次に、ずっと戻って、メッセージを前に進めます。地元の指導者や団体と何度も面会し、彼らが合法的かどうかを判断できるまで一度に数週間にわたって拘留することになった。

このような状況に陥ったときに、彼らが直面している課題に関して与えられる視点は素晴らしいものです。私が交流していたグループは、自分たちのグループを「The Mediators Fellowship」という名前で呼んでいました。これが、私がヤンゴンを離れるときに「調停者フェローシップからのアドバイス」というタイトルの短い俳句を書いた理由です。

わざわざ山に頼まないでください

移動するには、移動する必要があります、ただ移動するだけです

訪れるたびに。

2人目を探していますか？

はい！

タジキスタン。これはタジキ語から英語に再翻訳され、その翻訳での歌われ方も
ほぼ完璧な俳句として完成しました。中央アジアには非常に奇妙な境界線がい
くつかあり、スターリンによって設定され、主要グループの小さなセクションが形
成されました。それぞれの国は、相手国の人口に占める割合は取るに足らない
ものです。

ある種の最大の都市のいくつかは、人口のない国にあります。発表された詩は
次のとおりです。

神も人も地図が大好き

彼らは境界線を描くために使用するペンを使用して境界線を描きます

斧のように命を分けます。

アン・ハミルトン

シモーヌ・ヴェイユという哲学者は、祈りを「絶対に混合されていない注意」と定
義しました。アーティストのアン・ハミルトンは、私たちの多くにとって「ひとりで一
緒にいる」という欲求を満たすために、すべての感覚をひとつにする広大な作品
でこの概念を体現しています。

著者とアン・ハミルトンの会話を聞いてください。

素晴らしい作家である私の友人の一人、スーザン・スチュワートは、「聴覚は、私
たちが離れているときに感じる方法である」と言いました。何が美しくないのです
か？私はこのようにして、さまざまな方法でプロジェクトを開始します。私は単
に、自分が何を望んでいるのかを見極めようとします。または最適な質問を特定
します。リスニングは明らかに会話の中で特別に行うべきことであり、私にとって
はスペースへの反応の練習になります。部屋の構造の質感には、これらすべて
の情報がすでに含まれています。空間があなたの声を聞いています。

私たちの日常空間はリスニングスペースとして設計されていないため、リスニン
グは私たちが訓練しなければならないスキルであると信じています。

私たちはつながっています。自分がどこにもいないのではないかと思うと、ヘッド
フォンやサングラスをかけるのが本当に難しいです。私はそこにいません。いく
つかあります

フィルターがかかっています。しかし、問題は自分の声にどうやって注意を払うかということです。

あなたは、「メーカー、メーカー」と呼ばれる言葉が好きです。…同じくらい、あるいはおそらく「アーティスト」という肩書きで呼ばれるのと同じくらいです。そして、この種の言葉は他の人にも同様に当てはまるというのが私の観察です。．アーティストは専門性が高く専門的ですが、ものづくりは私たち全員がそれぞれの独自の方法で、さらには家族の生活の中で行っているものです。

作り方は無数にあります。私は辞書を読むのが楽しいです。たとえば、オックスフォード英語辞典には、「作る」と「作る」こと、そしてそのすべての可能性について何ページも載っているかわかりません。それは、世界中で入手可能な、どのようにでも変更できるすべての物質の目録を作成するようなものです。残りの人生を楽しみ続けるための素晴らしい方法です。私たちは自分ができる可能性に盲目になっています。したがって、これらの可能性を明らかにするために私自身が使用している小さなトリックがあります。皆さんもぜひ試してみてください。

私は辞書を読むというアイデアにとても興味があります。そんなこと考えたこともなかった。

うわー、これはとても豪華ですね。素材には、その動物の歴史や、それを作成したテクノロジー、あるいは地球上の起源の場所があるのと同じように、言葉にもそれらすべての物語があります。特定の言葉が効果的であるのには理由があり、それはその言葉が私たちに伝えるストーリーによるものです。だからこそ、それを認識レベルまで引き上げることが不可欠です。

ヴィンセント・ハーディング

私は、2014年に82歳で亡くなったビンセント・ハーディングにインタビューし、知る機会に恵まれた。彼と妻のローズマリーは、マーティン・ルーサー・キング・ジュニアがアトランタのメノナイト・センターで非暴力の概念と実践を生み出すのに尽力し、キング牧師の著書の執筆にも協力しました。

物議を醸したベトナム戦争演説。ヴィンセント・ハーディングは、死後数十年を費やして、若者たちを公民権運動の退役軍人や長老たちと接触させました。彼はまた、彼らの経験を共有し、彼らを歴史書の登場人物としてではなく、むしろ「生きていて、生き生きとしていて、素晴らしい」ものだと述べた。

著者とヴィンセント・ハーディングの会話を聞いてください。

私は、あなたのさまざまな経験から発展した精神的想像力と道徳的想像力の頂点、そして明らかに公民権闘争の頂点に興味をそそられています。現在、アメリカではシビルとシヴィリティという言葉が頻繁に使われています。あなたは、1960年代にあなたが参加した変革を「公民権」に還元するのは正確ではなく、「公民権」という言葉は十分に重要な言葉ではないことを明らかにしました。私が聞いているのは、礼儀正しさという言葉は現在でも使用するのに適切な言葉ではないと多くの人が考えているということです。

信じられないことに、私はあなたが自分の考えから作っているつながりをまだ理解していなかったので、それは素晴らしいことです。だからこそ、私たち全員が一緒にならなければなりません。私たちが議論していることは、どうしたらより市民的な議論に参加できるかということではない、と私はますます確信しています。私たちが特に社会的文脈で議論しているのは、どうすれば包括的な会話に参加できるかということです。これが私たちが求めているものです。私たちは、さまざまなつながりと信念を持ち、さまざまな経験を持つ、背景が多様な、非常に多くの異なる民族で構成される解放された国家を作る専門家ではありません。私たちがお互いに引き起こしたすべての傷にもかかわらず、オープンで正直な対話を続ける方法を理解することが重要です。これは、ある意味、お互いの最善の主張と、見つけ出すための最も価値のある貢献を考慮することを奨励しますこれらの要素をどのように接続してより良い一体性を形成するか。

あなたは最初から、民主的であるためにはどうすればよいかという問題には、実際には「より完全な組合」という概念の中で生きるという問題を考えることが含まれているとおっしゃっていました。これは言葉をより親しみやすくする方法として役立つと思います。

私、クリスタの一人として、私たちを真の人間たらしめるのは何なのかという問題も提起しています。民主主義はその問題を議論するための一つの方法にすぎません。宗教はこの問題を議論するもう一つの方法です。世界における私たちの役割は何でしょうか？そしてその目的は、私たち自身と世界全体に対する義務と結びついているのでしょうか？一見すると、これはすべて、同じことを理解しようとしている異なる言語の混合を表しているように見えます。

キングの創設に貢献し、キングが育成に貢献したコミュニティは一つであり、精神性と宗教の生活に根ざしていたことを忘れてはなりません。それは彼らの生き方でした。たとえば、彼が望んでいるのは単なる平等や権利ではないと述べたとき、彼の周りの誰もが、彼がこの古くて美しい言葉を非常に真剣に受け止めていることを理解しました。彼が求めていたのは「愛されるコミュニティ」の発展だった。彼は、人々の隔離や白人至上主義など、人類の最高の発展と最大の集団的発展に対する障害となるすべてのものを見ました。

これらの法律や手法を廃止するために行動を起こすという決断において、彼はこれを公民権の問題としてではなく、むしろ深い精神的義務の行為として行ったのです。ジミー・ボールドウィンやその他の人々は、マーティンがこうした可能性をどのように見ていたのか、マルコムはしばらく想像できなかった。しかし、マーティンは思いやりと愛に満ちた目で見ていたので、それを見ていたと私は信じています。その目があることで、私たちは見過ごされてしまうような物事を観察することができます。

あなたは、あなたが出会う若者たちにとって最も興味深く、有益なのは、社会に貢献し、今も自分自身を向上させようと努力している公民権活動家の話だと述べています。

クリスタ、私の個人的な経験では、私たちの奥深くには、それ自体の物語に依存する何かがあるということです。物語は、物語なしでは自分自身にとってもお互いにとっても本当の人間になることは不可能であるということを育む源です。そして、それを他の人と共有し、伝え、発展させ、若者が自分自身の物語を語れるよう支援する方法を見つけなければなりません。また、若い人たちには、年長者たちに、そこに行ったことのある人たちを探すよう勧めます。有名人やテレビスターではなく、あまり知られていない、素晴らしい人生を送った人たちを探してください。彼らを見つけて一緒に時間を過ごし、適切な質問をする方法を学び、チャンスを生み出しましょう。私は、長老たちの物語を共有するこのプロセスをより効率的に制度化する方法を見つけることができない限り、この国が最高の状態になることはないと信じています。

人間には物語に対する自然な欲求があるとあなたが述べたとき、あなたの作品が証明しているのは、人間も物語に対処する方法を知っているということだと思いませんか?同じように、あなたは、一緒に仕事をしている子供たちも、これらの物語を今日の世界で力を与えるツールや断片として活用する方法を理解していると述べています。

はい、それらは仕事を最大限に活用するためのツールです。私たちの若者や他の人たちにとって、私たちは何のためにここにいるのかと尋ねるのに理想的な時期です。私たちは中国との競争や、最も効果的な技術進歩の追求以外の目的でここに来ているのでしょうか?私たちが設計されている、または達成することを意図していること、達成することはありますか?ジミー・ボールドウィンは、私たちが「自分自身を達成する」こと、つまり自分という人間、自分の本質を見つけて、それをお互いに持ち合うことについて好んで話していました。

母親と膝の上の赤ちゃんが物語を共有し始めるとき、それは単に情報を伝えるだけではありません。ほとんどの場合、私が講演するときはどこに行っても、まず人々に自分の物語をいくつか語ってもらうことから始めます。人々が自分自身の人生、人間関係、人生について学ぶことを見るのは興味深いことです。

コミュニティ。これは、いくつかの最も奇妙な状況でも明らかです。素晴らしいです。

ヴァルター・ブリュッゲマン

ウォルター・ブリュッゲマンの称号は、キリスト教の説教者や教師にとって3年間、「預言的想像力」という言葉の同義語でした。あなたが彼と一緒に座っているとき、あなたは彼がよく知っている伝統の猛烈な真実の語りと猛烈な楽観主義の一部になるでしょう。彼は、現代の混沌とした世界に「予言的想像力」が存在するという生きた例です。預言者たちは常に詩人だったと彼は言います。

著者とヴァルター・ブリューゲマンの会話を聞いてください。

私が育ったそのより開かれた神学の伝統では、私たちは道徳的指導者としての預言者の役割についてのみ話し合っていました。彼らの教えの焦点は芸術的または美的側面ではありませんでした。ただし、これが既成概念にとらわれずに考えることができる唯一の方法です。言い換えれば、正義を求めるリベラルな衝動は、変革する力を持たない単なるイデオロギーにすぎないのです。それが、詩が非常に注目に値する理由です。詩は非常に曖昧であるため、公式の形に還元することができません。正義に関心を持つリベラル派にとって、正義を公式に還元できることは大きな魅力です。。。

。。。別のイズムを作るために。

それは正しい。それから詩が現れ、そしてそれが開きます。

それは言語の力と言語の形式です。あなたの文章には、預言的な文章に由来する言葉が含まれていますが、預言的ではありません。

現代語の一部です。嘆きもその一つです。嘆きについて教えてください。

嘆きは私の研究と執着の重要な部分です。それが哀歌の書であり、破壊された
エルサレムの滅亡を悼む詩集です。しかし、詩篇の約 3 分の 1、少なくとも詩篇
の 3 分の 1 は、悲しみ、喪失、嘆き、怒りのための歌または祈りであり、これは、
私たちが知っていることの大部分が、旧約聖書の信仰体験が私たちから奪われ
つつあります。興味深いのは、教会という制度において、講義や典礼とともに、
嘆きの儀式が排除されていることです。

私たちはそれらの厄介な通路について何をすべきかわかりません。

そうしたくないのです。結局のところ、エルサレムは9.11に相当する旧約聖書とみ
なすことができる。これが彼らの9/11だ。

9/11の後の数日間、私はラビや福音派神学者のような何人かの人々と話し、彼
らは『哀歌』の冒頭の一文「街はなんと寂しいことか」を私に読んでくれた。

ちょうどいいフィット感です。私たちは悲しみの部分を無視しており、この世界で
直面する喪失に対処する準備ができていません。私たちは自分たちには何も起
こっていないふりをし続けます。

私たちはパターンや継続性、計画や計画の予測可能性について考える傾向が
あります。聖書の中で、私たちは聖書は、それらの計画を打ち破り、定型を打ち
破る神の能力に主に焦点を当てています。それが積極的な中断であれば、聖
書はそれを奇跡と呼んでいます。私たちは通常、この言葉を否定的な出来事に
適用しません。しかし、これが実際に意味するのは、私たちの生活の現実と神の
現実が私たちの合理化計画に反映されていないということです。神のレンズを
通してそれについて議論したいかどうかは問題ではなく、それは個人の選択の
問題です。

しかし、物事が思い通りにならないとき、私たちの人生はあらゆる種類の混乱の
基盤となるのが人生の現実です。

あなたが議論してきたより大きな議論は、預言の伝統の文学的で美的な詩的感
性です。それは、言葉がユニークで、変化をもたらすということです。その声を政
治の場から排除するのです。正義、平和、平和という言葉は、宗教者たちに尊
敬され、彼らにとって不可欠な言葉がたくさんあることを私はよく知っています。

言葉そのものが汚れている。彼らは個人的および政治的な荷物でいっぱいで
すよね？それらはリベラルか保守か、あるいはイデオロギーの一部です。

旧約聖書の預言者たちが「問題」の主題についてほとんど語らないことが、私にとって非常に驚くべきことであると、私はますます考えています。彼らがやっているのは、現代の人々にとって懸念の源となっているトピックを掘り下げ、とらえどころのない言葉で明らかにすることができる、より根本的な信念にまで踏み込んでいることです。教会組織の多くはこの問題に夢中になっています。問題に集中すると、変革の力が失われます。そうなると、イデオロギーとイデオロギーの対立となり、それは誰にとっても最良の結果とはなりません。

宗教指導者やコミュニティが規則を破るのを目撃した例を思い出せますか?つまり、基地を越えるということですか？

はい、マーティン・ルーサー・キングも時々そうしたのです。彼の絶頂期は聖書の詩人だったと思います。「私には夢がある」というセリフだけを考えると、それは飛んでいきました。彼は公民権法制定の可能性について話し合っていたわけではなかったが、それは彼の夢だった。それと似たようなことが時々起こります。

目標は、問題を再定義して、私たちの目の前にある社会の現実を、新しい視点から再体験できるようにすることです。

第 3 章: 肉体の恵み

物質は海、木、空とつながっています。肉と血が私たちをその現実の一部にします。この真実を受け入れることは解放であり、慰めでもあります。

心と精神は密接に絡み合っています。私たちの理解は、彼らの共存を制限するだけでした。絶望から喜びに至るまでの感情や記憶は、私たち全員の中に深く浸透しています。骨の髄までの愛、失恋、あるいはファラオの「かたくなな心」——私たちが長い間使ってきた言葉が、今では何らかの意味のある解釈を持っている。私たちの脳は物理的な経路を作成します。肉体は、恐怖の化身であると同時に、憧れや喜びとして機能します。

医学はますます私たちの全体ではなく部分を治療する技術になってきました。宗教は、私たちの魂が肉体の中に閉じ込められているという高度な神秘的な概念や、肉体と罪を区別できないものとする神学によって、私たちをさらに分裂させました。奇妙なことに、啓蒙主義さえもこの傾向に影響を及ぼしました。デカルトは、「我思う、故に我あり」という有名な言葉で想像力と精神の余地を残しながら、新しい科学が数学的手段によって現実を概説しようとする試みを観察しました。残念ながら、このフレーズは後に啓蒙思想の響きとなり、私たちを人間たらしめるものを縮小し、その方程式の一部としてスピリチュアルな要素を減少させました。

味わう、触る、嗅ぐ、見る、聞くという感覚は、私の心の中で一つになって私の経験や人生の物語を形成します。私の人生は、より詩的な言葉で共通の祈りの書で説明されているように、これらの感覚と調和して動いています - その中で私が誰であるかを形成しています！

哲学者や医師は私たちをさらに二極化するつもりはありませんでしたが、それはまさに人間として、欲望、ニーズ、そして過剰によって埋められたこの混沌とした人生を制御しようとして、本能的に偉大な真実を極端に捉えることが起こったことです。しかし今、私たちは地上に戻りつつあります。完全性への私たちの切望を、私たちがよく知っている生理機能と、この知識を提供する生理機能のニューロンに再接続するのが力です。肉体的、感情的、スピリチュアルな健康はすべて、私たちが想像している以上に緊密に相互に交差しており、この知識は両方を支配する力となります。

歴史の大部分において、宗教は没入型の全身体験でした。私たちは、踊ったり歌ったり、笑ったり泣いたり、共同の典礼で一緒にパンを裂いたり、あるいは単に一緒にパンを割ったりする儀式を通じて、人生の経過を儀式化しながら、踊ったり歌ったり、笑ったり泣いたりしました。ひざまずいて手を組んで祈ったり、パンを裂いたりします。悲しみ、集まり、お祝いのための儀式化された典礼 - これらの行為は、時間と姿勢の内臓的な容器を作成します。それらは、大きな象徴的価値を持つ詩の物理的な帰結のようなものです。儀式は感情を解放するのに役立ち、同時に集合的な時間を通じて記憶を具体化します。儀式は、時間と姿勢を超えた連続性を提供しながら、その意味を果たす時間と姿勢の内臓的な容器を作成する、共同の時間ベースの行動を通じて記憶を具体化する時間と姿勢の内臓的な容器を作成します。；

そして、私たちに意味と道徳を提供するすべての伝統には、受肉的な心があります。仏教はその教師を提供し、ヒンズー教はその神を提供します。時代を超えて自らを体現するユダヤ教とイスラム教の預言者。一方、キリスト教は、神が私たちとともに物理的存在に入ることを宣言し、喜び、悲しみ、栄光の輝き、そして無力さへの絶え間ない帰還を同様に分かち合います。

私が子供時代を過ごしたプロテスタントの世界は、礼拝を不快な会席に背筋を伸ばし、目をまっすぐ前に向ける体験に変えました。当初、私が20代になって宗教について真剣に考えるようになったときに私を魅了した聖なる人物たちは、すべて肉体性と霊性の間の確固たる境界線をモデルとして表面に現れました。しかし、今では私はさまざまなレンズを通して物事を見ています。神秘主義者たちは、生の状態で生身の血に浸るとき、そのような封じ込められた安全な身体性を拒否します。たとえば、ブッダが宮殿を出て屋外で暮らし、そこで人間の苦しみの範囲に目覚めたときや、ノリッジのジュリアンなどです。彼女は独房の中に一人で住んでおり、そこで彼女は人間のあらゆる種類の苦しみに目覚めました。死と受難劇を通して黒死病に反応したこれら古代の作家たちは、これらの行為を通して神を理解しようとしました。また、神の臨在の実践の一環として、すべての皿を洗うなどの日常的な肉体的な作業さえも神聖な行為として行うことを、神の臨在の実践の一部として行ったローレンス兄弟の著作もありました。

ルーミは、動きながらバランスを保つために回転するダルヴィシュについて書きました。ティク・ナット・ハンと一緒に歩く瞑想をすると、身体、呼吸、精神が本当に生きていると感じられると私は証明できます。

仏教はさまざまなバリエーションを持ちながら、心と心の洗練された心理学を発展させ、その起源の言語においてこの２つを決して分離することはありませんでした。何千年もの間、日々の習慣として心を探求し、落ち着かせるための瞑想的な訓練に焦点を当ててきました。近代化と植民地主義が伝統そのものを脅かす中、その守護者としての役割を果たした修道士たちは、これらの慣習をすべての人に開放しました。そして 1960 年代の社会不安に対応して、若い西洋人は瞑想技術を学ぶためにインドやビルマへ旅行し始めました。私は、シャロン・ザルツバーグ、ジョゼフ・ゴールドスタイン、シルビア・ブアスタイン、ミラバイ・ブッシュなど、多くの先駆者たちにインタビューしました。彼らは説教者としてではなく、今日の現代世界に即座に解決策を提供できるスピリチュアルなテクノロジーの輸入者として帰国したときのことです。

ジョン・カバット・ジンは、MIT で分子生物学を勉強していたときに初めて瞑想に出会いました。カバット・ジンによれば、科学者が優れた瞑想者となるのは、自分が知らないことを知ることに抵抗がないからである。これは、科学者と画家の両親が不安に共存していた幼少期に、不安に共存していたエネルギーを調和さ

せる試みとして特に役立つと感じたという。。時間が経つにつれて、彼は自分が
学んだことはアクセス可能であり、病気の治癒やストレスの軽減に役立つはずだ
と感じました。1980 年代に、彼はマインドフルネス ベースのストレス軽減として
知られるようになったものを設立しました。現在も続く西洋医学の変革に大きく貢
献しています。

ジョン・カバット・ジンとエイミー・ルフィーバー博士のやりとりを聞いてください。
これらのテクノロジーまたは精神内テクノロジーは、どのように呼んでも構いませ
んが、私たちに自分自身の最も深く最高のものと継続的に再接続する機会を提
供します。もはやこれは、ハーバード大学の授業やブドウ畑で何十年も働いたこ
とだけで達成できるものではありません。座った姿勢での瞑想、横たわってのボ
ディスキャン、マインドフルなハタヨガ、その他の形式的または非公式的な形式
を含むマインドフルネスの実践を含め、あなたはすでにそのすべてを備えてい
ます。聞く、見る、嗅ぐ、味わう、触れる、そして「考える」ことを含む人生そのも
の。

あなたのたとえは何が問題になっているかを完璧に表しています。ソローの
『ウォールデン』の言葉によれば、私たちが重要だと認識していない瞬間は永遠
に失われます。「私たちが目覚めるのは、その日だけです。」

その日だけが明けて、私たちは目覚めます。ウォールデンの最後から 3 番目の
行からのこの引用は、1844 年のコンコードでの彼の時代の農業と平和構築の牧
歌的な生活の中での、しばしば牧歌的であると考えられていた認識を説明して
います。実際、ウォールデンはそこでの住民や農民の生活を静かな絶望の一つ
として描いており、今日私たちが電子メールやインターネットを自分自身から気
を散らすものとして認識しているのとそれほど変わりません。

人間はホモ・サピエンス・サピエンスとして知られる状況を生きています。この名
前は、味わう、または知るという意味のラテン語のサペレに由来しています。言
い換えれば、私たちは自分が知っていることを知っており、それが私たちを定義
するものの一部です。おそらく、この称号を真に所有するには、人間としてのガ
イドとしての認識そのものに対する認識を培う必要があるでしょう。
私たちは人生のあらゆる時点で、何に投資するか、どこに住むか、子供たちをど
この学校に通わせるか、誰が食卓を囲むべきかについて決定を下す必要があり
ます。本質的に、人生をあるべき姿で生きるには、一瞬一瞬が重要です。

これらの教訓を得るにつれて、私たちは死に向かって突っ走るのではなく、命に
向けて自分自身を開く可能性が高くなります。これら 2 つの経路には大きな違
いがあり、入手可能なすべての科学的証拠は、人々がこのように死ではなく生を
選択すると、脳の形態と機能の両方が変化し、免疫系の反応も変化し、体温調
節も最終的には劇的に変化することを示唆しています。友人、愛する人、そして

自分自身との関係を改善することなど、身体的にも心理的にも自分にとって最も重要なことをケアすること。

南部バプテスト派の説教師である私の祖父は、溢れんばかりのエネルギーと、人に伝染する笑い声、そして祖母に対する圧倒的な情熱を持っていました。彼の存在は彼の神学に対する解毒剤であり、その神学は一連の抑圧的な規則によって支えられていた。飲酒、喫煙、性的関係は禁止されているが、その他の規則にはダンス、カード遊び、水泳、ショートパンツの着用などが禁止行為として含まれていた。彼の説教は、世界が本質的に危険な場所であり、私たちの体が危険の潜在的な入り口であると描写しました。後で、彼のルールの背後に知性があることに気づきました。それぞれが彼の生涯に差し迫った下り坂の旅を予感させた。私の祖父は、トゥエルブ・ステップスが主流になるずっと前、ギャンブルやアルコール依存症などの依存症が死刑宣告とみなされなくなる前、妊娠を恐れずに性行為ができるようになる前、未婚での出産が日常茶飯事になる前、そして、中絶が命に大混乱をもたらす前に。

両親がそうであったように、私も彼の規則を軽蔑しました。避妊の世界ではもはやそれらは意味をなさず、アルコール依存症の影響が薄れていくにつれ、カップルはアルコール依存症と夜を乗り越えていますが、私たちは祖父の世代が十分に認識し、尊重していた自然に対する本質的な謙虚さを失いました。その代わりに、私たちは政策や処方を通じて自然を制御し、大小さまざまな方法で自然の野生的な側面を管理するという世紀半ばのビジョンを生きていました。住宅と環境は相互に依存する領域であり、貧困との戦いでは人口抑制と汚染削減が中心でした。家庭では、電子レンジとエアコンによって火、空気、水、土の要素を抑えてファストフードを作りました。私の母は、彼女の世代全員がそうであるように、家庭科を学びました。彼らは、夕食が箱や缶から出てくるのを直接目撃しました。戦後のアメリカでは、利便性が新たな美徳となり、身体が提供するあらゆる知恵に優先しました。

今日、私たちの感覚は魂にとって究極の試練となると私は信じています。これは祖父の言葉としては馴染み深いものに聞こえるかもしれませんが、今日では祖父にとっては異質な、私たちの身体に対する広範で親密な愛も含まれています。喜びは絶対的な美徳であり、便利さは幻想にすぎないという認識とともに。自分の体が提供する知恵が最も重要であり、通常の状況でも簡単に発見できると信じてください。利便性は、労働が現実的なままである間は一時的な緩和にすぎません。しかし、意思決定のプロセスと結果においてこれらの負担をプロセスと結果から優先させれば、喜びも現実のままです。これらの事実にもかかわらず、労働は現実のままであり、喜びは現実のままです。古い/新しい方法として、私たちは喜びをより注意深く考慮し、理想的な美徳として喜びを主張することができます。

アリストテレスは喜びを誠実さの尺度とみなしました。聖書の人間描写も同様です。混沌から秩序が生み出されると、創世記第 2 章は私たちをエデン、つまり喜びに満ちた環境に置きます。そこでは正義の欲望が最高を支配します。「目に楽しい」木々が生い茂る美しい庭園からは、食べても美味しい果物が実ります。エレン・デイヴィスは、人間の日常生活が性的満足や罪深い行為に関するものではなく、生命そのものの一部としての存在の一部としての糧に関するものであることを認識するのを助けてくれました。

地球の実りに重点が置かれています。「土地に草を生えさせなさい」とヘブライ語で書かれています。「地球上のあらゆる種類の種を生む植物や果樹が、種の入った実を結びますように」そしてこのテーマは別の聖句に続きます。私たちの惑星である地球が、人類を含むすべての生き物を支える豊饒と実りの自律的かつ永続的なシステムであることが常に強調されています。第 2 章の終わり、熟練した技能を行使する責任を課せられた直後、神は人類に、地球上のすべての種を生む植物と実を生むすべての木が食糧源になることを思い出させます。動物や鳥もね。」
地球上のすべての生命は現在、緑色の植物の形で食物を摂取できるようになり、誰もが確実に食物を手に入れることができるようになりました。

少なくともそれが私の理解です。これは、人間が他の生物の中で専門的な優位性を行使することが何を意味するのかについての最良かつ最初の兆候かもしれません。人間は、誰もが生き残るために栄養が必要であることを認識している唯一の種であるということです。

ですから、今世紀において、これが私たちが自分とは何者で、どのような人生を送っているのかを認識し始める出発点の一つであるというのは、私にとって正しく、適切なことのように思えます。私たちが食糧と食べることの危機に直面しているとき、私たちの対応には、生態系と経済の両方に対する土地の利点の検討が含まれなければなりません。すべての分析の核心は、味が農産物の鮮度であれ、動物の生死であれ、土壌の活力であれ、道徳的良さの指標として機能することを再認識することにあります。不注意な食べ物の時代が終わりを告げるにつれて、私たちはそれを注意深く育てて調理することの崇高な喜びを再発見し、知識、知恵、味がどのように交差するかを発見しています。ダン・バーバーはエネルギッシュな人間であり、食を通じて人間の基本的な経験を再び結び付ける「農場から食卓へ」の情熱的な提唱者です。

著者のダン・バーバーとダン・ベイカーの対談を聞いてください。

母は私がまだ幼い頃に亡くなり、食事の準備は父だけが頼ることになりました。彼の努力は彼の能力には遠く及ばず、固くて焦げて生焼けのスクランブルエッグを作ることが多かった。私が15歳のときに扁桃炎に悩まされていたとき、専門のシェフである叔母が、市場で買ったフランス産バターを二重鍋で泡立て、作りたてのスクランブルエッグを使って愛情を込めて料理を作ってくれました。この料理は私の子供時代の最も鮮明な思い出として残っています。
「神様、この食べ物は個人的なものです。これは本物の人々が作った本物のスクランブルエッグです。これは愛です。」私が父を無視したと主張する人もいるかもしれませんが、実際には父の卵のおかげで叔母の卵のありがたみがさらに深まりました。

ダン・バーバーは、食べ物に関しては、倫理的な選択は楽しい選択肢と一致することが多いと主張します。私はインディアナポリスのシナゴーグの食、精神、芸術フェスティバルの一環として彼にインタビューしました。彼のレストランの 1 つは、ニューヨーク州北部の農場内にあります。ここでは、彼はイブに代わりに償還ニンジンを提供します。

ダン・バーバーと著者とのやりとりを聞いてください。

楽しいこととおいしい味が重なることが多い、それが私の仕事の喜びです。素晴らしい風味を追求しながらおいしい料理を作ることが私の情熱であり、当然のことながら、それらは環境への配慮と密接に関係しています。当たり前のことのように思えますが、私たちはその存在を忘れてしまうことがよくあります。アメリカの消費者は、おいしいニンジンや子羊肉を食べるには、牧草地や畑で倫理的意識と環境に配慮した決定が必要であるという、最も明白な事実さえ忘れる長い期間を過ごしてきました。非倫理的に育てられた子羊料理と、無思慮に育てられたニンジンを組み合わせて食べることは絶対にできません。私たちの偉大なシェフでさえ、それを行うのに苦労するでしょう。

私たちが最近実証した例の 1 つです。2 月にモクムニンジンを栽培し、収穫してキッチンに直接持ち込み、そこで屈折計を使用して Brix テスト (糖度テスト) を実施し、10 億分の 1 の糖度を測定しました。
屈折計の測定により、このモクムニンジンは 13.8 と記録されました。好奇心のために、レストランでストックに使用されている別のニンジンの Brix 測定を実行しました。ホールフーズや同様の、高品質の有機ニンジンで見つけることができるもの。Brix では何を測定しましたか? 0.0: 砂糖では検出されません!明らかな違いがあるだろうと分かっていたので、この啓示は私を完全に当惑させました。結局のところ、私は自分自身で違いを味わうことができます。しかし、これは予想外に劇的でしたか?

「植物生理学者を選ぶ段階になったとき、私がすぐに恋に落ちた人が現れました。彼はアマチュア詩人でもあります! 彼が私に言ったことは、非常に詩的でありながら直接的でした。ニンジンは、硬いのでデンプンを糖に変えています。凍った植物は、氷が結晶化して死んでしまうことを望んでいませんが、甘味として感じるものは、実際には、根菜類がこの過酷な条件下で枯れないようにという願いを伝えているのかもしれません。

ところで、Brix レベルと栄養密度の間には興味深い相関関係があり、立ち止まって考えると興味深い現象ですが、農場で生産されたもののような Brix レベルの高い風味豊かな食品に対する私たちの体の欲求とその栄養密度との間には興味深い相関関係があります。私たちが砂糖のような甘さを主な目標として選択する場合、私たちは彼らにとって環境的に健全な決定を選択することになるかもしれません。

あなたは自分は倫理学者ではないと主張していますが、あなたの議論は倫理的価値のある生命を与えるものに関連しています。

私がラビになるとすぐに、倫理が私の優先事項になります。

しかし、これらの行為にはユダヤ人の伝統の中で道徳的価値があります。

確かに本当です。私の哲学全体が快楽を中心に展開していることは、非常に幸運なことだと思います。このような大義の擁護者になることは、非常にやりがいのある経験になります。

あなたが最高級の食べ物に貪欲になるとすぐに、それは定義上、私たちの環境が責任を持って使用されることへのあなたの願望を表しており、それが持続可能性を定義するものです。

祖父は説教を引退した後、農場を購入し、牛を育て、木からピーカンナッツを収穫し、菜園を植えました。今でも彼の素晴らしい玉ねぎを味わったことを覚えており、忘れられない味覚として残っています。それは今の私にとって非常に重要な思い出であり、その意味において非常にスピリチュアルなものです。

* 私は、ユダヤ人の魂（ネフェシュ）の概念に惹かれます。それは、すでに存在しているのではなく、身体性と対人経験を通して形成される、創発的なものです。これは、私たちの魂を要求するには、私たちの体が魂を要求する必要があることを示唆しています。私たちの体は美徳や悪徳の源であり、神秘へのアクセスポイントです。直感に反しているように思えますが、どういうわけか完全に理にかなっています。私たちを超えて上に到達するためです。

私たちの体は、私たちの心には分からない人生の真実を教えてくれます。常に他人からの配慮と優しさを必要としています。人生は常に進化しています。一瞬も静止したり、呼吸が当たり前になることはありません。決して完璧ではありません。生きているということは、その過程で現れる無秩序や驚きに常に対処することを意味します。安全に決して到達せず、停滞を続けるこの現実に対して、私たちがどのように自分自身を開くか閉じるかが、知恵の重要な材料です。

私たちの中の非常に多くの賢明な教師は、病気や危機の立場から人生の真実に気づき、そこで彼らの真実がこれまで以上に明らかになります。彼らは治癒したのではなく、以前よりも完全になり、異質に見えたが常識であることが判明した神秘的な考えを具体化して現れます。人生の核心では、がんや交通事故など、微妙な、そして壊滅的な喪失を伴うものですが、同時に、老い、愛の喪失、消えゆく夢、家を離れる子供たちなど、喪失や死が起こった後に愛し、再び立ち上がることも含まれます…悲しみと喜びは、互いに別々の通路として共存しています。どちらも互いに別々の経験の通路として存在します…
私たちが一歩踏み出すたびに、あらゆる欠点や恵みを通して、私たちは自分自身の中にさらに深く根付くことができます。

マシュー・サンフォードは、私がこれまで見た中で最も活気に満ちた体の一人であり、優れたヨガ講師です。ミズーリ州の道路での自動車事故で両親が死亡し、14歳で腰から下が麻痺して以来、30年間車椅子生活を続けている。当初、医師やセラピストのアドバイスに従って、彼は脚ではなくボディビルダーの腕を開発しようとしましたが、最終的には効果がないことが判明しました。ヨガは体のあらゆる面を取り戻すのに役立ち、足は治らなくても治ると主張した。それ以来、彼は障害のある人々、退役軍人、拒食症の若い女性のためのアダプティブ ヨガの先駆けとなってきました。彼によると、あらゆる形態の生命に対してこれほど思いやりを持たずに、自分の体にこれほどくつろげる人に会ったことがないそうです。驚くべき言葉ですが、どういうわけか完全に理にかなっています。

マシュー・サンフォードと作家エリック・レーバーグの間のやりとりを聞いてください。

私の6歳の息子は泣いていますが、愛情からだけでなく、自分の経験に境界線を作るために私のハグを必要としています。どんな不快感も彼の存在全体を制限するものではないことを知るためです。したがって、ハグは彼が自分自身に戻り、不安を和らげるのに役立ちますまたは彼が感じている緊張。一度抱きしめると、彼はすぐに自分に戻ります。

マシューがヨガの練習を始めたとき、時間の経過とともに事故の意識的な記憶は薄れていったものの、体はまだその影響を覚えていることに気づきました。したがって、これは、ストレスとトラウマの生物学における新たなフロンティアと一致しています。つまり、経験が私たちの体に留まり、そこで対処できるということです。彼によれば、マシューの旅は私たち全員が通る道だそうです。彼は、他の人よりも早く身体の限界に達し、その衰えをより早く経験するという点で、他の人よりも少し先を行っています。

マシュー・サンフォードと著者のポール・デュギッドとの会話を聞いてください。

最初の外傷だけでなくその後の外傷も含め、あらゆる種類の手術や怪我を経験した後、時間の経過とともに、単に再び歩く以外にもさまざまな形で治癒がもたらされる可能性があると説明されていますね。このすべての中のある時点で、あなたは癒しが物理的なものを超えてさまざまな形をとる可能性があることに気づき始めました。人々が「私の体は私に欠けている」と言ったとき、あなたの40代の同僚全員が今あまりにも頻繁に言います-私の知っている誰もが同様の観察をしています-視力が落ちているのか、膝が疲れているのか、背中の問題があるのかなど...

そして、私がこれを後悔しながら言うのは、13歳の私が自分の体をあらゆる種類のトラウマにさらしたままにし、利用したからです。それ以来、私にとって心に残っている教訓の１つは、私を生かしてくれたのは自分の体だったという事実です。人生は最善を尽くすものです。
私の体は、背骨がズタズタに引き裂かれ、複数の骨が骨折するなど、強く打たれて骨折することを望んでいたわけではありませんが、それでもすぐに立ち直り、充実した活動的な生活を続けることができました。私の一部だけが治癒できませんでした - 事件後、脊髄の１〜２インチが再生できませんでしたが、それでもなんとか正常に機能し続け、必要に応じて新しい細胞を生成し、できるだけ長く生きようと努めました。

プラナヤマ、またはヨガの呼吸法は、ヨガのポーズのバランス、強さ、柔軟性を高めるのに役立ちます。直接感じないポーズでこの形式の呼吸法を実践すると、プラナヤマにより、感じられない空間を呼吸で埋めることができます。本当に曲げられるのは上腕二頭筋だけではありません。バランスが向上し、筋力が強化され、柔軟性が高まります。倫理的な教訓にすることなく自分の体を尊重することは言うまでもありませんが、個人的には「優雅さ」の方が好きです。

自分の体の恵みを認識する
あるいは、あなたが優雅であると認識していない自分の部分さえも、それ自体は優雅であることに気づきましょう。それらを失われたり欠如しているものとして見逃したりしないでください。それらはあなたの強さ、繊維、回復力の一部を形成します。木目調に似ており、１種類だけでなく両方の種類が強度を高めます。インクルージョンによって、あなた自身がより多く含まれると、世界はより軽く、より簡単になります。

この作業は大変かもしれません。忍耐と忍耐が必要です。すべてを簡単にしてくれる魔法の洞察が１つあればいいのにと思います。残念ながら、それは他のことと同じように仕事です。私の考えは、静かに生きようとする私の身体の進歩を中心に回っています。そこでは、皮膚が昔の褥瘡や古傷と闘っていますが、「ああ、持ちこたえられない！」とは思わないようにしていますが、代わりに私の身体は懸命に努力しているように見えます。。代わりに、「おいおい、頑張ってるよ。体が緩まないんだよ。」と自分に言い聞かせます。
私の体はそれほど効率的には治癒しないかもしれませんが、私が自分自身や他人に対して示すことができる思いやりが、別の方法で私の肉体を癒してくれています。

テイヤール・ド・シャルダンは、この問題の本質的な部分を認識していませんでした。つまり、霊的進化は生物学的重要性を低下させるのではなく、それを強化し、私たちがより意識的に、より敬意を持って自分の体に宿る必要があるということです。私たちの中には、ランニング、ウォーキング、武道のトレーニング、ガーデニング、料理など、さまざまな方法でこの目標に向かって進歩している人もいます。マシュー・サンフォードに出会う前、私は熱心な水泳選手でした。その後、ヨガを始めました。それが文字通り私の命を救ってくれました。その起源は微妙ですが、その効果は奥深いものです。必要に応じて手のひらと足の土踏まずの位置に集中すると、すぐに症状が楽になり、それ以来、私の健康を助けるのに非常に貴重であることがわかりました。中年に差し掛かった頃、私は初めてヨガを始めましたが、ヨガの専門家でなくてもこんなにやりがいがあることに衝撃を受けました。ヨガのポーズは重要ですが、ポーズ間の移行も同様に優雅です。私はこの身体的な経験を、日々の仕事生活を通じてさまざまな方法で応用していることに気づきました。

悪い宗教がたくさんあるのと同じように、悪いヨガもたくさんあります。ですから、20数人の教師たちが、自分の練習に「意図を定め」、それを祝福として世界に送り出すように私に指示するとき、私はその言葉を信じるかどうかわかりません。私が確かに知っているのは、身体、呼吸、意図を一つにまとめるよう注意することで、瞬間的に注意を向ける能力が変化し、自分の世界の動き方が変わるということだけです。

美しさと欠点をすべて備えた自分の体を受け入れることは、中年期における予期せぬ贈り物でした。老化は私たち全員にとって避けられないものですが、その影響は今でも時々私たちを驚かせます。老化はもはや段階的に起こるものではなく、どれだけヨガを練習したとしても、特定の症状を隠したり隠したりしても、本来の秩序と混沌の間のダンスを隠すことができなくなる時点が来ました。子供たちが思春期の初期の変態を経て変化していくのを見ながら、私は自分自身の変化に対する反応として、恐怖を抱くのではなく、受け入れることに決めました。同様に、この決定が私自身の老化の変容にも当てはまることを願っています。
悲しみ、恐怖、不信感はすべて人生の一部となり得ます。しかし、私ができる限り受け入れてこの挑戦を受け入れることによって、予期せぬ祝福、つまり平和が現れます。
満足感は私が常に経験したことがあるわけではありませんし、どれだけそれを望んでいるのかさえわかりませんでした。しかし、この生理学からの贈り物は、私の脱毛と皮膚の老化と並行して、私たちの脳が若い頃にどのように新しい経験をするように設計されていたかを思い出させます。人生のこの段階では、人々は日常生活に大きな満足感を感じます。速度を落とすと観察のためのスペースが確保されます。私は今、肌がもっと輝いていたときには気づかなかった気づきを手に入れました。生活の日常的な側面の美しさに気を配るようになることは、私に大きな喜びを与えてくれます。毎朝、最初の一杯のお茶を楽しむときの喜びに匹敵するものはありません。息子の抱擁は私の抱擁に勝るものはありません。あるいは、裏庭の白松が毎年力強く立っているのを見る美しさ。

＊＊＊

感覚的な喜びと精神的な喜びの間に生命を与える架け橋として美を鑑賞することは、予想外ではあるが人生を変える美徳であり、私は予想よりも遅れてそれに出会いました。最初は、それがスーパースターの美徳への入り口であることに驚きました。私は最初、オクラホマ州の半砂漠の風景に美しさを感じませんでした。しかし今ではその魅力が分かりました。刺すものや毒を与えるもの以外の名前を教えてくれた人は誰もいませんでした。したがって、どの植物や生き物が私たちを刺したり毒にしたりするのか、誰も私に教えてくれませんでした。科学プロジェクトでは、カエルよりもクロロホルム処理をしながら、葉巻の箱にバッタを固定しました。思い返すと、それはレディ・バード・ジョンソンがやって来て、みんなにやめろと言う前のことでした。

ベルリンに住む若い大人として、私の注意は自分の内面と周囲の地政学的な陰謀の両方にしっかりと固定されていました。もし、有意義な人生における美しさの位置について尋ねられたら、私はそれは良いことですが、必ずしも適切ではない、または現実に基づいているとは限らないと答えるかもしれません。当時の私の文章が詰まった箱がそれを証明しています。A4 サイズの用紙にドット マトリクスの縁が付いたエッセイ、小説、半分の小説、そして激しい落書きで埋め尽くされたノートがその証拠です。私の文章には、ドイツの高い灰色の空以外に感覚的な証拠はほとんどありません。言葉に言葉を重ねただけ。
上と外を眺めた最初の記憶は、25歳のとき、ベルリンから都市間電車に乗ってベルリンからスコットランドに到着したときでした。空港シャトルバスから降りると、目の前に広がる山、湖、そして森林が目の前に広がっていることに私の目は大きく見開かれました。
スコットランドは、その鋭い角度、滝のように流れる緑とヘザーの色合い、そして並外れた光ですぐに私の注意を引きました。角張った角、滝のように流れる緑とヘザーの色合い、並外れた明るさの印象的な風景に、私は唖然として沈黙しました。彼らの存在を取るに足らないものに矮小化することで、私はそこで混乱と落ち着きのなさから慰めを見つけました。この経験は、私が単に壮大なだけでなく、地政学上の激しい混乱を和らげる確かな現実を認識するのに役立ちました。この経験は私個人にとってスピリチュアルな人生の始まりとなりました。

私の日常会話の一部として、美について頻繁に話題になります。その多様な表現と、政治的言説としての現実に基づいた性質です。このトピックは、科学者との議論中によく話題になります。数学を扱う物理学者や数学者は、美しさを説明するための豊富な語彙を持っています。方程式がその美的基準に準拠していない場合、彼らはそれがおそらく間違っていると主張することがよくありますが、昔から望遠鏡や電波を使用していた天文学者や天体物理学者も、私たちの集団的な想像力の中にその美しさの種を植えることができます。

私のイスラム教徒の会話パートナーは、長い間、美しさと精神的な美徳、つまり主要な道徳的価値としての美しさを情熱的に結び付けてきました。私がこの贈り物を初めて受け取ったのは、9/11 が起きてすぐに、ラビのハロルド・シュルワイスとともにロサンゼルスでの公開対話を通じて出会った UCLA 法学教授のハーレド・アブー・エル・ファドル氏からでした。ハレド氏は過激派からイスラム教を守るために命を懸けている。エジプトとクウェートの両方で生まれ育った彼は、幼い頃から過激化をかろうじて回避した。彼は、イスラム教の将来の鍵は、その中核となる道徳的価値である美を再発見することにあると主張する。神は美しさを喜ばれます。イスラム教は美を教え、美を教えます。美は破壊やバランスではなく創造にあります。その具現化は人間の中にあり、神聖な文書を創造と啓発し豊かにする知識に適用する人間の能力にあります。

その夜のロサンゼルスのイベントで、ラビ・シュルワイスは「聖性の美しさ」という刺激的なユダヤ人の聖書の言葉を繰り返した。彼によれば、この美しさは全体性、つまり単なる形や形だけでなく関係性も表しているそうです。宗教が細分化する力は、神ご自身とは異なり、人間によって発明されて以来、ずっと前に反証されていました。私たちは、なぜ逆説的にこのような暴力や戦争の中心に宗教があり、予期せぬ道に私たちを導くのかなど、人生の最も困難な問題のいくつかを一緒に探求しました。洞察力と洞察力をもたらす視点を与えてくれる、別の種類の批評に向けて。

ユダヤ人もイスラム教徒も含むこれらの宗教家たちは、宗教の名の下に行われた行為がその作者についてどのようなことを明らかにするのかについて議論しました。それは美しいのか、それとも醜いのか？この質問は、その旗の下で行われた行為が、このすべての美しさを創造されたすべてを愛し慈悲深い神への敬意を示すことができるかどうかを評価するためのリトマス試験紙として機能しました。

文化的には、美しさは定義するのが難しい用語です。私たちは雑誌の表紙にある完璧さを美の概念として見ることに慣れています。しかし、ジョン・オドナヒューがその素晴らしい著作と美の哲学で際立ったように、魅力とは別の言葉です。私は彼の定義を、私たちの日常経験におけるすべてのニュアンスを認識するという私自身の目的のために使用しています。美とは、何らかの形で私たちの生活を向上させるものであり、ジョン・オドナヒュー自身も、哲学作品を作成する際にインスピレーションを得るため、アイルランド西部のコネマラから出てきました。、美についての詩と詩、それは彼の作品を生み出すための詩、哲学、詩の創造的な出力であり、私の定義を採用させました：美は私たちを生きていると感じさせます！

ジョン・オドナヒューと著者とのやりとりを聞いてください。

バレン地方は石灰岩でできており、荒涼とした美しい風景が広がっています。その形は、ある種の狂った超現実的な神によって創造されたように感じることがよくあります。私が子供の頃、その環境に出てきたとき、想像力が羽ばたいてしまうような招待状のように感じました。さらに、海に近いということは、海と石の間に古代からの対話が存在していることを意味します。ケルトの想像力によって認識されたもの：風景は生きていた！風景はあなたを静けさ、孤独、沈黙に呼び戻します。そのため、時間の贈り物を真に感謝し、静けさ、孤独、沈黙の瞬間を感謝する瞬間を表現できるので、あなたは真に時間を受け取ることができます。

ジョン・オドナヒューは、過酷で危険な環境や経験の中でも自分自身の活力を保つために、私たち自身の内なる美しい風景を創造することを詩的に表現しました。彼は、心の平和と肉体的な幸福の間のこのつながりについて声を上げました。
彼の好きな言葉は敷居でした。現実がより鮮明で明白になる人生の端。

ジョン・オドナヒューと著者との対話を聞いてください。

その語源が示すように、「threshold」は穀物を殻から分離するプロセスである「脱穀」に由来します。したがって、敷居は、人が人生においてより大きな危機と挑戦、そして価値ある充実感に移行する場所であると考えることができます。私たちが見渡すどこにでも、そのような閾値はたくさんあります。あらゆる人生には、その旅の途中で大きなハードルが存在します。50もの議題を抱えて忙しい夜の生活の最中に、突然、愛する人が突然亡くなったときを想像してみてください。その情報を周囲の人に伝えるのに必要なのは、電話でわずか10秒です。しかし、電話を切ると、別の現実が現れます。以前に重要だと思われたものはすべてなくなり、今ではあなたの焦点は変わりました。すべてが変わってしまった今、あなたが抱えていた心配は突然無関係に思えてきます。したがって、私たちが立っている堅実で強固な地面のように見えるものは、一見するとそこにあるように見えますが、実際には非常に暫定的なものです。敷居は、精神の2つの領域を区切る線を表し、多くの場合、誰がその領域をうまく通過できるかどうかを定義します。

その美しさはどこにあるのでしょうか？

美しさはどこにあるのか - 美しさは表面だけではありません。美しさはより丸みを帯びた実質的なものにあります。私たちが優雅さと優雅さで新しい敷居を越えると、私たちは以前どこかで行き詰まっていたパターンから解放されます。したがって、私は美とは、深みを生み出す優雅さと優雅さを増した新たな充実感であると同時に、展開していく人生の思い出に帰郷をもたらすものであると考えています。
私たちが美を魅力と結びつけることが多いという点では、あなたの主張は正しいです。一般的な会話で「美しさ」という言葉を聞いたり考えたりすると、人々はすぐに絶妙な顔(あるいは単に「美しさ」)のイメージを思い浮かべるのではないでしょうか？それでは、誰かが美しさについて話すとき、どんなイメージが思い浮かびますか？

美しさについて考えるとき、私が大切にしている人々のいくつかの顔がすぐに思い浮かびます。また、私が知っている美しい風景が頭に浮かぶこともあります。私自身の無力感を感じたときや、愛や関心を高める必要があったときに、私を気遣ってくれた人々から受けた優しさの経験を振り返ってみます。私はよく、他の人には見られない、影の英雄たちのことを思い出します。彼らは、私にとっては影の英雄であり続けますが、本当の影の英雄です。おそらく名前が言及されることは決してないだろうが、ひどい状況に耐えながらも、自由になって贈り物を提供する方法を見つけている人々です。可能性と想像力と見ること。美しさというと、いつも音楽が思い浮かびます。音楽そのものが私のソースです。一方で、詩もそれを完璧に表現しています。私はそこにも美しさを感じますが、音楽は機会があれば言語がなりたいと願うものに近づいているように思えます。

ジョン・オドナヒューとの会話は 2 時間以上に及び、とても楽しかったです。残念ながら、私たちのインタビューが52歳で行われてから2か月後、彼は詩と数え切れないほどの祝福を残して睡眠中に突然亡くなりました。私たちのインタビューは記念と祝賀の両方として放送されました。人生は、その中に美しさが見出されるのと同じくらい、喪失のサイクルでもあります。

美を生命の不可欠な要素と考えると、炭素やクロロフィルと同じように、美の本質に疑問を抱くようになります。美が本当に生命の不可欠な要素の1つと考えられるのか？美は私たちの自然界や宗教/無宗教の関係に同様に生命、希望、さらには超越性をもたらす可能性があります。美は私たちが時折渡ってお互いを繋ぐ橋として機能するのでしょうか？私たちが学び、遊び、働き、癒しを行う物理的空間において美しさを主張することは、今や明らかになってきています。他人の美しさに注意を向けることは、「慈善/開発」/開発に巻き込まれている人々の方向を変えて、代わりに自分の美しさに注意を向けるのに役立ちます。つまり、彼らの軌道を慈善/開発から離れて自分の美しさに注意を向けることにより、慈善/開発から離れて他人の美しさに注意を向けることになります。そして代わりに他人の美しさに注意を向けることによって、慈善活動や開発から方向転換します。慈善活動や開発から離れ、各個人に参加することに向けて、参加することでその人の美しさにもっと注意を払うことは、政党などを超えた敬意や和解の橋を築

くのに役立つかもしれません...この限りにおいて、この要求は物理的空間の美し
さを主張します人々が学び、遊び、働き、癒される場所は、そうすることで謙虚に
なったり救われたりする可能性があり、これらすべての追求がより実りあるものに
なり、犯罪行為に参加したり手助けしたりすることで犯罪者を救うことができます-
再志向に関連する「慈善/発展」。他人の美しさに注意を向けることは、単なる方
向転換であり、元に戻り、したがって代わりにお互いの美しさを助け、それによっ
て代わりに「慈善/デボン、そして代わりに私たちを救ってください」に方向転換
し、すべてをかけて、今世紀中、ケアをすることです。それによって、慈善/癒し
ではなく、癒しに使われることが多くなり、よりやりがいのある、または癒しがより
美しくなるのは、今世紀に命を与えることです-「慈善対むしろ、より多くの命を与
える代わりに、より多くの命に参加する-より多くの命を-今から-に道を与える」'。
"発達"。お互いに気を配ることは、代わりに必要なものをはるかに節約するのに
役立つかもしれません。「慈善や発展ではなく、他人の美しさに気を配ること」。
人間は、他人を解決すべき問題として認識し、支援する能力を失っています。
世界中の最も貧しい地域で働くジャクリーン・ノボグラッツは、内なる豊かさを呼
び起こすために、よくこの質問を投げかけます。「自分が最も美しいと感じると
き、何をしていますか?」

最近、私はますます親切な行為や善良な行為、つまり肉体と血、時間と空間に
美しさをもたらし、その影をもたらす行為にますます惹かれていることに気づきま
した。人間がヒューマニズムを持って互いに手を差し伸べるとき、美は目に見
え、明白になる瞬間です。世界有数の社会学者の一人であるロバート・ベラは、
2013年に亡くなる前に、特にある認識によって自分の見方が変わったと語った。
それは、哺乳類が自分自身の内側から出産を始めたとき、精神的な生命が可
能になったことだ。人間と類人猿はどちらも、子孫が生き残るために親の世話を
必要とします。この期間が長くなるにつれて、子どもたちの無力感は、自己理解
と共同生活において、和らげ、実験し、創造性を発揮するためのスペースを生
み出します - 恐怖から自分を超えたケアへの軸方向の動き - この事実は、それ
を彼らの言語に翻訳した宗教によって長い間認識されていました -思いやりは
ヘブライ語とアラビア語の「子宮」を意味する言葉から取られています。

* 何年も前にベルリンを離れたとき、私は自分が育ってきた過程で体験してきた
権力と成功の人生に疑問を持ち始めました。神学を勉強したからといって牧師
に叙階されたわけではありません。むしろ、それは人生全般について考えるきっ
かけを与えてくれました。私は、人間の生活における力や権威などの概念の意
味や必要なニュアンスを探求し、道徳的な想像力や可能性を伸ばすためにスピ
リチュアリティを学びました。驚いたことに、スピリチュアルな生活はすぐに私の
中心的な興味の一つになりました。そして、私が経験した現実の複雑さに確実
に対処できるようにしたいと思いました。そこで私は、身体化された超越性を探
求する神秘家を発見すると同時に、精神的な洞察が人間の日常生活の中に見
られる厳密に身体化された矛盾と結びついている場所に特に注意を払いまし

た。ラルシュは、身体障害者と精神障害者の間での共同生活を通じて、権力と正常性の概念に挑戦し、常に私の興味を惹きつけてきました。コミュニティ内では、見知らぬ人たちが、生まれたときの絆と同じくらい激しくて優しいケアを実践し、より「無力」な人々に切望されている助けを提供しています。
組織内の障害者は認識され、コアメンバーとみなされ、健常者の参加者がサポートとして機能します。

アンリ・ナウエンの本を読んだときに、私にラルシュを紹介してくれました。当時、彼はノートルダム大学、イェール大学、ハーバード大学で教えたことで知られる尊敬される精神的教師兼作家であったが、公に「燃え尽き症候群」になったと宣言した。彼は晩年をトロントのラルシュ デイブレイク コミュニティで常駐アシスタントとして過ごしました。「私は、最も聡明で優秀な人のための施設から、至福の教えの原則に従って精神障害者とその支援者が一緒に暮らそうとするコミュニティに移ったのです。私の家には今、全員が以下のような形をしている10人が住んでいます」と彼は説明した。私の家族の一員です - 徐々に誰が障害者かどうか忘れてしまいましたが、私たちはただのジョン、ビル、トレバー、レイモンド・ローズ、スティーブ・ジェーン、ナオミ、ヘンリ・アダムです。」
ラジオの冒険の初めに、私は自分のためにラルシュへの巡礼をしました。ミシシッピ川ののどかな道沿いにアイオワ州を旅していた私は、住宅街にあるパステルカラーの家々に囲まれた革命的なコミュニティ、ラルシュを発見しました。最初は、私の目と内向的な精神が、最も逆説的なスピリチュアルな教えの一つを試す、この見慣れない人間性の断面に慣れるのに少し時間がかかりました：暗闇の中に光があり、弱さの中に強さがあり、人間存在の壊れた中にさえ美しさがあり得る。しかし、彼らの勇気は神学化することではありません。むしろそれは、与えられた不完全な日常生活の素材を生き生きと生き続けることを意味します。
「人生のシンプルな楽しみ」は、これほど笑いと喜びをもたらしたことはありません。料理を作り、一緒に食事をし、洗い物をすることです。早朝に仕事を出て、夜遅くに帰宅する。近所を散歩したり、図書館に行ったりする。音楽を作ったり、一緒におふざけしたりゲームをしたりすることはすべて、ここでの日常生活の一部です。見知らぬ人たちからこれほど寛大な抱擁を経験することはめったになく、とても感謝していますが、同時に、これと矛盾することなく、人間であることの悲しみ、不完全さ、葛藤の現実が、あらゆる瞬間により明確に取り上げられました。ラルシュは自分の家族のようなものです。その過程で多くの人生に影響を与える選ばれたもの。ラルシュの中心メンバーとの日々の出会いを乗り越える中で、彼らの存在が彼らが出会った人々を少し不安にさせる様子を目の当たりにしました。私も含めて、バスの運転手、図書館員、職場の監督者など、彼らをより楽しく優雅にさせます。本当に信じられないほどでした。
体によって広がった喜びと恵みは私に跡を残しました。それは何年も経った今でも残っています。

ラルシュを設立した哲学者でありカトリック人道主義者であるジャン・バニエは、マザー・テレサの言葉をよく引用します。「私たちが耐えることを求められている現実の一つは、嫌悪感から同情心へ、同情心から驚きへ移ることです。」彼の作品を何年も追いかけてきた後、私が彼と長時間議論するために座るときはいつも、本当の意味で現実を利用するという彼の粘り強さに感謝します。つまり、あり得たものや、あるべきものに対する幻想的な欲望を持たずに現実を愛したということです。現実の不完全さをすべて愛することで、ジャン・ヴァニエは自分自身と彼の住む世界の中に存在し、生きている神を発見することができました。
他人の顔を見て不思議に思うことは、単純な寛容を超えて進む非常にエレガントな方法です。
ジャン・ヴァニエの幼少期は、彼の最終的な政治家や指導者への道を予感させるものではありませんでした。その代わりに、彼は影響力のあるフランス系カナダ人の家族の出身で、16歳で英国王立海軍大学に入学し、最終的にまだ若いうちに空母の艦長を務めました。しかし、彼の心は意味と力についての疑問でいっぱいでした。そこで彼は、貧しい人々と協力し、祈り、形而上学の研究に専念する瞑想的なコミュニティに1年間没頭しました。ジャン・バニエはアリストテレスの「欲望の倫理」の概念を研究し、トロントのセント・マイケルズ・カレッジの哲学教授になりました。しかし、1963年のクリスマスの時期、ジャン・バニエは精神障害のある男性の牧師として働いている友人を訪ねるためにフランスへ旅行しました。彼は特に、パリの南にある広大な亡命施設に感動した。そこでは、80人の成人男性が一日中何もせず、輪になって歩き回り、2時間の昼寝を、多い時は1日に2回とっているだけだった。この光景に触発されて、彼は最終的に近くに小さな家を購入し、この精神病院から二人を招待して人生を共にした。ラルシュは国際的な成功を収め、現在では35か国に147のラルシュ コミュニティがあり、あらゆる種類の人々の巡礼の場所として機能し、思いやりとともに不可欠な要素としてホスピタリティを提供しています。ジャン・バニエはメリーランド州で全米から集まった大学生を対象にリトリートを主催していた。この経験の一環として、私は彼にインタビューしました。私は彼らの何人かに会ったが、彼らは輝いていた。クリントン氏が何年も前に私にしてくれたように。さらに美しかったのは、この紳士が計り知れない温かさと、かつての海軍司令官のような優雅な背丈を備えていたことだった。ダン・バーバーと同様に、彼は快楽に基づく行動と倫理的配慮との関連性を描いています。
ジャン・ヴァニエと著者の会話を聞いてください。

あなたのコメントは、アリストテレスの欲望の倫理が今日にも関連していることを示唆しています。人は自分の人生に意味を求めますが、これはアリストテレスが認識しており、アリストテレスが今日生きていなかったら、彼らは興奮するでしょう。あなたの文章によれば、「欲望の倫理は、私たちが法の倫理にアレルギーを起こしている時代に朗報です。」あなたの人生や仕事を、快楽を追求し、娯楽に基づいた社会に喩える人もいるかもしれません。しかし、アリストテレスについて議論するとき、あなたと彼について話しているときに私が耳にするのは、アリストテレスは快楽に対する人間の基本的な本能を非難しているのではなく、むしろその衝動をより深く受け止め、これまで以上にさらに前進させることを示唆しているということです - アリストテレスが示唆しているのは。

どのような活動が最大の喜びをもたらすかを見つけることが重要です。人によってはこれがウイスキーを飲むことを意味するかもしれませんが、私にとっては常に哲学、イエス、正義、そして闘争が人生に満足感と喜びをもたらしてくれました。そして、幸せへの道程には困難や葛藤もありましたが、基本的には常に楽しくて楽しいものでした。

しかし、あなたが自分の天職を見つけた、あるいは自分にとって何が意味があるのかを理解したと私が感じているところと、喜びがどのように結びついているのか、私に話してください。フランスに戻り、精神病院で男性たちと出会った後、何かが琴線に触れ、それ以来、その点であなたの人生の方向性が決まりました。

はい、私は喜びと私自身の欲望、そしてあなたの欲望、つまり私の最も深いものとあなたの欲望に戻ります。私たちの究極の願望は評価されるべきです。それが私たち全員を前進させる原動力となるはずです。
アリストテレスは、愛されることと賞賛されることを重要な区別をしています。人は誰かを賞賛するとき、その人を台座に置きます。しかし、人は誰かを愛するとき、一緒にいることを望みます。ですから、初めて障害のある人たちに会ったとき、彼らが関係を求めていることに本当に心を打たれました。精神病院に入院している人もいたが、全員が何らかの形で傷つき、拒絶されたことを経験していた。イエスはペテロに「あなたは私を愛していますか？」と尋ねました。そして負傷した人や見捨てられた人たちも同じ疑問を感じた。すべては一つの叫びに集約される、「私を愛さないで」。

障害に関連することだけでなく、私たちが人間として痛みにどのように対処できるかが最も重要な問題であるとあなたは指摘しました。あらゆる種類の苦しみや弱さは、個人として私たちを不安にさせますが、なぜそれが社会にとってこれほど耐え難い負担となっているのに、その対処が不十分であるのかを説明しています。

ここには多くの要素が関係しています。まず、私たちは自分自身の痛みにどう対処すればよいのかわかりません。それでは、他の人が苦しみを経験したとき、私たちはどのように反応することが期待されているのでしょうか？さらに、弱点となると、私たちはそれを隠したり隠したりする最善の方法を知りません。したがって、弱点が存在しないふりをする以外に選択肢がないことに気づきます。自分の弱さを認めていないのに、どうすれば他人の弱さを完全に受け入れることができるのでしょうか？マーティン・ルーサー・キング牧師は、そのような慣行に強く反対しました。彼の質問は、なぜあるグループ（白人など）が別のグループ（黒人など）を軽蔑することができるのかに焦点を当てていることが多かった。そしてそれはこれからもずっとこのままなのでしょうか？価値がないと判断した人々を非難したり解雇したりするエリートが常に存在するのでしょうか？そして彼は、信じられないほど強い感情を主張しています。自分自身の中にある卑劣なものを認識し、愛し、受け入れない限り、私たちは他人を軽蔑するでしょう。私たち自身の中に、不快ではあるが、死すべき存在としての私たちの一部を構成する要素があるかもしれません。

あなたがよく指摘したように、私たちは皆、常に体の表面に現れるとは限らない弱さ、限界、外観の傷を持っています。しかし、実際にそれが現れると、私たちはショックを受けて後ずさりしてしまいます。あなたはスピリチュアルな観点から、社会から疎外され、失敗とみなされることが、私たちの世界にバランスを取り戻すのに役立つと書いていますが、それについて説明していただけますか？

私たちの世界では力がバランスを決めることがあります。より多くの知識、能力、または力を持っていれば、より多くのことができるようになりますが、そのようなコントロールにしがみついていると、すぐに人々を失望させる可能性があります。私は知っていますが、あなたは知りません。そして、これが人類の歴史の展開です。これは教育の使命でもあり、個人が能力を身につけ、社会の中で正当な地位を獲得できるようにすることであり、これには疑いもなく計り知れない価値があります。しかし、これは、人々に共感し、耳を傾け、自分自身になるように教育することとは比較できません。代わりに、心のバランスを提供します。ある親が非常に強い場合に、別の父親がそうでない場合に、家族内や子供たちの中で何が起こるかを考えてみましょう。しかし、家に帰ると、彼は四つん這いになって子供たちと遊びます。子供たちは優しさ、愛、親として子供たちのニーズに気を配ること、そして関わり合うことについて彼に教えています。子どもたちは、私たちがある感情を表現しながら別の感情を完全に経験することができる一方で、彼らの身体は統一された状態を保つことができるため、注目に値する存在です。

子どもたちは私たちに団結、忠誠、愛について教えてくれます。障害のある人も同様です。中には並外れたほどの絶妙な美しさと純粋さを示す人もいます。これは、人生には最も弱い人と最も強い人の間での競争だけが含まれるのではなく、誰もがそれぞれの立場に値することを思い出させます。
ジャン・ヴァニエはラルシュを解決策としてではなく、ビジョンや文化を伝える記号として説明しています。とはいえ、その真の影響を瞬間ごとに、あるいは生涯ごとに測定することは依然として困難です。それにもかかわらず、その存在は否定できません。ジャン・ヴァニエのようにこの言葉を主張するのは不誠実だろう。

私がこれまで出会った中で最も賢明な人々の特徴についてよく尋ねられます。ジャン・バニエは、知恵を支え、定着させるあらゆる美徳と並んで、この特質を体現する人物として私の経験の中で際立っています。私が会った他の人たち、例えばデズモンド・ツツ、ワンガリ・マータイ、ティク・ナット・ハンも同様の物理的存在を持っています。それがどのような感じか、そして私が報告できること：予期せぬ創造的な相互作用の中で力と優しさを一緒に保持する身体化された能力。明白で爽快で、特定するのは困難です。マインドフルネスに基づいた教育の私の経験は、力とその目的についての私の理解を変えましたが、同時に、肉体的に存在するものと精神的に意識しているものという、受肉した知恵の感覚を拡大しました。

注記/終了注記/最後のコメント。

ベッセル・ファン・デル・コルクは、個人と社会に対する圧倒的な経験の影響を治療する革新者です。人生やニュースでこれらの出来事に遭遇すると、これらの出来事は一般にトラウマと呼ばれますが、その解決策としてトークセラピーだけを使用する人があまりにも多いのです。彼は、特定の経験が、言葉では表現できない永続的な印象を私たちの中にどのように残すかを知っています。その一方で、私たちの脳はその後、物理的に自分自身を修復しようとします。

1872 年に遡るチャールズ ダーウィンとベッセル ファン デル コルクの対話を聞いてください。チャールズ・ダーウィンは、心痛や腹痛などの感情がどのように物理的に現れるかを論じた「感情」という本を書きました。
経験は身体的に感じられます。しかし、人々は常に動揺し、苦しんでいると感じると、感情を自分から隠し、身体とのつながりを遮断しようとすることがよくあります。

その方法の 1 つは、薬物やアルコールの使用です。もう一つの方法は、自分の身体に対する感情的な意識を遮断することです。私たちの外傷センターと私の診療所では、私たちが診察するトラウマを負った患者の大部分、おそらく約 70%が自分の身体との関係を断ち切っています。彼らは自分の中で何が起こっているのかを感じたり、何かが変化したときにそれを認識したりしません。したがって、人々が自分の体内の感覚を安心して感じることができ、よく言われる生体内の生命との関係を構築できるようにする必要があることが非常に明白になりました。

マシュー・サンフォードは国際的に評価の高いヨガ講師です。10代の頃に脊髄損傷を負った後、彼は半身不随になった事故の記憶がなかった。それでも彼の体は覚えていた。この現象は「身体記憶」と呼ばれており、トラウマは私たちの心だけでなくその痕跡を残すというあなたの考えと同様です。最近、彼は退役軍人や拒食症に苦しむ女性たちとも協力し始めた。彼らが身体の問題に執着するのは、実際には自分自身が何らかの形でトラウマを負っていることに起因している可能性があることを理解している。

自分の体がどのように動くのか、そして自分自身の中での人生がどのように動くのかを理解することが最も重要です。西洋文化は深く実体を欠いています。私たちは、私たちをアルコール中毒後の文化から来たものだと言いたいのです。北欧出身の人々にとって、どんな苦悩にも対処できる唯一の方法はアルコールでした。

北米の文化では、悲惨な感情を和らげるために何かを摂取すれば自分自身の心の平衡を取り戻すことができるというこの思い込みが今でも根強く残っています。しかし、残念ながら、その考えは真実ではありません。自分の内なる存在の調和を変えるためにできることは何もありません。
宗教に関する教育は、学校と私たちの文化、教会と宗教的実践の両方で見られますが、世界を見回すと、ほとんどの宗教的実践は、踊り、体を動かし、歌ったり、身体的な経験から始まったりしていることがわかりますが、より「尊敬されている」ものとして認識されています。人はだんだんと動きは硬くなっていきます。

PTSD が人間の苦しみの科学的調査への入り口をどのように提供したかについてのあなたの引用は、私個人にとって、この分野に対する深い精神的な洞察を表しており、印象的で重要でした。

この分野は 2 つの方向に発展しました。1 つはトラウマと生存と苦しみです。第二に、人々は学問と科学の両方の観点から人間関係を研究しています。最初に人々が興味を持ったのはトラウマかもしれませんが、それ以来、人間のつながりを芸術や科学の分野として理解するという点で、私たちは大きな進歩を遂げたと信じています。

科学はまた、人間のつながり、特に 2 人の人間が交流するときの科学的調査を通じて、発見の強力な手段にもなりました。科学者たちは、2 人がお互いを見たり、反応したり、お互いを映したり、一緒に動いたりするときに正確に何が起こるかを研究しています。踊ったり、微笑んだり、会話したりすることは、2 つの体が物理的に結合して結合している例です。対人神経生物学と呼ばれる分野全体では、私たちがどのようにお互いにつながるか、特に初期の相互作用が脳の発達にどのような影響を与えるかを研究しています。

実際、あなたの研究は、自分の体を生き生きとさせ、より自己認識を高めることを学ぶことで、トラウマに襲われたときの回復力を高めることができることを示しています。

絶対に。ここには 2 つの要素が作用しています。まず、たとえ爬虫類の脳が支配していても、静かに自分の体に呼吸することで、ストレスの多い状況が起こっていることに気づき、何か異常なことが起こっているかもしれないと感知するのに役立ちます。

繰り返しになりますが、トラウマを抱えた人々は、何か不快なことが自分に起こっていることに気づかず、その経験に支配されることを許さないことがよくあります。トラウマを抱えた人は、自分が自分のものだとはもう信じず、代わりに他のものに支配されることを許す傾向があります。私たちが学んだように、トラウマに対する回復力は、自分自身を完全に所有し、自分の決定と行動に責任を持つことにあります。したがって、自分自身に誠実であり、ありのままの自分を完全に受け入れることで、トラウマに対する回復力を高めることができます。したがって、誰かが傷つけたり侮辱したりすることを言ったときは、それに反応するのではなく、観察し、それに応じて対応を決定するというアプローチをとってください。私たちは、人間がどのようにして反応ではなく観察のスキルを習得できるのかを真に理解し始めています。

この点を強調したいのは、根本的にはすべては安全であると感じること、つまり単なる知的知識ではなく身体的な感覚に帰着するということです。すべてが何らかの形でここに結びついています。

トラウマ治療の一環として、自分の中で何が起こっているのかを正確に感じ、知る必要があります。それは、体内で何が起こっているかを感知すること、各足の指と小指が体の他の部分との関係でどこにあるのかを知ること、食事が不快になるとき、おしっこが出るはずの場所に行かないとき、呼吸の問題が起こるときなどを知ることを意味します。これらすべての要素が機能しなくなります。トラウマが襲い、すべての基本的な体の機能が損なわれたとき。トラウマの治療は、睡眠、休息、移動ができる安全な空間を作り出すために内側から始めなければなりません。アン・ハミルトンは、トラウマ治療の成功を確実にするために、そのようなアプローチを提供しています。睡眠、休息、安全性、そしてトラウマからの解放は、トラウマが襲ってくると体の機能に及ぼす影響に気づきます。治療はこの基礎的なポイントから開始する必要があるため、治療は内側から開始する必要があります。内側から始まる治療を進める前に、自分自身の内側から始めてください。これらすべてがトラウマ治療につながるのですが、トラウマ治療は自分自身の内側から始まります。そのため、トラウマ治療が睡眠、休息、リラックスという体系的な枠組みの中で安全に動けると感じられる範囲内でトラウマ治療が開始される場合、トラウマ治療が成功するためには、このレベルで必要に応じて体と心のつながりから始めなければなりません。ストレス-ナトリウム-アフリカの現在の診断システム内で行われます-別の始まりはここアン・ハミルトンです彼女の身体-身体は彼女のアプローチでここから始まります彼女のユニークな身体でのアプローチで彼女は自分のつま先がどこから始まるかを正確に知るとすぐに身体を整えるという点での基礎は、治療がすぐに始まり、睡眠、休息、休息の確保、その基本的な要素すべての確保が始まります。
アン・ハミルトンと著者スティーブ・マーティンのやりとりを聞いてください。

祖母は私にとってとても大切で、幼い頃ソファで祖母の隣に座っていた記憶が鮮明に残っています。特に祖母の脇の下がいっぱいでした。私たちは一緒に編み物をしたり、針を刺したりしました。私たちの手がふさがっている間、彼女は私たち二人に本を声に出して読んでくれました。同時に私たちの体は開いて、空間内の声と、さまざまなペースで蓄積される手の下の物質の両方を吸収して集中しました。どちらの濃度も独特の楽しみをもたらします。各セッションを通じてそれが徐々に成長し、それぞれの経験からさまざまな満足感が生まれ、どちらも本当に満足のいくものでした。

そして彼女はセーターを編んでいました...

セーターは私たちの専門分野でした。ニードルポイント、キルティング、編み物...これらすべてのラッププロジェクトは、休憩時間に一緒に行う非常に快適なアクティビティを提供してくれました。

あなたは洞察力に富んだ指摘をしました。繊維製品は確かに私たちの体が最初に住む家です。「テキスタイルはその初期のアーキテクチャとして機能します。」

はい。どうやって物事を学ぶのでしょうか？そうしたものを重視する環境で教育を受けている子供や学生として、私たちは直接名前を挙げたり説明したりすることができますが、身体の最大の器官である皮膚を通じて知識を得る方法は他にもたくさんあります。私の織物の手は常に、何かを発見するための主な手段でした。織物に携わるとき、私にとってテキストとテキスタイルの両方が経験を通じて生き生きとします。初めて布地から何かを作り始めたとき、まるで別の皮膚が覆われていて、それ自体が現れているように感じました。
あなたはまた、縫製に使用される糸やアイデアやセリフを表す糸など、糸の概念を持ち出し、これらの織りのプロセスが言葉と物質の両方でどのように起こるかを議論しています。

本を読むことは古くからある普遍的な行為です。読書は、私たちをそのページをはるかに超えた場所に連れて行ってくれます。読書に没頭すればするほど、あなたは自分自身やその著者の現実のビジョンから時間と空間が遠ざかっていきます。

祖母が針先を作ったり、セーターを編んだりしている写真を見れば思い出すように、これらの実践は遠い昔に失われたように思えるかもしれませんが、これらのスキルを再発見すると、社会に戻って私たちに人間味があり、共感できる何かを与えてくれます。

大学で教えている私にとって、教育者として、具体化された知識がそのような教育機関のどこに当てはまるのか、つまりそれをどのように育て、信頼するのかを考えるのは興味深いことです。

しかし、私たちが説明しようとしているこれらの感情はすべて、実際には最初に私たちの体の中で始まることが科学によって証明されました。トラウマは重要な役割を果たしているかもしれませんが、私たちの世界の経験は、単なる言語的または精神的なプロセスをはるかに超えています。服や、物語や本の言葉に織り込まれているこの社会的側面もあり、それは私たちの周りのすべての人々とのつながりでもあります。

さて、少し編み物の話に戻ります。編み物では、その構造上、各ループが互いにすり抜けていく様子が見えます。パーカー・パーマーが観察したように、全体を見ているときでも、そのすべての部分が見えます。
パーカー・パーマーは、精神性、職業生活、社会変化の交差点であらゆる背景を持つ人々を集めます。彼の著書『Let Your Life Speak』が特に感動的であると思うのは、彼が 40 代で 2 度の重篤なうつ病の発作を明らかにし、それが私や他の多くの人の命を救ったことを証明しているからです。それでも彼のアドバイスは、うつ病の暗い限界をはるかに超えた知恵を提供し続けています。

著者とパーカー・パーマーとの魅力的な対話に耳を傾けてください。

あなたの本にはうつ病の臨床例が含まれています。一文には次のように書かれている。「私は、全能者の直接的な経験よりも、神についての抽象的な概念にもっと専念するキリスト教信仰の形を受け入れました。なぜこれほど多くの肉体を持たない概念が、『言葉が成り立つ』という信仰を核とする伝統から生まれてきたのでしょうか。」肉 ？"'。

自分の経験に疑問を抱くこと、特にうつ病は没入型で全身を巡る経験になる可能性があるため、私は非常に真剣に受け止めています。うつ病は、人生が明るくさわやかなときよりもさらに深く自分自身について考えるよう私たちに促します。

ここで少し立ち止まってみましょう。キリスト教の伝統は、苦しみそのものが美化される場合があるため、うつ病などに苦しむ人々を救済しないという批判が長い間行われてきた。しかし、この特定の状況に適用した方法によって、あなたはこのイメージを逆転させています。

同意します。残念なことに、キリスト教の伝統では、人生のこの側面に関して、苦しみをめぐる混乱があまりにも多く、意味がある、または重要であると誤って伝えられています。人生においてこれを区別することは非常に重要です。

私自身の幼少期の経験は、この区別を理解するのに必ずしも役に立ちません
でした。たとえ苦しみが伴うとしても、十字架は常にポジティブなものであることを
意味していました。

「私の人生観は、私に人生を与えてくださった神が私にその人生の最も豊かな
意味を経験することを望んでおられるというものであり、早期の痛みを伴う死では
ありません。」人生を充実して豊かに生きること。たとえそれが私を不快な場所に
連れて行ったとしても、たとえば、私が信じているものを支持し、その後その考え
が社会から拒否された場合でも、そのような形の痛みを経験した人は、それが命
を与える可能性があることを知っています。自分の真実が何かを知ることは、抵
抗のある社会を生き抜くのに役立ちます。しかし、人生の死とより直接的に関係
する別の形の苦しみがあります。それは、向こう側に光が現れるまで、私たちが
乗り越えなければならないものです。

クエーカー教徒の伝統は沈黙を重視します。精神的に大きな負担がかかってい
たときに最も支えてくれた友人についての話を思い出しました。あなたと物理的
に一緒にいて話を聞くためだけに来てくれる誰か。

「まあ、パーカー！」人々が来て私を助けようとするでしょう。残念ながら、その多
くはまったく役に立ちませんでした。たとえば、次のようなことを言う人もいます。
「外はこんなにいい日なのに、なぜここに座って落ち込んでいるのでしょう。楽し
んで、肌に太陽の光を感じて、花の匂いを嗅ぎましょう！」悲しいことに、それは
事態をさらに悪化させるだけでした。太陽の光や花のようなものが存在すること
は頭ではわかっていましたが、香りなどの感覚刺激が私の体に反映されず、さら
に憂鬱を悪化させたという点で、私はさらに憂鬱になりました。他の人がやって
来て、「まあ、パーカー！なぜ落ち込んでいるのですか？外に出て、太陽を感じ
て、あの花の匂いを嗅いでください。」と言いました。また、他の人がやって来
て、「なんてことだ、パーカー！どうして人生を楽しんでいないんだ！」というよう
なことを言いました。他の人もやって来て、似たようなことを言うでしょう。「パー
カーさん、もっと人生を楽しんだらどうですか！」他の人も来て、同じようなことを
言うでしょう。
憂鬱な気分ですか? |気が狂うことを恐れていますか? >>「あなたは他の人を助
けたり、文章を書いたりすることで、とても良いことをしてきました。」

「あなたはとても成功しましたね！」
それは私の悲惨さをさらに悪化させるだけです。なぜなら、「自分の利益のため
に他人を利用しただけなのに、彼らが賞賛の背後にある人物を本当に知ってい
るなら、彼らは私を今いる場所よりもさらに暗闇に非難するだろう」と私に考えさ
せるからです。

毎日午後4時頃、友人の一人が許可を求めてやって来て、私をリビングルームの椅子に座らせ、靴と靴下を脱いで足をマッサージし、その後何も言わずに元に戻しました。彼はクエーカー教徒の長老でした。直観的な理解から、彼は時折、「今日の君の苦闘を感じた」、あるいは後で「この時期は強くなったと感じる。それが嬉しい」といった短いコメントを口にすることもあった。しかし、これらの短い観察以外では、彼はしばしば沈黙を保っていました。彼にはどんなアドバイスも届かないだろう。彼は私の体のある箇所、特に足の裏をなんとか見つけ出し、私が他の人間と何らかのつながりを感じた場所を見つけてくれました。そしてマッサージは、予期せぬ、そして深く落ち着く方法で、私と人間とのつながりを保ち続けてくれました。

友人が私にしてくれたことで何よりも大切なのは、私が誰かを必要とするときにそこにいて、私の苦しみの中にいて、静かに、しかし快適に、そして触覚的に寄り添ってくれたことです。私にとって、その行動に対する感謝の気持ちを十分に表現するのは決して簡単ではありませんでしたが、それが私個人にとって大きな変化をもたらしたことはわかっています。彼は、このような困難に直面している人々の周りに私たちが構築しなければならない種類のコミュニティの強力な象徴となりました。むしろ、何らかの形で癒しが起こるかもしれない、適切で神聖な人間関係の空間に人々を閉じ込めます。

ダークサイドにいる人々は、ライトサイドに移行できるという希望を得ることができます。

イブ・エンスラーは、女性と少女に対する暴力に応えて世界的にヒットした戯曲「膣の独白」で広く尊敬されています。しかしエンスラー自身も幼少期に暴力を経験した。そして、がん診断を通じて女性の身体性を理解するという彼女の生涯にわたる闘いは、その闘いに新たな安らぎをもたらした。

イブ・エンスラーと著者イブ・エンスラーの間のやりとりを聞いてください。

2010年、コンゴで後にシティ・オブ・ジョイとして知られる都市の設立を支援していたときに、あなたは子宮に巨大な悪性腫瘍を発見しました。それをコンゴが「世界の本体」をもたらしていることに喩えました。あなたのストーリーは現代女性、特にほとんどの西洋人女性の象徴的なものになりました。私たちは自分の体にとても気を配っている一方で、あたかも体に完全に属していないか、自分がそこに属していないことを認識しているように見えることもあります。

正しい。そして、世界中の女性の身体を発見するための擁護者としてのあなたの献身は、本当に感動的です。

まあ、すべては徐々にそして段階的に起こります。私の生涯の執筆活動は、自分の体に戻ろうとする試みでした。それぞれの劇はこの旅と、あるレベルでの再発明の試みを表しています。がんが発症するまでは自分のことをよく知っていると思っていても、その後突然すべてが再び変わってしまいます。
9時間の手術を経て、すべてのチューブとカテーテルが外に出た後、あなたは人生で初めて自分の体の中で本当に生きていると感じたことに気づきます。その経験は本当に驚くべきものでした。自分の体の一部から切り離されるのではなく、自分の体の一部であることが信じられないほどでした。

最近、私はデカルトが今日の私たちの文化、つまり「我思う、故に我あり」という彼の概念に対して大いに非難に値するのではないかと考えています。西洋文明は、私たちが制度を構築する際にとった、この過度に知性を欠いた非身体的な方法に基づいて構築されています。その結果、私たちはそのためにさらに貧しくなり、私たちの組織は社会の残りの部分にとってあまり具体的ではないと感じています。その結果、私たちはとても小さくなってしまいました。

あなたの言うことはとても面白かったです！ガンと闘っている間、私はいつも「私は感じる、ゆえに私は在る」を繰り返していました。物理的に存在することで、私の存在と呼吸が私の人間性の具体的な経験となることができます。残念ながら、この客観性の概念は、あたかも脳が主観的な自己を真に分離できるかのように、地球上にあるレベルの解離を生み出しています。心を完全に開くことができない思考体系に囚われていることに気づくかもしれません。

私は最近、シエラレオネとウガンダ北部の神経科学者、芸術家、詩人、そして瞑想家が集まるイベントに参加しました。心と思いは一つであるという仏教の「心心」についてお話しました。さらに、西洋の神経科学者は最初に、瞑想中のチベット仏教の僧侶の研究を始めました。僧侶たちはそれがとても面白く、頭に直接電極を置き始めました...

科学は、私たちの脳が器官であり、私たちが感情として経験したものが体のどこかにも保存されているということを認識するのに役立ちます。

何も別のものはありません。ある時点ではすべてが孤立しているように見えたかもしれませんが、今ではすべてがそれ自体と直接つながっています。それが、私が今生きていることについて最も興奮していることです。それは、自分の外側にあるすべてのものも同様につながっていることを理解することです。まず自分自身やお互いから離れることなしに、人をコントロールしたり支配したりすることはできません。人々が自分自身やお互いとより深く結びつくにつれて、私たちは支配されたり占領されたりすることにますます抵抗するようになります。歴史のこの転換点では、つながりが鍵となります。私はこれを傲慢な意味や自己陶酔的な意味で言っているのではなく、超越性と真の変革的なエネルギー変化を促進するために、私たちが自分自身と自分の周りのあらゆるものに対してあらゆる面で日常生活をどのように送っているかを意味しています。

がんに関するあなたの本は、私たちは「第二の風の人々」であるという考えで終わっていますが、それはあなたが今指摘していることでもあるようです。

私は、第二の風を見つけるというコンセプトが大好きです。長時間走りすぎて疲れた後、突然余分な燃料を見つけて走り続けることができるときです。私はいつもこの現象に興味を持っていました。このセカンドウィンドスペースの内側には何が存在するのでしょうか？それは私たちの精神的または物理的な部分をカプセル化または構成しているのでしょうか？それが自分に降りかかる前に、あなたはそれについてあまり考えません。

経験とはもっと総合的なものです。

トータルボディワーク。私たちは人類の第二の風に入りつつあるのかもしれないと感じています。あるいは、これには人類そのものの根本的な再構成と再概念化が必要なのかもしれない。
ここでどうやって前進するのでしょうか？私はこの試みの可能性を信じています。必要なのは、これを信じ、力を合わせて今私たちに吹いているこの風を喜んで受け入れる十分な数の人々だけです。

ジョアンナ・メイシーは仏教教師兼学者として最もよく知られていますが、私が初めて彼女の才能を評価するようになったのは、前世紀の変わり目にライナー・マリア・リルケの詩の翻訳者としてでした。彼がそこに意味を求めていた一方で、ジョアンナ・メイシーは、彼が予測できなかった20世紀の出来事に応じて形をとりました。この言葉が世界的な用語になるずっと前に、私は環境活動家になりました。

ジョアンナ・メイシーと著者ブライアン・ケリーのやりとりを聞いてください。

あなたと環境活動家としての長年の情熱について読んだとき、私が特に注目すべき点を感じたのは、ニュースを受け取ることに対する私たちの共通の悲しみに対するあなたの認識でした。あなたは人々と緊密に協力して、それを認識し、彼らの追悼を真剣に受け止めました。

悲しみは恐ろしいものであるため、重要なのはそれを恐れず、できる限り最善を尽くして対処することです。それをシャットダウンすると、自分自身にさらにダメージを与えるだけです。そして、自分たちが世界に対して何をしているのかが見えにくいのは、無神経な無関心や無知からではなく、痛みへの恐怖から来ているのです。これは、スリーマイル島とチェルノブイリの災害中およびその後に、原子力発電を中心に組織しているときに私が学んだことです。

その出来事はおそらく私の人生における決定的な瞬間の一つ、つまり神ととも
に踊る出来事でした。
不快感や絶望感を感じたとき、私たちは不快感、悲しみ、怒りや恐怖の感情か
ら逃げないように求められます。代わりに、私たちが恐れることなく、痛みをすべ
て否定したり避けたりすることなく、正面から痛みと向き合うことができれば、痛み
の道は方向を変えます。それ以外の場合は静的なままです。直接向き合って、
それを手に取り、一緒に呼吸することで、その原因について熟考する時間が与
えられると、その顔も変化します。その別の顔が明らかになり、私たちの愛と生命
とのつながりを示し、その必然性を示します。

詩的思考は、生態学的な問題に取り組む際に、たとえ同様の事柄であっても、
典型的な事実に基づいたアプローチや議論に基づいたアプローチよりも役立
つ場合があります。

そのため、人々は問題に効果的に対処するためには、知的優位性を証明する
ために必要なすべての事実と数字が必要であると信じているため、動揺してい
ることさえ認識できなくなります。

しかし、私たちは事実や数字、イメージに圧倒されてしまいます。衰弱させたり、
麻痺させたりする可能性があります。おそらくそれは、生産的な方法で悲しみに
対処し、それを建設的なものに変えるために必要なスキルセットが私たちに欠け
ているためです。ジャーナリスト、メディア関係者として私がよく思うこと。

その通りです。恋人としての世界と自分自身は同一のものであり、この美しくも残
酷な世界に私たちの心が張り裂けるのは十分に理解できます。そこには偉大な
知性が存在します。人間は地球をあたかも単なる供給施設か下水道であるかの
ように扱い、車やヘアドライヤーのために資源を取り出しながら、その容量を超
えるまで廃棄物を水域に投棄してきました。しかし、私たちの地球は、利用すべ
き単なる資源ではありません。私たちは地球を自分の大きな体であるかのように
扱い、地球を吸い込み、その風味豊かな風味を味わいながら、自分自身のあら
ゆる部分をその中に体現しています。今こそ、私たちは自分自身のあらゆる側
面を包み込むこの奇跡的な生命の開花を崇拝する時です。

今、私たちはチャットしながら自分の手を見つめています。81歳なのでしわはた
くさんありますが、歴史の中で私と同じように手と結びついています。これらの手
は、日常生活の一部として、地面をつかんだり、よじ登ったり、押し上げたり、葦
かごを編んだりすることを学びました。それにはその始まりにまで遡る驚くべき歴
史があり、私たち人間もその一部なのです。
私たちはストレッチをすることをしばしば求められますが、今後数十年で世界の
健康状態が改善するかどうか、あるいは世界の存続が保証されていると私たち
が考えるかどうかに関係なく、この世界への愛をさらに強めなければならないと

いうプレッシャーを感じてしまうのを止めるものは何もありません。今があなたの瞬間です！あなたが大切にしている人たちの命がどれくらい無傷でいられるかに愛を依存させないでください。ただ、あなたが今日生きていることが重要であることを忘れないでください。

第 4 章: 愛の教訓

もし私たちが、より賢い人生ではなく、より賢明な人生を送ろうと努力するなら、愛が何を伴うのか、その起源と深さ、そして愛がいつ、そしてなぜ消え去るのかを理解するよう努めるべきです。

私利と公共善の両方としての愛を復活させます。私の目標は、この概念を心と耳に異なる方法で呼び起こすことです。それほど複雑ではありませんが、異なる方法で呼び起こすことです。筋肉のような愛。回復力としての愛。そして社交的な愛：親密なだけでなく、同時に公に！私の目標は、情熱的な充実感を保ちながら性的魅力を超越したエロスである、肉欲的な実践的な愛に向けて努力することです。意図的に愛するには、継続的な練習が必要です。愛は、出会ったときに満たされるだけでなく、その瞬間に最高潮に達する必要があります。創造的な表現は、私たちの間の溝を埋めるだけでなく、溝を緩和します。詩はあらゆる試みとして人間の存在に直接語りかけます。ほとんどの人は、ほとんど困難を伴わないシンプルな解決策に惹かれる傾向があります。しかしリルケは若き詩人にこう言い聞かせた、「困難なことを信頼しなければならない」。

自然は、その生存と拡大に関して境界や障壁を知らず、あらゆる方法で自らを守り、反対にもかかわらず自分自身に忠実であろうと努めます。それがどのように機能するかについてはほとんど理解されていませんが、1 つ確かなことは、障害があってもすべてが生き残らなければならないということです。私たちはほとんど何も知らないかもしれませんが、確かなことは 1 つあります。それは、自然はその行く手に干渉や障害物がなければ繁栄しなければならないということです。困難なことを信頼するということは、私たちが放棄できない確かなものです。孤独は挑戦的なものです。何かが難しいということは、私たちがそれに取り組む動機を高めるだけです。愛するということは、もう一つの大きな挑戦です。おそらく人生の中で最も難しい仕事であり、私たちが今生きているその愛の物語を準備するために行われた他のすべての作業の最終的な証拠であり、テキストです。

愛はスーパースターの美徳の中の美徳であると同時に、英語で最も誤用されている言葉の 1 つでもあります。「この天気が大好きです」と「あなたのドレスが大好きです」がその 2 つの例です。私たちが愛——可能性であり、本質的な絆であり、行為である——を使ってやってきたことは、それを日用品に変えることだ。愛の強さは部族の壁を越えることにあるとき、家族内のプライベートな関係だ。ロマンスをロマンチックに表現するのは、その本当の尺度が継続されるべきであり、実際的な配慮が必要である。私たちの日常生活を定義づけるべき経験ではなく、感情として生きることです。愛を分かち合ったり受け取ったりすることは、誰もが何らかの形で毎日求めているものです。

ギリシャの哲学者は、エロスを、私たちの欲望を駆り立て、喜びと絶望についての想像力を集中させ、私たちの完了感の多くを定義する愛の潜在力であると特定しました。フィリア（友情愛）とアガペ（隣人や見知らぬ人に対する優しさの行為として表現される慈悲）があります。パーリ文化におけるメッタとは、慈悲を意味します。つまり、「慈しみ」の一環として、自分自身のためにそれを培いながら、既知と無名の人々を助けることに関心を持つことです。

「慈悲」を「子宮」に例えたような宗教的な比喩は、美しくもあり、同時に困惑させるものでもあります。出産の現実と照らし合わせて考えると、喜びや犠牲を通じたリスクテイクに至るまで、愛の全体を正直に描写するものとして、出産の暗黙の複雑さが明らかになります。間違いから学び、無限の喜びを得るという終わりのないサイクル、そして最終的には毎日の気遣いです。

愛とは？あなたの人生の物語を旅して説明してください。

私は愛について真実を話してはいけないと教えられて育ちました。私は日曜学校で隣人を愛することについて学びましたが、その考えは生活条件や経験の点で必ずしも現実に反映されませんでした。

私の両親は、宗教を日常生活に実際に応用するという点において、祖父の足跡をたどりませんでした。彼らの教会も彼の例に従わなかった。その賛美歌「神を愛し、すべてを愛し」は私たちではなく神についてのものだった。自分を犠牲にするほど情熱的に愛することは望ましいことではありませんでしたが、聖書にあるような驚くべき物語はその奥深さを示しています。一方、私が日曜と水曜の夜を過ごした20世紀半ばのプロテスタントでは、現代との関連性を念頭に置いて聖典を読んでいました。これは、自力で立身出世した男性や家族が、善と悪について感謝し、思い出させながら、自分自身から栄養を与えられる環境を提供しました。したがって、身体的な利益や社会的規模への社会的影響を与えることなく栄養を提供します。

私の両親は結婚生活をロールプレイのように生きてきました。二人ともお互いのことを十分に知るほど自分自身を知ることができなかったので、彼らが完全に共感できる唯一の人物はお互いでした。私の母は、夫自身が自分自身の内なる悪魔と闘っている間、充実感を夫に求めるように教えられてきました。そして、母は夫のどこか他の場所でそれを探し続けることになりました。

父は全力を尽くして家族の世話をしました。彼は一生懸命働き、彼らのニーズに応えることで、これを見事に成し遂げました。そのことに、私はいつも心から感謝します。さらに、彼は私の教育と初期の冒険の両方をサポートしてくれました。これに対して私は永遠に感謝しています。

父は愛するつもりで堂々としているように見えましたが、自分の内側から来るものも含め、自分の人生に愛が入り込むかもしれないあらゆる兆候を常に恐れているようでした。恐怖が彼の生命力を自由に流れさせなかった。外見は壮大だが、彼の愛の意図は内面では空洞になっているように見えた。彼は、自分自身からのものも含め、愛情のほのめかしさえ怖がっているようでした。何十年も遅れた今、私は彼の負傷した動物の場所が常に警戒していたことを理解しています-私は今になってやっと数十年遅れて認識するようになった体内の記憶です。いつ残酷なものになるかわからない彼の嫌悪感を先取りするために、私はジャーナリズムと外交に感銘を与えることで、私の機知と野心を彼に印象付けました。それらを通して彼の自己認識は非常に満足のいく方法で拡張されました。私がそれを続けるのではなく、ジャーナリズムや外交を追求するのではなく、政治的に彼に感銘を与えるのではなく、結婚を通して意味と神学の問題を追求しようと決心したとき、彼は私の行動を決して理解せず、許してくれませんでした。

しかし、私は何年もの間、家族の合言葉となったもの、つまり「幸せな家」をしっかりと持ち続けました。二人の愛情深い両親。彼らの完璧な結婚生活。この頂点が私の目標となりました。それは嘘だったかもしれないが、それは私にいかなる合理的な尺度をも超えた自信を与えてくれた。マシュー・サンフォードはこの種の物語を「癒しの物語」と呼ぶだろう。

自分を落ち着かせることは不可欠ですが、私たちが自分自身に語る物語が、必ずしも最も有益で長続きする解決策であるとは限りません。30代半ばのうつ病の真実を受け入れて生きられるほど強くなった後、賢明なセラピストの助けを借りて、現実をより完全に明らかにし、受け入れるための長いプロセスを開始しました。最終的に、これは私の人生に新たな希望と目的を与えてくれました。

私はこれまでで最も激しい愛、つまり母性の愛を経験する前に、激しい恋と結婚の至福を経験しました。誰でも同じように、こうした関係にも良いときもあれば悪いときもあります。うまくいくこともあれば、うまくいかないこともありました。計画通りに物事が進まなかったときに自分を許すことを学びました。私の愛する/愛する子供たちが、不完全な親や愛する/愛する娘であるために私を何度も必要としたのと同じように。

子供たちの父親であるマイケルと私は、スコットランドのロマンチックで牧歌的な状況下で出会い、その息をのむほど美しい地形に魅了され、説明のつかない磁力に一目惚れしました。私の人生のその時点で、私はすでに大陸を旅し、幼い頃に何か意味のあることを達成し、興味深い人間関係を経験していました。この人生に不可欠な決断を下したとき、私はこれまでに見た牧歌的な結末を持つすべてのロマンティックコメディと、これまでに涙を流したすべてのラブソングに身を委ねました。私は両親の結婚生活の現実を直視せず、理想化された結婚生活にしっかりと固執していました。マイケルと私はお互いを深く愛していました。スコットランドでの私たちの結婚式には、世界中から友人たちが遠くから来てくれて、それは私がこれまでに開催した中で最も盛大な、並外れたパーティーでした。しかし、私たちは背景や人生に関してほとんど共有していませんでした。パートナーの一人がもうそこにいられなくなったとき、自分自身を超えて私たちを繋ぐものは何もありませんでした。

現代の結婚生活ではよくあることですが、私たちは結婚生活の終わりに一人取り残されました。私たちのことをよく知っていて愛してくれた人たち（私たちの誓いを見届けるために旅をしてくれた友人たちなど）から離れたことで、核家族は最近のものであり、愛にとって致命的なものでもあります。歴史は繰り返され、カップルがお互いにとってすべてであるという前例のない要求です。ホームと呼ばれるエコー チャンバー内の層の後。これさえも、いかなる美徳も単独で存在することはできません。

結婚生活が終わった後、私はずっとそこにあった平行世界に入りました。長期にわたる愛がうまくいかなかった現代の多くの犠牲者の一人。ストレンジャーは依然として、理想化と完成としてのロマンチックな愛に対する私たちの普遍的な欲求です。ラブソングと映画は依然として人気のあるエンターテイメントの形式です。離婚後、私は居心地の良い家を築き、新旧の友人のために夕食を作り、遠く離れた美しい不動産に投資しながら子育てをすることに大きな喜びを感じました。

私は友人関係や仕事上のネットワークに大きく依存してサポートを求めながら、何年も経ちました。それでも何年もの間、私は何かが欠けていると信じていました - おそらく愛でしょうか？

この物語は癒しとは対極であり、豊かな存在の中での欠乏を描いています。私の人生にはさまざまな形の愛があります。独身生活に適応した後、私の愛情はより非日常的な方法でより安定した日常的な方法で成長しました。それから間もなくのある日、私の愛情不足は本物ではなく、想像力の欠如か、重要な言葉の解釈が狭すぎるためであることに気づきました。

時々、自分の不注意が自滅的であると感じることがあります。愛を探しているとき、私は単に見返りとして愛されることを望んでいたのですが、それが私を人生の不必要な道に導いたのです。しかし今では、私の目標は変わり、愛について知っておくべきことをすべて学んでいます。冒険を始めたばかりです。

人間関係や交流を超えて愛を実践しながら人生を歩むという意図は、素晴らしい冒険のように感じられます。

＊＊＊

しかし、この動きを一緒に進める上で、私と私たちの能力の将来はまだ不透明です。しかし、寛大に質問され、真剣に受け止められた良い質問は、強力なツールです。最近、私たちは公共生活における憎悪について、その存在を示す新たな犯罪を創設することによって議論するようになりました。具体的には、寛容さが失われ、人間の本性が最悪の状態で噴出する法的カテゴリーを創設しました。私は、あらゆる場面で愛などの言葉が表面化するのを聞いているのを知っています。平凡な生活への憧れは、しばしば予期せぬところから生まれます。

アメリカ人が今世紀に向けて共通の生活を構築しようと努力している中、私たちは信じられないほど不安な岐路に立たされていることに気づきました。この時代に共通の生活を創造するという困難な挑戦に取り組む一方で、私たちは、人種、収入、階級を越えて、昔から存在してきたものの、今ではこれまで以上に深刻に現れている分断に直面していることに気づきました。また、私たちが集団的に自分たちに語りかけてきた癒しの物語がいかに不十分であるかについて、広範囲にわたる悲しみの感情が広がっていることも新たな事実である。自分たちの幸福に利益をもたらすかもしれないし、害を及ぼすかもしれない隣人との関係をどこから変えていけばよいのか、アメリカ全土で困惑している。しかし、私たちは、お互いの幸福に影響を与える可能性がある見知らぬ人との関係を変えるのに、どこでどのようにアプローチするのが最善なのか、あるいは彼らの幸福が彼らの幸福にどのように悪影響を与えるのか、またはその逆の可能性があるのかを知りません。どちらの側にとっても、どちらの答えも簡単には得られません。その当惑は、イライラすると同時に爽快な気分にもなる。関係を改善するにはどこを変えればよいのか、あるいは、私たち自身の幸福が潜在的に彼らの幸福に影響を与えたり、彼らに直接害を及ぼす可能性がある方法に対処したりするには、どこを変えればよいのか、どこからどのように変化を始めるのが最善なのかわからない。まだ知らない見知らぬ人との関係が、どこでどのように私たちの間の関係を変えるのか、それとも隣人である見知らぬ人への接し方が変わり始める変化、つまり、何らかの変化が影響を与え始め、彼らに害を及ぼすような関係を変えることですか？どちらの側も、どこで、どこで、誰が、誰が、これらの関係の違いを変え始めるのか、まったくわかりません。どちらの側の健康がお互いに悪影響を与えることを考えると、私たちはお互いを知りません。自分の。知らないからお互いのことも知らないし、どこにいるのかも分からない。分かりません。私たちの隣人が誰を傷つけたり、自分自身を変えたりする可能性があるかはわかりませんが、彼らが自分の隣人を傷つけるかもしれない、傷つけるかもしれない、または変化が始まるかもしれないことは知っています-それとも、このプロセスが変化を始めるかどうかはわかりません！わかりません。これはわかりません。これはとにかく知りません、私たちは関係を変えるとき、私たちの関係を変えるとき、またはそうでない限りそれを知りません-そして、知りません...私たちも知りません..彼らも知りません！どちらでもない

でも、私たちはこのように生きたくない、私もこのように生きたくない。

寛容さは、道徳的または霊的観察を自分自身の中に留め、それを家に保管したり、職場や勉強場所の入り口で確認したりすることを私たちに教えてくれました。代わりに、私たちはこれらの感情を近くに保ち、インタラクティブな対話で相互に探求できる質問や答えを促す酸素を彼らに提供することなく、感情を保ちました。その一方で、労働、教育、移民、難民、刑務所、貧困、医療サービスなどの人命に影響を与える問題に関して、経済的議論が唯一の表現手段となることがあまりにも多かった。

これらの「問題」を人間の命が直面する課題として再構成し、これらの「問題」を考えるときに人間にとって何が危機に瀕しているのかを考えてください。これには、効果的に取り組むために整理する必要がある適用された美徳や政治的・経済的知恵への疑問も含まれます。罪を償う余地を作りながら犯罪者を罰し、のけ者やよそ者を扱い、ますます長くなる寿命の中で飢えを効果的に救済し、子ども

たちが自分たちが住むことになる世界を旅し創造する準備が整うように子どもたちの心を育てる。私たちの子供たちを将来のリーダーとして育てること - 人間はどんな経済的成果や政治的処方箋よりもはるかに大きく、野生的で貴重であることを心の奥底で知っているからです。彼らは自分たちの中に、自分たちだけが知っている完全に表現できる秘密を抱えているということ。

では、2009 年のワシントン モールの就任式の日にエリザベス アレクサンダーが尋ねたように、「愛は最も強力な言葉だ」としたらどうなるでしょうか?私たちの会話ややりとりの中で自由に使われると、この言葉はどのように再構成し、挑戦し、さらなる計算や戦略に必要な洞察を提供するでしょうか?詩人や政治家はこの問題を一人で背負うことはできませんし、その問題自体も同様です。代わりに、それは私たち一人一人を孤独から招き、私たちのアイデンティティを認識し、尊重し、十分に苦労した愛の活気に満ちた願望を通じて、お互いに会うように促します。しかし、それは私たちを再び人間のアイデンティティの広大さとの出会いへと誘います。霊的な天才や聖人たちは長い間、人類に愛するよう呼びかけてきました。社会改革者も同様に生活を変えました。公民権運動の指導者たちは、1960年代に愛の名の下に他者との和解を強く推し進めた。彼らの政治的、経済的、人種的変化は、「愛されるコミュニティ」を作るという目的から始まりました。大人になってからは、この運動やそのビジョンをこれほど明確に理解することはできませんでしたが、その展開は私の生涯を通じて起こりました。ジョン・ルイスは現在ジョージア州選出の下院議員であり、後に「血の日曜日」として知られるようになった事件の被害者であり、この事件を私に鮮明に持ち帰りました。ジョン・ルイスは、タスカルーサ、バーミンガム、セルマ、モンゴメリーを巡る毎年恒例の公民権巡礼に私を招待してくれました。公民権運動の発祥の地であり、ジョンやその他のベテランの指導者たちは、私が過去から多くのことを思い出すのを助けてくれた聖地です。彼らが始めたこの運動は、自分自身の中で、ひいては社会全体との精神的な対決の行為でした。彼らが実施する座り込みや行進、ライドの前に、彼らは聖書、ガンジーの思想、アリストテレス哲学、ソローの著作などのソロー作品を勉強して準備を整えた。彼らは、礼儀と行動の実際的な規律（優しさ、アイコンタクト、不必要な言葉を使わずにドレスを着ているコートタイ着用者など）を内面化するにつれて、これらの交戦規則の中で機能する人間の脳についての固有の知性を内面化しました。今日、神経科学者が観察しているように、神経科学者も人間の知性のこうした複雑さを認識することになるでしょう。さらに、社会劇として知られる激しいロールプレイングが行われ、白人が嫌がらせを受けている黒人の役を演じ、両人種の活動家が脅威を感じながらも統制を獲得するよう命令を受けている警察官の役を演じた。

愛は単なる感情ではありませんでした。それは不満を超え、暴力を徐々に変えていく生き方でした。アインシュタインは、光と重力を理解する試みの一環として、その速度で光を追うことについての「もしも」の質問を使用しました。ジョン・ルイスも同様の質問を社会錬金術のツールとして使用しました。愛するコミュニティがすでに現実であり、真の現実があり、彼がしなければならないのは他の人が見えるまでそれを具体化することだけだったらどうなるでしょうか?

ジョン・ルイスと著者シェルドン・メイの間のやりとりを聞いてください。

11歳のとき、私は叔父と叔母、そして何人かのいとこたちと夏の訪問のためにアラバマ州の田舎からバッファローへ旅行しました。南部から出るのは初めてでした。状況が改善することを期待し、状況が良くなると信じていました。人生。私は、物事は最終的にはうまくいくと信じたかったし、信じていました。
後で私は、自分が目指していることはすでに実現しており、これからさらに良くなるしかないという信念を持つことが必要であることに気づきました。

そしてまるでのように生きますか？
あたかも自分がすでに属しているかのように、あたかもすでにそのコミュニティの一部であるか、または1つの家族と1つの家の感覚であるかのように生活していることを想像してください。あなたにとってそれはすでに存在しているので、それが存在することを視覚化するか、あるいはそれを信じてください。運動の初期の頃、私たちは、愛するコミュニティーという感覚の真の統合は、その運動そのものの一部になることによってのみ実現できると信じていました。なぜなら、本質的に私たちは信頼の輪、兄弟姉妹の集団になったからです。黒人、白人、北部人、南部人 - 誰がどこから来たかは関係ありませんでした。私たちは一つの家族であり、一つの家でした！

あなたのビジョンが実現しました！

しかし、私たちの戦いにおいては、準備が鍵となります。非暴力などの平和構築の実践を学ぶことは、自然に身につくものではなく、教えられ、学ばなければなりません。宗教と道徳は、ある点で一致しています。つまり、すべての人間は、人間がいかなる形でも侵害してはならない神性の側面を内に持っていると言えます。いかなる人間にも、この火花を他の人間に悪用する権利はありません。私たちは時々、誰かがあなたを攻撃したり、殴ったり、唾を吐きかけたりすることに直面したときは、長い目で見て、その人が無邪気な子供だった頃のことを思い出さなければならないことについて話し合いました。どうしたの？何かが間違って扱われたのでしょうか、それとも誰かが彼らに他人を憎んだり虐待することを教えたのでしょうか？そのような場合、あなたは希望を捨てるのではなく、人間として本来備わっている善良さをアピールしなければなりません。あなたは誰に対しても決して希望を捨てません。
これはあなたの著書「Across That Bridge」からの引用です。公民権運動は、何よりも愛の行為でした。しかし、50年経った今でも、私たちの努力を説明するためにその言葉を使う人はほとんどいないでしょう。」これは私が今言ったことを例証しています；その説明の一部は、あなたの豊かで多層的な愛の使い方にあります - それはほとんどの人がうまくやっていません！

愛を現実に持ち込み、キャンバスに絵を描くにはどうすればよいでしょうか?キャンバスを使うアーティストのように。人はどのようにしてポイント A から B、さらには2 から 3、さらにはそれ以上に変化することができるのでしょうか?愛への道では、粘り強く続けることが重要です。

ジョン・ルイスはそれを非常に明確にしています。この愛の作品は、人種の旗の下で非人間化の不条理に光を当て、それを見事に解体しました。今日、そのような戦略が成功することを想像するのは難しいでしょう。おそらくその時代はすでに過ぎたのでしょうか？

しかしバーミンガムでは、自分自身の警戒心に疑問を抱いていることに気づきました。ジョン・ルイスは半分冗談で、半分本気で、非暴力のロールプレイングを議会の一部にすべきだと提案しているが、これは彼が半世紀前に他人の立場に立つための個人的な訓練として学んだものである。
マーティン・ルーサー・キング牧師は、16 番街バプテスト教会で 4 人の少女が焼夷弾で殺された後、私がこれまでに出会った中で最も印象的な言葉の 1 つを述べました。私たちの白人の兄弟たちに。」
たとえ敵であっても人類に対する信仰を主張し、それに応じて生きること。愛は存在するが、それを現実にするためには私たちの助けが必要だという前提から始まります。今、そのような努力を想像できますか？
ジョン・ルイスが初めて命を賭してホワイトハウスで投票権法の可決を確保してから半世紀が経った今も、私たちはその未完の愛の業に直面し続けている。それがなければ、人種に基づく問題を議論する際にほとんど無視されたままである多人種の伝統を持つ黒人大統領を選出したにもかかわらず、私たちの法律はすべて不十分で不安定なままです。私たちは、大統領職が人種を認めているにもかかわらず、人種問題について公に話すときに時折しか人種問題を認めない有色人種の大統領を選出します。
アメリカ人として、私たちは人種差別について議論するための効果的な言語をまだ持っていません。人種差別は私たちのほとんどが忌まわしいものですが、あまりにも多くの有色人種の子供たちが人間としての可能性を発揮できず、生まれたときから身体的な危険にさらされる人さえいます。あらゆる恋愛関係の根底にあるあの激しい保護本能が、ここアメリカにはまったく存在しません。しかし、私たちは依然として、すべての構成員に平等な権利を有する包摂的な社会には程遠いのです。おそらく変化したのは、私たちが過去の罪を悔い改めながら、そのすべてをますます認識するようになったということだが、解決策が効果的に行動計画と必要な次のステップに進むための明確な道筋はまだ私たちの前に示されていない。

ここでは「私たち」がより慎重に使用されています。21世紀初頭の人種不安の高まりを受けて、私は人種を肌の色だけで考える、言い換えれば、主に有色人種に関する問題として考えるという私の反射的な反応を認識しています。私たちの社会は、有色人種が人種差別に立ち向かい、それを癒す中で先見の明を持って行動することを期待しています。彼らは和解に向けて先導するべきです。
彼らは頻繁にそうします。2015年、ついに南軍旗が南部のいくつかの州の州議事堂から撤去され、博物館に移された。しかし、それは、若い白人至上主義者によってチャールストンの教会内で9人のアフリカ系アメリカ人に対する残虐な銃撃事件の実行に利用される前ではなかった。まさにその日と翌日、殺害された人々の親族らが公の場で許しを与え、母親、父親、姉妹、兄弟、子供たちとの悲しい思い出を共有しながらこの若者への懸念を表明した。その後数週間にわたり、南軍旗の移設に抗議する集会で暑さに負けた白人至上主義者らを、サウスカロライナ州警察官部隊のリロイ・スミスさんがそっと席に戻すよう誘導する様子を映した画像が拡散した。ニューヨーク・タイムズ紙の記者によると、スミスさんが見たのは、苦しんでいる人、つまり重度の認知症を患った年配の男性だったという。彼は、この写真が世界中で注目されていることには驚いているが、社会が最近の感染症の流行を乗り越える一助となることを願っていると語った。憎悪と暴力。なぜこの写真がこれほど大きな反響を呼んだのかと尋ねると、彼は単純に「愛」と答えた。「愛は人々を結びつけるものです」と、この屈強だが穏やかな口調の隊員は、50歳を目前に控えてこう語った。「だからこそ、多くの人が愛に感動したのである。」

人間間で暴力的で不法な行為が起こったとき、私たちの最初の反応が必ずしも愛であるとは限りません。怒りは、アメリカで人種関係の問題を明るみに出している不正義の最前線における正当な道徳的反応とも見なすことができます。
公民権運動の長老たちの非暴力的なアプローチは、今日の緊迫した市民空間では不十分であると感じることが多い。その愛は時々非現実的または非現実的であるように思えるかもしれません。

しかし同時に、恐ろしい出来事が起こった空間は、私たちを個人や民族として完全に定義するものではない、ということも強調する価値があると思います。私たちは集団的にも政治的にも、警察文化の改革、有色人種の福祉、市民構造内の不平等といった耐え難い問題に直面しているが、それらは依然として日常生活の不可欠な部分であり、そこでは強力な行為、つまり非ロマンチックな実践的な愛が現実を形作る力を持っている。やがて直面し、時間の経過とともにより大きな課題が形成される可能性があります。
言葉の力を強く信じている者として、著名な法律・人種学者ジョン・パウエルが人種をめぐる議論を帰属を中心とした議論に切り開いてくれたことに感謝しています。彼の助言と知恵は、新たな人種的苦悩と切望の最前線で求められるようになりました。ジョン・ルイスや他の公民権運動の指導者たちは高齢かもしれないが、それでも彼は彼らから多くのことを学んだ。彼の先祖は奴隷と小作人でした。スタンフォード大学では、そこで黒人学生組合を設立しました。彼は私に、自分は十分に長く生きてきたので、黒人、黒人、そしてアフリカ系アメリカ人になったことを経験したと語った。したがって、彼は急速な変化と緩やかな変化の両方を同時に理解しています。したがって、変化に向けた戦略と目標を計画する際には、両方の変化のペースを念頭に置く必要性を強調しています。

ジョン・パウエルは、人種は重力に似ており、誰もが経験するが、少数の人しか理解できないと信じています。しかし、人種は決して、ある人が持っていて、他の人が持っていない性質というものではなく、むしろ築き上げられる関係性のことなのです。特権や権利剥奪などのレッテルは入れ物のように機能する可能性があり、人間としての共通点を想像したり見つけたりすることを困難にする可能性があることがわかりました。ジョン・パウエルは、「白さ」を、文化や想像力を超えて浸透する文化的な在り方であると定義しています。西洋文化では三人称の説明が主流であるように見えますが。白さは、自然を支配し征服するというその核となる精神の一部を形成しており、私は中部アメリカで多くの自力で成功した男女が孤独で孤独なままで成功を収めた環境の中で育ちました。

ウェブ。デュボア氏は、「カラーライン」が今世紀に社会が直面する主要な問題の1つであると特定しました。困惑することに、現代の生活は、色覚異常の認識という難しい難問を私たちに突きつけています。たとえ善意や法律がこの流れで可決されたとしても、環境から受け継がれ、私たちの存在の中に刷り込まれた私たちの本能や反応は、依然として意識的な決定を下すにはあまりにも埋め込まれているのです。私たちの頭の中には色の線が流れているのに、今までその存在に気づいていませんでした。しかし、ジョン・パウエルは「暗黙の偏見」という新しい科学に深く没頭しており、これにより私たちはそれに正面から取り組む方法が得られます。人間の本性は私たちに課題を突きつけますが、政策は、進歩のための化学的および物理的な経路を開きながら、本能的な行動を促進する新しい経験を生み出すことによって、その達成を支援し、促進することができます。このアプローチは、私たちが永続的な心の変化を望むときの意味を理解するための有用で簡単な枠組みを提供する一方、ジョン・パウエルらはこの新しい科学に基づいた訓練方法論を市政府、警察、学校に提供し始めている。

ここで、ジョン・パウエルと著者の間の音声交換を聞いてください。

最近、研究者たちは、世界に対する私たちの認知的および感情的反応の多くが無意識レベルで行われていることを認識するようになりました。ジム・クロウ時代や白人至上主義時代の議論を超えようとする私たちの努力により、社会が人種について議論することから遠ざかっている一方で、私たちの無意識は意識的な自分に、あまり努力するのはやめろと言い聞かせていたのです。人種は依然として生物学、構造、取り決め、取り決めの中に深く埋め込まれているだろうから、それを完全に忘れるのではなく、それについて話し続けましょう - そして、会話や認識の中で人種が再び話題になると、人種は強く反応しました。

奴隷制が現在の人種に対する見方の 2 つの「親」のうちの 1 つであるというあなたの指摘は、非常に興味深いものでしたが、同時に、今日の人種に対する見方に啓蒙主義がもう 1 つの潜在的な影響を与えているという興味深い区別も行いました。私はその考えに同意します。
啓蒙主義以来、私たちは意識のある心はあらゆる知識にアクセスできると信じるようになりました。彼らはまた、私たちに合理的であることを教えてくれました。

そうです、他のグループが平等に扱われないにもかかわらず、米国は個性と独立に非常に執着するようになりました。アフリカ人、インド人、女性、あるいは白人男性文化に属さない自由ではなかった人々のようなグループについて考えてみましょう。さらに、啓蒙プロジェクトの傲慢さは、たとえ私たちが自分たちをかろうじて制御できているにもかかわらず、彼らが周囲のすべてを制御できることを示唆していました。

そして 1980 年、この議論をするとき、私たちはこう言うかもしれません。「人種に焦点を当てるのはやめましょう。すべての人を個人として扱いましょう。なぜこれほど多くのカテゴリーがあるのですか?」しかし今では、私たちの心がなぜそのように働くのかが科学によって説明されています。カテゴリは、私たちの脳が世界を処理できるようにするものです。カテゴリがなければ、私たちは種として存在できません。

しかし、私たち一人ひとりが孤立して生きているという状態——あなたは白人であることを支配的な文化と結びつけていると考えていますが——は継続することはできず、望ましいとは考えられず、私たちはそれがそうであると自分自身に納得させる限界に達しています。

これを認識するのに役立つ表現はたくさんあります。人々がつながるために何かをする必要があると話すとき、それは現実を過小評価しています。私たちはすでにつながっています。私たちがしなければならないのは、そのつながりを認識し、それを最大限に生きることだけです。人種隔離について考えてみましょう。人種差別は、「私たちのつながりをどうやって否定できるでしょうか?」ということを言う正式な方法です。白さについても考えてみましょう。アメリカのその前身は、一滴の黒人の血が——それが何を意味するにせよ——一滴でも白人を破壊すると信じていました。実際、ほとんどの白人アメリカ人は実際に黒人の遺伝子を持っています。これは、ほとんどの白人アメリカ人が実際にあるレベルで持っているものの、その中に存在することに気づいていなかったものです。ほとんどの白人アメリカ人は実際に、体のどこかに少なくともいくつかの黒人の遺伝子を持っていることが判明しました。
白人の血と黒人の血は長い間混ざり合っており、他に否定できるものがないので、お互いを否定することによって私たちは自分自身を否定します。すべてのつながりは私たち自身の中にのみ存在します。私たちはその事実をどのように認識し、祝うのでしょうか?

私たちを分断させた言葉や行動を克服しようと努めるにあたり、皆さんが所属に属する言葉を使ってくださったことに心から感謝しています。これがあなたにとって何を意味するのか、そしてなぜこれが私たちをこの分断を乗り越えるのに強力であるのか教えてください。

人間の存在は帰属に依存します。人間関係は私たちの幸福の鍵です。先日、健康に関する講演をさせていただきました。孤立していると感じた場合、その健康への影響は、喫煙、肥満、高血圧によって引き起こされる影響をはるかに上回る可能性があります。ただ孤立しているだけです。したがって、障害者の権利団体や人種指向の団体のような団体は、この帰属点を明確にするためにのみ存在します。Black Lives Matter や同様の組織を見てください。彼らの主な目的は、メンバーシップと帰属意識を表明することです。最終的に、私たちの一方に対する認識は、私たちが自分自身をどのように見、お互いを定義するかに影響を与えます。」

右。
したがって、他人を自分自身から極端に遠ざけて定義することは、自分自身の大部分を切り捨てることを意味します。学校統合に関する初期の議論では、白人人種差別主義者らは、もし統合学校が存在すれば、黒人と白人の子供たちが関係を築き、結婚し、一緒に出産する可能性があると主張した。一方、公民権運動の指導者らは「これは結婚の問題ではない」と述べた。最終的にそれらは正しかったことが証明されました。人々が集まると、お互いを愛する方法を学び、それが社会そのものを変えます。社会そのものを変える可能性があるため、最終的に結婚して子供を産む人もいるかもしれません。同性愛者の存在が社会に悪影響を与えるのではないかと人々が心配するとき、変化が起こります。同性愛者がいると社会全体が変わってしまうのではないかと人々が心配するとき、同性愛者がいると社会の構造が変わってしまうのではないかと人々が心配するとき。同性愛者の存在が社会構造を大きく変えてしまうのではないかと人々が心配するとき。同性愛者が存在することで社会が完全に変わってしまったり、その構造が変わってしまうのではないかと人々が心配するときも同様だ。同性愛者がいると社会が混乱するのではないかと人々が心配するとき、同性愛者がいると社会の仕組みが何らかの形で変わってしまうのではないかと人々が心配するとき。同性愛者の存在が社会を完全に変えるのではないかと人々が心配するとき、同性愛者の存在が何らかの形で社会構造に影響を与え、何らかの変化や混乱を引き起こすのではないかと人々が心配するときも、それとは関係なく、同様に起こる可能性があります。同性愛者の存在が社会そのものの構造を何らかの形で変えることになるのではないかと人々が心配しているとき、実際に同性愛者の存在がすぐに構造を変える可能性があることを人々が知ったとき！生地の変更に関するこうした懸念が表面化すると、社会は生地の大幅な変更に影響を与えることになります。そのような見解からこれらの懸念が表面化するとき、それは別の脅威にすぎません。なぜなら、同性愛者がそばにいると構造がはるかに早く変わるだけかもしれないからです。同性愛者の存在によって社会を根本的に変える必要があることは、彼らの立場によって簡単に根本的に変わるのを見ると有益ではありません速すぎると圧力が高まり、速すぎる結果としてより顕著に発生する可能性があります。一般的に同性愛者というのは、単に同性愛者が含まれているという理由だけです。平等な人々が増えたという理由だけで削除される場合、単に受け入れられるか、実際に同性愛者を持つ人々がこれほど早く悪影響を受けるかのどちらかになる可能性があります。LGBTsが十分ではない場合や、ゲイがいるよりも社会自体を恐れている場合、他の人がいるだけで単に連れて行かれるため、彼らが含まれているため、彼らの認識が異なるため、人々がいるのが早すぎるよりも変化が起こる可能性があります。受け入れられるようになるということは、人々がそのようなものと見なされるため、または他の人が社会を変えるよりも劣っていると思われているために、必要以上に心配することを意味します。これが何か変化をもたらす可能性があるとき、「自分の存在があまりにも簡単に認識されるだけで、あまりにも恐れすぎて、はるかに多くのことを引き起こす可能性があります（つまり、自分の誰かが（LGBTを持つよりも持っていた）場合、その存在よりも結果が生じる可能性があります）」同性愛者がいることを心配しているとき…

私たちのコミュニティにラテン系アメリカ人が増えると、結婚の本当の意味が変わってしまうのではないかと人々は心配していますが、それは正しいのです。多くのラテン系アメリカ人がここに住むことでアメリカは変わると人々が信じているが、それもまた正しい。私たちは、意識しているかどうかにかかわらず、絶えずお互いを作り続けています。その一部は、より多くのラテン系アメリカ人が参加することで、私たちが大切にしているものが変わってしまうかもしれないという恐怖から来ているのかもしれない。しかし、それは実際には、「私たち」を構成するさらに強い共同体意識を生み出すことになるかもしれません。正しく行えば、1つの大きな集合体「私たち」が作成されます。

しかし、あなたが今説明したこの課題は、法律、政策、学校改革だけでは解決できません。私は、キング牧師とジョン・ルイスの「愛するコミュニティ」という言葉を使うことを好みます。これはあなた自身が使っているものです。

それは本当です。それ以来、私たちはいくつかの教訓を学びました。たとえば、私たちはかつて統合を同化と同一視していました。アーサー・シュレジンジャーは著書の中でこのことについて語っています。それは明らかに不正確でした。私たちは皆、お互いに溶け合うことはありません。それにもかかわらず、愛されるコミュニティはあらゆる規模で存在すべきです。ローカルなコミュニティから世界的なコミュニティまで、そして人々を超えたコミュニティです。このような生き方は、社会をより効果的に秩序づけるためのさまざまな構造に反映されると私は信じています。

「一緒にリラックスすることを学ぶことができると思います。そうすれば、力を恐れる必要がなくなります。」はい、それは私たちを快適な状態や現在の私たちを超えさせるかもしれません。しかし、そこに到達するには助けが必要だと思います。現在、私たちの言語ではそれが認められていません。なぜなら、啓蒙プロジェクトは依然として「あなたはなりたいものになれる、自分の運命をコントロールし、形成する」などの用語を使用しているからです。主権の概念ですら、本当にそのような権利を持っているコミュニティや国家はないため、議論の余地があります。私たちは皆、人間関係の中に存在します。良くも悪くも、関係は私たち全員の間に存在します。

OK、帰属意識と私たちのお互いの関係の再構築についてあなたが言ったことで特に安心したのは、私たちは個人ではなく、人種、収入の不平等、学校、犯罪、投獄、隔離された地域など、一連の問題に焦点を当てる傾向があるというあなたのコメントでした。人種差別、所得格差、学校犯罪、（世界的な）天然資源の不足などです。これらすべての問題は個別の懸念として存在しますが、一緒くたにされると、圧倒され、麻痺してしまいます。所属するという作業も簡単ではありません。

いいえ、しかし、おそらくこの演習は、新しい方法で私たちの心を開き、行動の機会を開くかもしれないと思います。

同意します。問題が克服できないように見える理由の１つは、問題を理解し、対処するために非効率的なツールを使用しているためです。実際、これは重大なパラダイム シフトを表しています。あたかもコンピューターを高級なタイプライターとして見ようとしているかのようです。タイプライターと同様に、タイプライターのフレームワークを使用してコンピューターを理解しようとすると、面倒で非効率になる可能性があります。このパラダイムシフトをゼロから検討するか、当初人々が馬車のように考えていた自動車などの他のモデルを使用する必要があります。比喩は壊れていますダウンして効果的に機能しません。現在、私たちは、完全に別のものを含む何かを理解するために、個人主義や啓蒙主義の言語を使用しようとしています。これにより、会話が非常に複雑になります。私は時々生徒たちにこう言います。サンフランシスコ中に麻疹を広めたいなら、誰かに一滴垂らすだけで十分です。
忙しい日に BART (地下鉄システム) に行って公開してください。あなたのメッセージが十分な数の人に届けば、残りの仕事は彼らの関係によって解決されます。システム内の変曲点がどこにあるかを見つけると、システム全体にデータが取り込まれます。

したがって、コミュニティ内での帰属意識をどのように促進できるかという疑問が生じます。

どうすれば感染力を高めることができるでしょうか？人々はコミュニティを切望していますが、愛への信仰が欠けており、その代わりに怒りと憎しみを強力な力として受け入れています。言葉だけでは不十分な怒りや憎しみのような、もっと効果的なツールがあるのに、愛はあまりにも大変な仕事のように思えます。しかし、私たちが世界と関わるときには、ガンジーやキング牧師といった二人の有力な人物が証明しているように、怒りと憎しみを中心に組織する方がずっと良いと多くの人が信じています。ネルソン・マンデラは激しい革命から生まれました。それでも、私が彼に会ったとき、彼は愛をにじみ出させました。刑務所からの早期釈放を提案されたが、白人に対する黒人による支配を作り出すのではなく、南アフリカを再構築し、愛されるコミュニティを構築することに関係しない限り、彼は拒否した。今日でも、彼は南アフリカ全土および世界中で人気を保っています。

したがって、それは、物事を段階的に行うことを想像する必要がないことにあると思います。私たちは自分自身の人生と他人の人生の両方を主張し、それを祝い、それに取り組み、それに全力で取り組みます。したがって、私にとって問題は、「どうやってそこに到達するか」ではなく、「どうやって生きるか」です。健全な家族や社会では、私たちはお互いを気遣っていると言うだけでなく、実際にお互いを気遣い、その事実を祝うことを学びます。善きサマリア人の法律などの政策はこの努力を助けることができますが、それはすべて、私たちがお互いを分かち合っているという感覚、つまり私たち一人一人の間に愛が存在するという感覚から来ていなければなりません。

** **.. * このセクションは空白のままなので、読みやすさを考慮してこのテキストをここに追加する必要はありません。
私は、今の自分となりたい理想の自分との間のギャップ、そしてそのギャップを効果的かつ有益な方法で開く最善の方法について何度も思い出します。仏教心理学は、すべての偉大な美徳には「近い敵」が存在することを理解する上での助けとなります。それは、誰かを気遣うことから生じる反応ですが、私たちを非効果的な道に導くものです。悲しみは、思いやりや愛にとって非常に近い敵の1つであると見なすことができます。感受性は共感に取って代わられます。しかし、その影響は、私たちが何をしても何も変わらないという感覚で私たちを麻痺させることがよくありますが、これをジョアン・ハリファックス老師は「病的共感」の一形態と表現しています。周囲が大きな苦しみに見舞われているとき、私たちの多くは、苦しんでいる人たちへの共感の気持ちに打ち勝つことができます。これが起こると、思いやりが働き、すべてにもかかわらず愛が存在し続けます。

公の場では、私たちがお互いのつながりを痛感し、悲しい瞬間を乗り越え続ける瞬間が時々あります。2001 年 9 月 11 日はまさにそのような出来事でした。ハリケーン・カトリーナもこの目的を果たした可能性がありますが、それをそのように記念することはめったにありません。ニューオーリンズの何千人もの人々が、人間以下の状況下で都市の洪水の中で避難所を求めたとき、人種的排除、根深い貧困、環境的脆弱性が悲劇に遭遇しました。視聴者は連日、FEMA当局者がこの現実を精神的に明快に「私たちは存在を知らなかった人たちを見ている」と述べるのを見ていた。

数日間、私たちは目撃して出席することに唖然としました。どうしてこんなことが起こるのでしょうか？私たちの隣人であるとはどういう意味ですか？ジョン・パウエルによると、当時の主要な世論調査では、アメリカ人の70パーセントがニューオーリンズの人的危機を軽減するための増税を支持することが示された。アメリカ人は人生において大切なものへの感謝を示す手段としてお金を使うことがよくありますが、これは革命的な連邦政府の愛の宣言に相当します。
しかしその後、写真は止まり、注目はFEMAの無能さに移った。私たちは愛を生きることができないので、愛について議論することから背を向けました。しかし、愛の問題はニューオーリンズとアメリカのすべてのコミュニティにおいて依然として緊急を要するものである。貧困は人種とともに存在します。この組み合わせは人を麻痺させ、矛盾をもたらしますが、私たちは自立した人間として、自分自身の中にその存在が存在することに気づき始めたばかりです。
それでもなお、「所得格差」を巡る不安は募っている。

消毒的な言葉は、私たちの人間ドラマを政治的、経済的な箱に分解し、私たちをその根本原因から遠ざけます。それでも、私たちの多くは喜んで目を開いて、あらゆる種類のイデオロギー的、政治的、経済的相違よりも愛の問題を焦点として物事の核心を見ることを選択しているようです。市民の温度を測る私たちの方法である世論調査は、この現実を明確に示しています。所得格差は党派を超えた問題です。宗教、世俗、階級の境界を超えて、また所得階層を超えて、直観に反したケアの衝動が生まれています。まるで私たちの多くが私たちが団結していることを思い出し、その約束を現実にしたいと思っているかのように。
シモーネ・キャンベル姉妹は、これらの姉妹たちに形と声を与えることに貢献した多くの人物のうちの一人です。彼女は、2012 年に開催されたロードトリップ「Nuns on the Bus」の顔の 1 人として知られるようになりました。このロードトリップでは、あらゆる種類の人々が街頭に繰り出され、彼らを歓迎し、彼らの話に耳を傾け、また彼らの話を聞いてもらいました。。彼女を分類しなければならないとすれば、彼女はアメリカ政治の進歩的な側にしっかりと属します。しかし、彼女は政治的、精神的な面で際立っており、私が強調したいのは、私たちの市民討論の場を大きく占めている全方位の答えを持った残りの声よりもはるかに私たち全員に近い存在なのです。彼女は活動的なカトリック教徒の姉妹であり、弁護士、ロビイスト、そして公民権運動にまで遡るルーツを持つ本格的な禅修行者でもあります。1967 年に彼女は、ベネディクト会の伝統のあまり知られていない派生団体の 1 つである社会奉仕修道会と誓いを立てました。コミュニティの長として、この教団の創設者はハンガリー初の女性政治家となった。彼女は、もし神が、苦しんでいる人々の涙をぬぐおうとする人々を本当に見下しているのなら、そもそも涙が自由に流れないようにするために働いている人々も祝福してくださるのだろうか、と大声で疑問に思った。

シモーネ姉妹は、1972 年にワシントン D.C. で 47 人のカトリック教徒のシスターによって最初の寄付金 187 ドルで設立された小さなロビー団体 NETWORK の事務局長です。2012年、彼らはバチカンによるベネディクト法王の非難で得た知名度を、「私たちの中で最も弱い立場にある人々」に役立つプログラムの削減を提案したライアン予算として知られるようになった予算に対するてことして利用した。私はシモン・シモンがネットワークの 21 世紀の政策ビジョンを「将来の世代への生きた遺産を制定する」ものとして明確に表現していることに感心します。「最低賃金に名前を付ける」「全員が100％恩恵を受ける予算を立てる」「貧富の格差を是正する」——これらはすべて、単に所得格差を数学的な計算として扱うのではなく、引き裂かれた構造を修復する取り組みを示唆している。

シモーネ姉妹は、21世紀初頭の政治における政敵を代表する共和党指導者たちについて語る点でも際立っている。たとえば、私たちの議論の中で、彼女はポール・ライアン（ライアンは現在下院予算委員長兼下院議長を務めている）に対する賞賛と真の愛を表明し、そのような敵対的な枠組みの中でさえ、彼らの交流がいかに両者にとって有益であったかについて話した。：

シモーネ・キャンベル姉妹と著者との対話を聞いてください。

ポール・ライアンと私はそれぞれ自分の役割を果たしており、さまざまな方法でお互いにイライラすることがよくありますが、私は物事について彼をからかうことを楽しんでいます。ある面では対立する側と協力しながらも、私たちの交差点は私たち一人ひとりに影響を与え、相互に利益をもたらしてきました。その一例は、私が証言している間、下院予算委員会委員長のポール・ライアンの前で証言したことです。ある共和党員が、私がバチカンから非難されたので信じるべきではないと言って私を追及したとき、ポール・ライアンは「特定の問題では意見が異なるかもしれないが、教会の教えの範囲内に十分入っている」と言って私を擁護した。

ミネアポリスのスタジオでのシモーネ姉妹との月曜の夜の会話は私を驚かせます。彼女に対する彼らの喜び、そして彼女の選択が自分たちの選択にどのように影響するか。彼女の例は、熟考と行動の両方が同時に行われていることを示しており、これによりそれらの相関関係が面白い方法で明らかにされています。シモーネ・キャンベル姉妹と作家シモーネ・ブラックのやりとりを聞いてください。

あなたの霊性と祈りの生活は、時間の経過とともに、あなたが「進んで歩く」瞑想的な生活と表現したものへと進化してきました。この発言は具体的にどういう意味ですか?

さて、私が誰であるかの中心には熟考があります。ジェラルド・メイの素晴らしい本『ウィル・アンド・スピリット』には、私たちが瞑想的な生活にもたらすのは開かれた心だけであると述べられています。恐れたり、しがみついたり、掴んだりすると、正常に機能しなくなります。したがって、私個人にとって、私の旅には、希望、ビジョン、視点、提示される機会に向かって進んで歩み続けることが含まれます。ただし、それは人々がどこで食料を必要とするかによって異なります。私は困っている人たちからそこに招待され、食べ物を提供するために最善を尽くしています。ただそこにいるか、人々が自分の話を共有したり、私の話を聞いたりするだけです。人生から完全に心を閉ざしてしまうのではなく、周囲のすべてに対して心を開いてください。

多忙な生活と膨大な仕事の中でも、精力的に禅の修行を続けておられることと思います。この追求の一環として、熟考と瞑想に時間を費やします。

瞑想は不可欠です。私はエンシノで私のコミュニティが運営するリトリートハウスで毎朝瞑想していますが、そこで初めて禅リトリートを行ったとき、完全に瞑想に魅了されました。この爽やかなプールに飛び込むような気分でした。あまりにもひどいので、夜も眠れなくなりました。祈りを中心にして何かができていなかったのです。この経験が扉を開けるまでは。
禅は瞑想の学問です。私の経験では、常に誰かが内部から呼びかけているということでした。私の想像力の中からのこの誘いに心を開いてくれたことは、私の人生における最大の贈り物でした。私たち全員が一つの体であることを認識することは解放でした - これを知っているということは、自分の役割を果たすだけであることを意味します - その自由は言葉では十分に表現できません。

そして、ここであなたが説明していることは、本当にその知識に没頭していることだと思います...

ですから、それは内臓的なものなのです。人は瞑想を離れ、その場所から生きることができるでしょうか？あなたは、「何もつかまず、オープンな姿勢を保つことが瞑想には不可欠であり、これは私たちが経済生活をどう見るかという指針にもなるはずです。」と書いています。この発言はとても興味深いですね！

まあ、率直に言うと、いくつかのことはわかっています。保証はありません。すべては壊れやすい。私たちが持っているものはすべて贈り物として与えられます。自分が持っているもの、あるいは与えられているものを積極的に分かち合うことは、私たちがつながるための重要な方法の１つになる可能性があります。エンゲージメントを考えるとき、ストーリーはお金と同じくらい重要な要素になります。
あなたを放っておくわけにはいかなかったのです！

私たちの多くは、社会、地域社会、国家における個人の間に存在するように見
える溝の広がりに苦しんでいます。それは私たちが気にしていないからではあり
ません。実際、私たちは深く気にかけていますが、その気遣いを意味のある具
体的な方法で適用する最善の方法がわかりません。そのために何かをする。

このプロセスにはさまざまなレベルがあります。一人が何かをしている。米国に
住む私たちは、自分たちですべてを解決できると期待しており、すべての問題
に一度に対処する必要があると信じているように感じることがよくありますが、そ
れはまったく不可能です。代わりに、物語に深く耳を傾けることが重要です。全
員が自分の役割を果たせば、そのようになります…

私たちの役割がどこにあろうとも。

私たちの役割が何であれ、ただ 1 つのことを行うだけで十分です。進歩主義
者、リベラル主義者、またはその他のタイプの人々によくある間違いは、すべて
を自分たちでやらなければならないと思い込み、圧倒されてしまうことです。参
加を求める勧誘がメールで届きますが、社会奉仕プロジェクトのためにやらなけ
ればならない膨大な仕事に直面すると、まったく何もする気になれなくなります。
それはコミュニティへの関与ではありません。むしろ、各メンバーは自分の役割
を果たすことに責任があり、これが個人にとって負担になりすぎるべきではありま
せん。

「100パーセント」をサポートするというあなたのフレーズが好きです。あなたが支
持する問題や政策の多くは、ウォール街占拠とその「99パーセント」などの言葉
の使用に関連しているようです。

私たちがビジネスラウンドテーブルを主催し、質問する機会を心待ちにしていた
何人かの起業家兼最高経営責任者（CEO)タイプの人々と話すことができたと
き、最近発表された報告書によると、上場企業の平均最高経営責任者（CEO)
の年収は1000万ドルを超えていた。私は彼らに「それは合理的ですか？」と尋ね
ました。
「どうして生き残るだけで1,100万ドルもかかるの？」シモーネ姉妹は尋ねた。ある
男性は、お金の問題ではないとすぐに答えました。むしろ、私たちは非常に競
争心が強く、必要な犠牲を払ってでも勝ちたいと熱望しており、お金が現在の成
功の尺度に過ぎないということです。」

そこで私は自問します。毒性の少ない対策を見つけられないだろうか？なぜな
ら、それが本当のことだからです。誰もお金をため込みたくはなく、ただ勝ちたい

だけです。ですから、共通の利益のための彼らの動機をよりよく理解できれば、より多くの資金を解放する他の手段を発見できるかもしれません。彼らの視点に対する好奇心を育むことによって、私たちは目の前のすべてのものと戦ったり抵抗したりするのではなく、予期せぬ解決策を発見するかもしれません。これは、何かを破壊するのではなく強化する瞑想的な生活の重要な側面です。

さて、これまであまり話してこなかったのは、喜びについてです。私はよくふざけるのを楽しんでいます。喜びがこの旅の中心にあります。進歩主義者は汚く見えることがあまりにも多い。これでは採用候補者の間ではあまり関心がありません。その代わりに、私たちの素晴らしい贈り物は、私たちがこの人生を一緒に生きることができるということです。私たちの世界ほど信じられないほどの多様性と可能性を提供する場所は多くありません。人生が与えてくれる見返りを楽しみながら、人生に機会を与えることで、自分のニッチを見つけてください。

シモーネ修道女は、熟考と活動、情熱と好奇心、勤勉と遊びの間の均衡を保つことに重点を置いており、アガペー、つまり実践的な愛または公的愛の概念に深みと次元を加えています。深い傾聴は、あらゆる形の恋愛関係の基礎となる永続的な美徳であり、シモーヌ姉妹はそれを、充実した情熱的な人生を送るための基準点として繰り返し言及しています。彼女は、どのような状況でも深い傾聴を実践しているかどうかを判断するためのツールとして、次のような自己評価のラインを提供しています。

質問 2: 愛されるコミュニティになるには、どの程度、どのような方法で日々の努力と集中が必要になるでしょうか。そして、具体的にはどこから始めればよいのでしょうか。

＊＊＊ 愛を完璧に要約する 1 つの物語や、それを完全に表明するたった 1 つの声で私の考察を終えることはできません。代わりに、私は思い出と比喩を私の見解として提供します。

魅力的で詩的な天体物理学者であるナタリー・バターリャさんは、科学分野でのキャリアによって愛に対する見方が変わったと語ります。彼女にとって、愛は暗黒物質のようなものです。私たちの世界のあらゆる側面に浸透している目に見えないが無尽蔵の力であり、私たちが理解したり利用したりするにはまだ謎が多すぎます。居住可能性を求めて惑星を狩猟することから、この取り組みは遅かれ早かれ始まるべきだと彼女は言うが、彼女はなぜ愛が根本的に意味をなすのかについて、可能な限り最も壮大な視点の一つを提示している：私にとって良いことは他の人にも利益をもたらし、したがって国際的な規模で。

地球物理学者のザビエル・ル・ピションは、土工の理解の中に、人間社会の中心にあるケアを理解するための類似点を発見しました。彼は 1960 年代のプレートテクトニクスの先駆者であり、科学が現実に対する私たちの見方に革命をもたらしただけでなく、すべての人間の現実の認識方法を変えた重要な瞬間の 1 つで重要な役割を果たしました。彼は何十年もの間、障害やその後の精神疾患に苦しむ家族とともに、ケアコミュニティー、例えばフランスのジャン・ヴァニエのラルシュ・コミュニティーで家族と一緒に暮らしてきた。彼は愛に満ちた人生を送った人です。彼は、脆弱性に適応する能力は、地質であろうと人間であろうと、重要な進化するシステムの基礎であると主張します。特定の温度では、地質断層により動きと延性が可能になります。過剰な圧力を解放する応力逃がし弁のように機能する場合もあります。地震は弱さを適切に表現できないときに発生しますが、困難な状況にある人々を無視する硬直したコミュニティは時間が経っても成長しない傾向があります。実際に変化する場合、それは通常、暴力的な動乱または革命によるものです。

ザビエル・ル・ピションは、歴史を通じてより大きな人間の可能性を生み出したその特質に注目して、軸時代の個人的な研究に着手しました。彼は、考古学的な遺跡で見つかったネアンデルタール人の証拠など、純粋にスキルや道具に関連するマイルストーンを通じて歴史を説明するとき、不可解だと感じています。初期の人類は、負傷したり障害を負った人を世話するために多大な努力と犠牲を払いました。

著者とザビエル・ル・ピションとのやりとりをここで聞いてください。

すべての哺乳類と同じように、赤ちゃんを中心に組織を再編成することは生命にとって不可欠でした。人道的な社会を生み出したもう一つの進化は、病気や障害で苦しむ支援を必要とする人々を支援する組織の台頭でした。これが一般に人道的な社会として知られるものとなりました。フランス語で;この組織形態には非常に新しくて特別なものがありました。最も困っている人たちを地域生活の中心に据えたおかげで、新しいタッチポイントが導入されました。

ドロシー・デイは、ジャーナリストとして、そしてカトリックの人道主義者として、私にとって最大のインスピレーションの一つです。彼女の人生のほとんどが自由奔放なライフスタイルだったことを考えると、彼女が聖人に任命されたことは驚くべきことだと思います。しかし、時間と空間を超えてロールモデルを求める今日の若者たちの間で彼女の名前が頻繁に登場し続けていることも興味深いと思いました。1906 年の地震がサンフランシスコを壊滅させたとき、8 歳のときにカリフォルニア州オークランドで過ごしたとき、彼女は尊厳を持って耐えたロージー・デ・グレイを通して強さとインスピレーションを得ました。それから数日間、彼女はオークランドの人々が互いに助け合い、サンフランシスコから来た隣人たちがボートで渡っていくのを手伝うのを、何もせずに傍観した。この子は夢中になって、じっと見つめていました。ドロシー・デイは、彼女がその非常に人間的で、乱雑で、冒険に満ちた人生を通して生きてきた、重要かつ関連性のある質問を提起しました。

彼女の言葉と行動に対する情熱の両方に惹かれました。彼女は回想録『The Long Loneiness』の中で、一時期住んでいたカトリック労働者運動について、そしてその創始者であるドロシー・デイがいかにアメリカで労働者運動を成功させるのに貢献したかについて、気楽な様子で書いている。
彼女はジャーナリズム プロジェクトと社会運動の立ち上げに貢献し、現在も支援を続けています。アメリカの都市全体で、困窮している人々に食料を与え、衣料品を提供するというものです。

「私たちがちょうど話をしていたとき、人々の列が外に集まり始め、『パンが必要だ！』と叫び始めた。私たちは単に彼らに、『行って満腹になりなさい』と言うわけにはいきません。その日のお供え物から魚が入った小さなパンが6つ残っていた場合、常に十分なパンがあるように、それらを私たちで分けなければなりませんでした。」その瞬間、人々が四方八方から私たちに向かって動き始めました。さらに要求があり会話が中断されたため、私たちは話を続けました。受け取れる人は受け取ってください。一部の人は転出して、より多くの人々が到着できるようになりました。その結果、壁が拡大しました。喜びは簡単に得られないこともありますが、喜びの義務を心に留めておくことが重要であることに変わりはありません。カトリック労働者の主な特質は貧困にあると信じている人もいますが、これは参加を検討する際に常に心に留めておくべきことです。多くの人が言うには、コミュニティが最も重要です。もう私たちは一人ではありません。愛はその痕跡を残しましたし、これからも続くでしょう。何年も孤独に苦しんだ後、愛が解決策となり、愛がコミュニティと結びつき、それが今も続いています。」
愛について公の場で議論するのは難しいかもしれませんが、リロイ・スミスやドロシー・デイのような誠実な人が自分の人生において何が重要かを語るとき、それは共感を呼びます。私たちは彼らが説明している内容を認識します。彼らの寛大さを無視することもできます。極限の危機の瞬間は、そうでなければ眠ったままだった英雄的な衝動を呼び起こします。確かに、公の場での愛の表現が人間性を定義するものではないと主張することもできます。ドロシー・デイは、最終的には独身の誓いを立てるなど、信じられないほどの自己犠牲の人生を築き続けたことに注目してください。これは、私たちのほとんどが生涯に、または社会や家族の圧力によってそうするよう求められたときに、それを望むことも想像することもできなかったことです。

私は、賢明で愛情深いインタビュー対象者に、私が時々経験するこの内面の葛藤についてよく尋ねます。たとえば、作家のポール・エリーは、トーマス・マートン、ウォーカー・パーシー、フラナリー・オコナー、デイの伝記を書く際にドロシー・デイを研究しました。エリーがデイの人生について調べたところ、彼女は、愛ある優しさは重大な危機の瞬間にのみ限定される必要はなく、いつでも現れる可能性があるという信念に基づいて生きていたことが判明した。誰かが今、どこかでそれを経験しています。
ポール・エリーと著者ポール・エリーの対談をお聞きください。

人々は自らの危機を経験しているとき、すべての都市が焼き尽くされるまで待って介入するのではなく、誰かを必要とします。彼女は、私たちが自然に愛に向かう傾向があると信じていたので、社会は変わることができると信じていました。私たちの創造物は私たちに互いに愛し合うよう求めています。争いや戦争はその愛の変形です。むしろそれは、個人や互いに対して外側に向かうのではなく、共同体の愛に向かって内側に向けられるべきです。彼女は有能な過激な組織者でしたが、カトリック・ワーカーを前進させたのはプログラム的な取り組みによるものではなく、人々が自然に行うこと、つまり地域社会で互いに愛し合い、その後それについて話し合うことを行っていることであることを常に明確にしていました。

歴史や世界中での道徳の進化に関するアンソニー・アッピアの洞察は私に希望を与え、正しいだけでなく名誉あると考えられている根深い慣行が時間の経過とともにどのように急速に変化する可能性があるかを理解して安心させてくれます。1950年代の彼の両親の異人種間結婚は、『誰がディナーに来るのか推測』の重要なストーリーの1つを提供しました。人生のある時点で、どの世代にも、かつては一般的だったものを驚きとともに振り返り、「私たちは何を考えていたのでしょう？どうしてそのように生きることができたのでしょうか？」と自問する瞬間があります。ペンバートン博士は、家庭生活と学問の両方において、そのような点を経験しました。アッピア氏は中国で纏足がどのようにしてなくなったかを調査した。決闘は名誉ある紳士が紛争を解決する方法ではなくなった。大英帝国の一部として奴隷制度は廃止されました。彼の研究は、構造を解体する運動や指導者が現れる前に、変化が各人間の心の中でゆっくりと始まることを示唆しています。

この作品は、21世紀初頭の結婚、恋愛、男女関係で何が起こっているのかを説明する方法を提供します。それは私たちがついにいじめに立ち向かう姿を示しています。これは、他人に責任を負わせることの妥当性についても、ある程度の理解を示していると私は主張します。
愛は私たちの存在の基礎です。私たちの背景や状況に関係なく。

アンソニー・アッピアの日常生活への処方箋は、すがすがしいほど単純です。彼は、アメリカ人が問題だと認識している問題に直面するときに好む傾向にあるような、解決策に基づいたアプローチで問題を正面から攻撃するのではなく、違いを「脇に置く」ことを主張しています。道徳的な変化は、昔ながらの意味での会話を通じて起こり、私たちを個人として構成する人間性の日常的な側面を中心に人間関係を形成します。
社会の変化を理解しようとするとき、想像力の焦点が狭くなりすぎる傾向があるという、国際的に有名な俳句を詠んだ紛争解決と変革の実践者であるジョン・ポール・レデラック氏の洞察は、私の心に消えない痕跡を残しました。クリティカルマス（集会、結集する指導者、路上の多数の団体）は、古い現実に挑戦し、変化への道を開くためのカタルシスのはけ口となる可能性があります。しかし、時代や大陸を越えて矛盾した現実を変革してきた人々と仕事をしてきた彼の経験から、ありそうもない小さなグループ間の関係の新たな性質を通じて、カタルシスポイントの前後に、何年、何十年にもわたって辛抱強く着実に、新しい現実が想像され、もたらされるのです。人の。一見すると、彼らは同盟関係にあるとは思えないかもしれません。それぞれが社会の異なる場所を代表しており、さまざまな情熱や視点を共有しています。しかし、彼らの生活が固定化された対立する世界観の行き詰まりに直面したとき、彼らは恐怖からケアに踏み出しました。その結果をジョン・ポール・レデラックは「重要な酵母」を生み出すと呼んでいます。

北アイルランドからコロンビア、ネパールに至るまで、現実を変えるのを彼が目撃してきた具体的な特質は次のとおりです。彼らは、私たちと彼らのアプローチに対して反対の立場を取ることを避けます。愛と勇気を備えており、行動の一部として複雑な創造性を通じて道徳的想像力を使用します。こうして自分自身がアーティストになるのです。

恋人たちは芸術家です。私はその文を喜んで書き、すぐに注意と謝罪の意を表します。安全は人生において常に最優先されるべきです。
父と私は数年間疎遠になっています。私はこのページでその失敗の真実を共有することを恐れていますが、愛と自分自身のこの失敗を許すことが私たち二人にとって不可欠です。愛は必ずしも私たちが望むように、あるいは想像するようになるとは限りません。時には、愛が何よりも優先されなければならない生死にかかわる状況が発生します。また、愛は実際には実現できない単なる理想主義的な概念である場合もあります。どちらの場合も、愛には、ソーシャルアーティストの酵母のグループが必要であり、必要に応じて紛争に影響を受ける人々に喜んで寄り添おうとする人々の橋渡しが必要です。公の場での愛は、時には道を譲ることを意味するのと同じように、公の場で行うこともあります。

人生は時には複雑で圧倒されることがありますが、私たちは皆、自分の身の回りに自分自身を超えて気遣ってくれる人々を知っています。彼らは聖人や英雄ではありませんが、たとえ単純な場合でも親切にすると、枯渇するのではなく元気が湧いてくるように感じることに注意してください。科学者たちが現在示していることは真実です。親切な行為は文字通り人から人へと広がりますが、愛はその人全員の中で最も顕著に表れますが、多くの場合、即座に満足感を与えることができます。
私たちの中には、隣人を知り、隣人として存在するという使命を持っている人もいます。これは私が愛情のある関係に例えたものです。このような関係は共通生活の基本構造を形成し、愛が私たちの間の境界を越え、私たちの間の溝を越えて安らぎをもたらすので、私たちの間の溝を埋めることができます。市民生活のあからさまな亀裂の前に立つことは、同様に気の遠くなるようなことでもありますが、日常的に私たちを怒らせたり、傷つけたり、気が狂わせたりする人々に対しても てなしを保つ必要があるため、より複雑なことでもあります。しかし、そのためには、他人に対して正当な義憤を持って、もてなしの姿勢で立つことが必要になるかもしれません。私たちを怒らせたり傷つけたりすることは毎日あります。両方の課題に正面から取り組む必要があります。

ホスピタリティとは、柔らかく光る言葉です。それは、実際の愛への歓迎の入り口を提供します。私たちは、自分たちのグループ内では認識していない他のグループ間には同質性があると想像しがちですが、家族、同僚、友人関係のグループの中には、常に尊敬する人も嫌いな人も存在します。私たちは、可能であれば関係を維持する方法を見つけ、人生のさまざまな瞬間や期間で愛が何を意味するかを発見します。私たちに最も近い人たちは、通常、特定の話題を持ち出してはいけない場合や、何らかのやり取りの途中でその話題を持ち出してはいけない場合を知っています。

私たちが最も大切にしている人たちとは、ただ一緒にいて話さないだけで、私たちの周囲の世界にとって十分な知性を持つことがよくあります。愛とは？最後にいつどこでそれを見たかについて話して、この質問に答えてください。そして、クリティカルイーストになりましょう！

エリザベス・アレクサンダーは「Praise Song for the Day」を作曲しました。その最後のスタンザは以下で入手できます。

バラク・オバマは 2009 年 1 月 20 日に就任しました。

著者エリザベス・アレクサンダーとエリザベス・アレクサンダーの会話を聞いてください。

隣人を自分のように愛して生きている人もいます。

非暴力を実践し、自分自身とより大きな善のために必要なものだけを与えることにより、他者を傷つけたり、必要以上に奪ったりしないでください。愛は私たちが持つ最強の武器だと思いますか？

夫婦・孝行・国の絆を超えた愛

広がり続ける光の輪を投げかける愛は、防ぎようのない悲しみだ。

今日の明るい輝き、この冬の空気には伝染するような暖かさがあります。

あらゆるものを作成し、書くことができ、あらゆる文章を始めることができます。エッジでも、つばでも、先端でも、何でも可能です。

その光のもとで前に進む賛美歌。

あなたの最初の詩「その日の賛美歌」について私が気に入った点の１つは、『アルス・ポエティカ』で詩は愛についてのものであってはならないと述べた後ですが、その焦点は愛にあるということです。

この詩は素晴らしいです。
愛は政治的な瞬間、公共の場に呼び出されました。意図に忠実でありながら、どのようにしてこれが政治的に達成できたのか私には理解できませんでしたが、どういうわけかあなたは見事に誠実にそれをやり遂げました。しかし、それは奇妙であると同時に信じられないほどの重みを持っていました。その異常な存在感は、それでも強力でありながら効果的でした。特に就任から5年という長い年月が経ち、あらゆる種類の差し迫った問題により、愛について語ることがあの日よりもさらに重要ではなくなっているように思えます。

そうですね、私が詩は愛やロマンスだけではないと言うとき、私が言いたいのは言葉から始まるロマンチックな愛のことです。しかし、詩にはロマンス以外にも多くのものが含まれています。詩を書くときには、節度、厳しさ、責任がすべて生じます。

あなたの質問は「愛が究極の力だったらどうなるか？」というものでした。

私の詩は、この現実的な質問を自発的に提起することがよくあります。私はインタビューの準備をしながら、精神的な修行の一環として詩の中で実際の質問をする頻度について考えました。単に私の無知が原因でこのようなことが起こる場合もあります。また、詩は、何かを理解する道を導きながらも、最後には本当の疑問で終わる、本当の難問のような問いを立てるための素晴らしい空間を提供してくれるからです。

「愛が最強だったらどうなる?」は、次の質問を投げかける興味深い思考実験です。私たちの非常に多様性に富んだ社会と国において、愛は意見の相違を乗り越え、人々を一つに結びつけることができるでしょうか?強大という言葉は非常に特異な言葉ですが、もっと多くの意味があるはずです!私がそう願っているように、私たち全員を団結させる永続的な愛の力になるでしょうか?しかし、愛は常にそのように機能するとは限りません。
不満を防ぐには、たとえ就任式のような特別な国家行事の最中であっても、夫婦、家族、国家の絆を超えた愛が必要です。愛は国内の人々だけを対象とするものではありません。愛はこの重大な出来事をはるかに超えて広がっていかなければなりません。

現代の生活や家族関係の中心的な特徴となっている他者との出会いを考えると、愛は適切な言葉のように思えます。私は、1960 年代以降の寛容への対処法として、寛容についてよく考えていることに気づきました。愛はそれ以上のものを要求します。

はい、そうです;特に、それが不満を先取りする必要を感じない愛の場合はそうです。違いを許容するだけでなく、議論を交わすのではなく、一緒に座り、耳を傾け、受け入れ、認めることで、積極的に受け入れる愛。

自分が不当に扱われていると感じている人々が自分の主張を理解できるよう支援するための効果的なアプローチは数多くあります。私たちは皆、それぞれの不満を経験します。こうした懸念を直接聞き、それに応じて対処することができれば、人々を前進させることができます。

問題が解決しないままでも一緒に暮らしますか？それが私たちの目標でしょうか？

私が特に興味を持っていることの 1 つは、普遍的なものと特殊なものとの関係、そして特殊なものが普遍的なものをどのように照らすかということです。最近、私はイギリスの首席ラビと興味深い対話をしましたが、彼は興味深い視点を提供してくれました。道徳的想像力は普遍性から始まり、特殊性で終わります。これは、西洋文化が多様性を解釈する方法とは非常に対照的です。私たちの目標は、すべての人が調和する均衡に達することです。私たちを結び付けるものを祝いながら、すべての文化にどれだけの類似点があるかを認識します。それなのにあなたは「多様性は何も新しいことではない」というような言葉を使います。あなたの詩は、難解な「黒人の難解さ、奇妙さ、特殊性」を記録し、保存します。私たちの日常生活に黒人特有の経験をもたらす力をどのように認識していますか?おそらく私はこれを間違った方法で質問していますが、私の言及点を理解していただければ幸いです。

そうですね、たくさんの反応があります。私たちの特殊性は、話すときに現れる傾向があります。それは今日のイギリスと同様に古代ギリシャでも当てはまりました。それは他の人たちと同じように白人にも当てはまります。私たちは、私たちが知っていること、経験したことに基づいて話します。このことから、私たちは共有するものの中に普遍的なものを見つけようと努めています。しかし、私たちの教育システムはアフリカ系アメリカ人の経験を物語の一部として完全には組み込んでいないと私は信じています。そのため、アフリカ系アメリカ人の経験が、豊かな中心を持ったアメリカ人の生活についての 1 つの物語を提供しているということを人々があまり認識していないのです。誰もアメリカを恋しく思うべきではありません。それは、綿密なアプローチを取らず、自分自身も通過しない多くの人々によって悲惨な誤解を受けるでしょう。教育者である私の自分は、決まった計画を立てずに直感的に物事を進める詩人である私の自分よりも、このことをはるかによく理解しています。エイドリアン・リッチはそれを「難破船に飛び込む」と表現したことで有名です。それはまさに私の詩人自身が望んでいることです - 物語だけでなく、実際の難破船そのものです！私の教育者としての自分は、アメリカの文化と政治の中でアフリカ系アメリカ人の経験を中心に置くべきだと強く主張する一方で、私のその部分はこの目標により重点を置いています。

さて、ここにはアメリカと人間の両方の物語が関わってきます。

絶対に、ポジティブに。ちょっとお時間をいただきたいですか？ザビエル・ル・ピションと著者のやりとりを聞いてください。

カトリックの社会活動家であるドロシー・デイは、まだ若かった頃、地震が起きたサンフランシスコで、災害後に何が起こるかを直接体験しました。災害が発生した後、人々が集まり、お互いに気遣いや気遣いを示し、ドロシーは「なぜこれが私たちの普通ではないのか?」と自問するようになりました。多くの場合、危機が去ればすぐに人生は通常通りに戻ります。人々がより多くの人生をこのアプローチに切り替え、これを通常のことにしてしまうと何が起こるか、少しでも感じていますか?おそらく、あなたが予想するよりも多くの人が時間の経過とともに追随する可能性があるでしょうか?

これは非常に適切な質問であり、私自身もよく考える質問です。私は寛大でオープンだと思う人たちを何人か知っていますが、彼らが徐々に心を閉ざし、外部からの侵入を恐れるようになり、心がダムのように閉じ始めているのを目撃しました。なぜこれが起こるのかは私にはわかりません。他の人はますますオープンになっているようです。私は何人かの素晴らしい人物に会いました。マザー・テレサとジャン・バニエは注目に値する人物でした。どちらも、オープンな方法で他人と関係を築く並外れた能力を持っており、常に隠れていたり傷ついたりしている可能性のある部分とすぐにつながります。私は、彼らが新しい人生に入る能力を目の当たりにしました。それは時間の経過とともに深まっていくように見えました。まるで2つの別々の道が同時に存在できるかのようでした。現在、ほとんどの人にとって、その中間にあるように思えます。

戦争や大事故から、変化をもたらす家族内の親密な悲劇まで、災害が起こると、人々は突然の目覚めを経験することがあります。時々、人々の反応が異なり、予想外の方法で人々が変化するのを目撃するかもしれません。
痛みに満ちた人間関係を取り巻く不確実性は避けられませんが、私の経験によれば、私たちが人生で苦しんでいる人たちと一緒に歩き始め、彼らの存在を無視したり拒否したりすることなく受け入れ始めると、彼らの存在は私たちを徐々に教育し、強め、新しい在り方を示してくれます。

あなたの心は教育されます。それは私が賞賛することです。

そうです、私たちはお互いから学ばなければなりません。私の心は私だけで育てることはできません。学びは人間関係を通して生まれます。他の人から教育を受けることを受け入れることによって、つまり、彼らに何が起こっているのか説明するのに耳を傾けたり、私たちの世界にアクセスできるように彼らの世界に没頭したりすることで、人々の間に何か深いことが起こり始めます。私たちはこれを交わりと呼び、これはイエスが私たちに人生について教えてくれたことですそれ自体 - イエスが言ったように、隣人の間に永続的な絆を築くことを学び、そしてまったく新しいものを発見してください!

イブ・エンスラーと作家ジェニファー・イーガンの対話を聞いてください。

あなたががんを乗り越えて生きている間に得た重要な洞察の１つは、愛の性質についてでした。あなたのガン体験は深く考えさせられるものでした。私が本当に考えさせられたのは、その極限の瞬間に、私たちが通常理解しているような愛、つまりロマンチックな愛、結婚、恋人同士がどのようにあなたにとってうまく伝わらなかったかについてのあなたの説明でした。あまり実質的なものとは感じられなかったが、そのような関係について私たちがよく作る方程式には当てはまらなかった——それでも、それは私たちの多くが期待として想定しているものよりも愛が劣っているわけではなかった——それでもあなたは、これが重要な認識であることを理解しました。これは、そのような主題を議論するときに、通常合計されるものと比較して、等しくないものと私たちが一般的に行うこととは何の関係もありません。
あなたの人生は愛で満たされていましたが、どういうわけかそれがあなたから欠けているように見えました。しかし、よく観察してみると、人間関係、自然、さらには自分自身の中にさえも、あらゆるところにそれが見つかりました。この言葉や物事に対するあなたの想像力はあまりにも限られていました。

ロマンチックな愛、絶対に。しかし、私たちの愛の概念は、「あなたのソウルメイト」となる一人の人と出会うだろう、という非常に単純で短絡的なものに思えます。

その経験を共有できる人に私は決して会ったことがありません。ただし、長年結婚生活を続けている人もいるかもしれません。しかし、まだ私の中に完璧なパートナーを見つけたと主張する人はいないでしょう。私の古い愛の概念はとっくに消え去っています。そして今、私の人生では、愛についての古い概念が払拭されたので、とても興奮しています。がんは今も悩まされ、長引くかもしれませんが、回復して以来、この空間を一緒に共有できることは私に大きな喜びを与えてくれました。どうすればこれほど多くの瓦礫を取り除くことができるのでしょうか？粛清を続ければいいだけです。しかし、健康を取り戻してからは、今日ここに皆さんと一緒にこの空間にいることに、信じられないほどの満足感を感じています。この夏、私はイタリアで友人たちとダンス、水泳、会話をし、忘れられない夜を楽しんで一日を過ごしました。どの瞬間も私にとってとても貴重で大切なものでした。私たちの充実感は、私たちが選んだところにあります - 幸せがここでしか見つからないと言われたら、それがあなたの現実になるかもしれません - いつか来ると考えるのではなく、「ああ、もうすぐ届くだろう、いつか大きな愛が届く日が来るだろう」」。しかし、今はすでにあなたのためにここにあります - 一秒一秒を楽しんでください！

あなたのために祈り、助けと愛を差し伸べてくれたコンゴ民主共和国の人々からの、さりげない優しさの行為を毎日経験しているとおっしゃっていましたね。あなたはまた、コンゴ民主共和国であなたに代わって祈っている女性たちの祈りが愛を送るジェスチャーであると認識しているとも述べました。

絶対に。昨夜は、私の心が過去の恋人や夫のこと、そしてこれまでの人生における愛の失敗を思い出した、最悪な夜の一つでした。私にはそれが理解できませんでした。さらに、私自身の親密さの問題にも対処しなければなりませんでした。どれほど多くの美しい人々が私のために駆けつけてくれたかを知った後、私の旅をどれほど多くの人がサポートしてくれているかに気づきました。化学療法を受けている私に毎朝朝食を作ってくれたマリー・セシル。最後にもう一度母に会いに行くとき、私の荷物をまとめてくれた孫娘。これらの人々がすべてを可能にしてくれました。妹はソファでいつも私と一緒にいて、私の額を慰めるために心地よい手ぬぐいを提供してくれて、「なんてことだ！私の人生はとても豊かだ、愛も楽園もすぐそこにある、楽園は目の前にある」と思った信じられない瞬間を生み出しました。資本主義は意図的に作られた憧れを生み出し、将来何が起こるかについての私たちの欲望を刺激し、常に次の製品、次の大きなものを目指して努力します。」

あなたの周りを見渡して;服にはいつも、愛の象徴としてジーンズを履いたセクシーでセクシーなカップルが描かれています。誘惑に関するすべてが彼らと結びついているように思えます。目が覚めたとき、私たちはそれほど完璧に見えませんが、現実はそれでもおいしいものであり、厄介で、それなりに人間的である可能性があります。おそらく、私たちは自分の生活をセレブ文化と比較しすぎるため、実際の生活がどのようなものであっても、私たちが楽園だと認識しているものと適切に一致していないのかもしれません。それは物事を劇的に良い方向に変える可能性があります！

マリー・ハウと著者のやりとりを聞いてください。エイズによるジョンの死についてのあなたの詩は、多くの人にとって非常に感動的で、人生を肯定するものでした。しかし、あなたの作品に没頭しているときに私が印象に残った点の１つは、あなたのスタイルが常に一貫しているということでした。個人的な悲劇について書くとき、あなたは感情的な内容を伴う強い言葉を使うことがよくあります。彼の詩「All My Friends Are Dead」も同様でした。

あなたの詩はよく家族について語っています。あるいはその逆 - 詩は次々と家族関係や家族そのものについて語ります。

家族は私たちの生活の中心です。私たちの生まれた家族、私たちが選んだ家族、そして友人や子供を通してできた家族。家族生活はドラマチックになることがあります。私は 11 人の近親者と一緒に育ちました。毎日が何かの出来事で満ちていた。男の子たちは階下でビリヤードをし、妹は裏庭で子供たちを監督し、ゲストは一晩に最大50回も立ち寄ることがありました。今、私の状況は劇的に変化しました。私は小さな家賃安定アパートで一人で娘を育てています。

今までに1つしかありませんでした。

彼女と私の一人は、グリニッジ・ヴィレッジにある、元の家族の家の一室ともいえるような、家賃が安定した小さなアパートに一緒に住んでいます。そこでは、アルコール依存症に苦しむ人々を含む多くの人々のせいで、誰も十分な注意を払ったことはありませんでした。それは私たちの家庭に混乱をもたらしました。物事は急速に暴力的または劇的なものになることがよくありました。それは私の先祖の間でもよく起こりました。私たちの場合も変わりませんでした。

あなたの詩「妹への手紙」の一節についてお聞きしたいのですが。

まあ。私たちが今言ったことはその考えと矛盾するかもしれませんが、その「誰も教えてくれませんでした」は真実に聞こえます。

さて、このような大きな家では、場所や年齢に応じて、さまざまな人がさまざまな経験をしました。しかし、私が覚えているのは、非常に明確な側面でした。
私の生い立ちには複数の視点と真実が根付いていました。この詩は、トラウマを経験している妹への肯定を意味していました。私は、統一の試みにもかかわらず、アルコール依存症がどのように関係を破壊する可能性があるかを示したかったのです。全員を同時に 1 つの部屋に集めたいとしても、その性質上、共有された理解や経験が破壊されます。これらのセリフは、この考えを伝えようとしました。ある姉妹は、骨折した立場から直接話そうとしています。

アートは、私たちの心をより完全に開かせるための方法の 1 つであるとあなたは書きました、あるいは別のインタビューで述べたかもしれません。私たちはあなたの子供時代、家族生活、出自、そして成人して母親になる前の比較的人生の後半に詩人になったことについて話しました。心を開くのを助けるのに芸術が与えた影響をどのように説明しますか?それはあなた自身や他の人の人生のさまざまな段階や段階に同様にどのように影響を与えましたか?

そうですね、人生が耐えられなくなったとき、芸術が唯一の頼りになるかもしれません。私たちが心から大切に思っている人々は去っていきます。そしていつの日か、私たちも彼らに加わります - 子供たちを後ろに、植物を後ろに、上空の太陽光線、降り注ぐ雨粒などすべてを残して。芸術には、私たちが生きていると同時に死んでいることを思い出させる知識が含まれています。ありがたいことに、アメリカ企業にはこのような視点を提供してくれるものは何もないからです。

今日、人々は想像を絶する苦痛を経験していますが、私には耐えることが不可能でした。今この瞬間にも、世界中の刑務所で誰かが理由もなく拷問を受けています。どうしたら精神病にならずにそれに耐えられるか分かりません。しかし、ジョンが亡くなったとき、私は彼の死を受け入れるか、自分の心をさらに閉ざすか、どちらかを知っていました。
オープンのおかげで、身近な人を失って苦しんでいる人が他にもたくさんいるということを知ることができました。彼らのコミュニティの一員になれるのは素晴らしいことだと感じました。

4歳のとき、テキサス州オースティンでベッドメイキングをしていたとき、娘はなぜそうしなければならないのかと尋ねました。私の答え：私がそう言ったからです。その瞬間、彼女の兄弟全員がベッドの後ろから駆け寄ってきました。私が振り返ると、皆が再びそこに立っているのが見えました...そして私たちは皆、何が起こったのか一緒に笑いました。何百万人もの人々が拍手をし、私も参加しました。世界で起こっているすべてのことで孤立していると感じるよりも、このような素晴らしい仲間の中にいて、他の人たちに加わることがとても素晴らしいと感じました。そうでないと、それは自分たちだけに起こっていると思ってしまうかもしれません。それはひどく不正確な人生の生き方でしょう。アートは、トーマス・ハーディ、ドリス・レッシング、ヴァージニア・ウルフ、エミリー・ディキンソンの朗読からエミリー・ディキンソンの詩に至るまで、常に私たちを反映していると思います。ただ人間の物語を見せているだけです。それほど孤独を感じることはありません - それは本当に奇跡的です。

ケイト・ブレイストラップは、メイン州の公園や森林で働く狩猟監視員や、危険や災害が発生した際の捜索救助任務に呼び出される法執行官を担当するユニテリアン万能主義者の牧師である。

彼女の言葉を借りれば、彼らとの仕事は、人間の経験の極めて重要な瞬間、つまり人生が突然変化する一方で、予期せぬ展開が起こる瞬間に彼女を連れて行ってくれます。

ケイト・ブレストルップと著者との会話を聞いてください。チベット哲学では、私たちが人生の多くの時間を死の準備に費やしているとあなたは指摘しましたが、あなたが扱う事件の多くには、この真実に気づいていない人々が関わっています。
愛する人の死に直面する準備ができているとは誰も感じませんし、このようなことが起こっても宇宙に意味があるとは考えません。

そうです。だからこそ、意図的に準備する必要がないことが有益です。

あなたが語るクリスティーナとアンナ・ラブの物語もあります。

それは私が本の中でそのまま残した名前の一つでした。

アンナ・ラブは、奇跡とそのすべての意味について熟考しているときに出会った、ありそうでなかった女性警察官でした。

クリスティーナは若い女性で、誘拐され、レイプされ、殺害された後、森の中で死体として放置されました。これには、所長サービスを含む多くのさまざまな機関が協力して彼女の遺体を回収し、責任者に対する証拠を収集して分析する必要がありました。最初は、この経験は関係者全員、特に彼女の家族にとって想像を絶するほど苦痛なものでした。この出来事は、私たちの子供たちと私たち自身が安心できるかどうか、メイン州での生活に対する私たちの理解を試させました。警告なしに攻撃してくる悪に対して私たちは何ができるでしょうか？ある朝の午前7時に、ある若い女性が駐車場で別の若い女性に出会うためには、多くのことが適切に調整されなければならないときに、ここで奇跡が起こります。それは私が考えるどの奇跡よりも可能性が低いように思えます。

そのため、私の考える奇跡の定義は、単なる摂理的なものではありません。それが起こるには、すべてのピースが揃う必要があります。悪いことも起こります - 時には本当に悪いことも起こります。
別の視点から見てみると、それが私の物事の見方ですが、私は日常生活の中で神を探したり、神の臨在を求めたりしません。
神は魔法やトリックよりも微妙な方法で私の人生に働いてくださいます。彼は、人々が愛し合うことや、私が毎日目にする奉仕活動を通して、その姿を現しています。この出来事により、神の働きが精査されることになった。というのは、一般的に言えば、私は性犯罪者や殺人者にさらされることはあまりないからである。私は事故や、アルコール摂取により間違った選択をしたものの、行動に意図的に悪意があったわけではない人々に対処することが多いからである。。

したがって、この状況で愛の証拠を探しているなら、あらゆる制限があるにもかかわらず、彼女を見つけて彼女の家族との関係を修復するために全力を尽くした男性たちの心と手の中に、明白な場所があるでしょう。

彼らはすぐに、時間を巻き戻すことも彼女を生き返らせることもできないことに気づきました。

その間違った出来事をなくしてください。

彼らはそれを直すことができなかった。そして彼らがそれでも応えてくれたことは、私にとって本当に素晴らしいことです。何かを解決できなかったときに喜んで対応する彼らの姿勢は、息を呑むほど素晴らしいです。それが実現したとき、スーパーマンであることは非常に満足です。息が絶える前に子供を発見したとき。それは私にとって驚くべきことです。しかし、私が本当に驚かされるのは、これらの警察官や狩猟監視員たちが、自分たちの周囲で目にする危害や悪を修復したり取り消したりするのに必ずしも役立つわけではなく、耐え難いほど苦痛なことをしなければならないように、どのように自分たちの人生を設定しているのかということです。本当に素晴らしいし、素晴らしいです。

そしてこの特別な例では、アンナ・ラブが被害者でした。

アンナは私の事件の主な捜査官でした。彼女は非常に真面目な若い女性で、私はこの事件で協力する前からかなり前から知っていました。
今よりずっと前から、彼女が探偵であることは簡単に想像できました。彼女は賢くて真面目で、ハート型の顔をしているため、視聴者が簡単に想像できます。これらすべての情報を彼女が調査し、容疑者が隠れる可能性のある場所を考え出した結果、容疑者が犯罪現場に戻る前に、繰り返し彼に聞き取りをするだけでなく、関係するすべての目撃者に聞き取りをする必要があった。

しかもたった3日で?!彼女は本当にこの事件を無事に終わらせました。

彼女がやった。しかし、こうした活動の合間に、彼女は搾乳器を持って中尉の執務室に忍び込んだこともあった。彼女は最近出産したばかりで、夫（同じく警察官）と一緒に自宅にボトルを送り、生まれたばかりの子供に直接ミルクを与える必要があった。私はそのしぐさに本当に愛らしいものを見つけました。

あなたの記事は、「理想的な文化では、若い女の子はバッジや搾乳器で飾られたアンナ・ラブのアクションフィギュアで遊ぶでしょう。

アンナ・ラブは、さまざまな意味でこの事件にとって理想的な刑事でした。このような矛盾は解決できません。単にそれらを別のものとして存在させなければなりません。一方で、あらゆるレベルで不公平で不当な恐ろしい出来事が起こりました。しかし、クリスティーナの死を引き起こしたこの人物に復讐する授乳中の母親役のアンナ・ラブを含む、これらすべての人々が反応しました。それでも、それ

は何も変わりませんでした。ただ両方の当事者が同時に存在していたというだけ
で、それで十分だと思いますが、不十分だと思いますか？
あなたの言葉は、深遠でありながら同時に単純なことを明らかにしています。奇
跡が一時的に命を回復する場合、その奇跡は一時的にしか続かない可能性が
あり、ほとんどの場合、物理的な回復ではなく愛の復活にすぎません。

キリスト教と私はしばしば対立しており、キリスト教が私が求めていなかった質問
に答えてくれていると感じています。あなたの人生で最も重要な価値が、単に息
をしたり、サンドイッチなどを食べながら歩き回ったりすることであるなら、それが
すべてに対するあなたの答えとなり、死は無関係になります。なぜなら、今誰が
生きていても、彼らは最終的には全員死ぬので、私たちは私たちが理解してい
ないこれらすべての概念を仮定しなければなりませんまだ見ていない、またはつ
ながっていません。しかし、実際的な興味を持つ者として、これでは満足できま
せん。直接見て行動できる具体的なものが欲しいのです。

したがって、代わりに愛が最も不可欠であると仮定すると、私が行き着くのは苦
しみ、悪、痛みに満ちた世界になります。それでも、私にはまだ追求する価値の
あることがあります。目指して努力すべきもの、そして私が貢献できるもの。個人
的に言えば、その方が効果的です。

ジョン・パウエルと作家ピーター・ティールのやりとりを聞いてください。

すべてに圧倒され、父と話しているときに、本当にすべてをコントロールできなく
なったと感じた時期がありました。彼は私に、何でも自分でやろうとしないように
言いましたが、私には神が共にいるということを思い出させ、私の苦労を認めて
くれました。もっとも、私の間違いは、自分自身の周りではなく、主の周りに組織
しようとしたことだったのですが。私は、神と同じように神の周りを組織する際に、
彼のアドバイスを受け入れなかったのが間違いだったと気づきました。
それで...

初期モードは白でした。

全くその通りです。したがって、私たちはお互いが快適ゾーンを離れ、そこから
解放されるよう一緒に取り組むべきだと信じています。

これらの発言を総合すると、別のインタビューで興味深い観察結果が得られま
す。今日の大多数の白人は、1950 年当時よりも統合された地域と学校を好みま
す。ただし、これが何を意味するかはまだ不明です。それにもかかわらず、私た
ちの世界と人口動態は変化しました。白人の飛び地は精神的な栄養という点で
はほとんど提供できず、時間の経過とともに精神的に腐敗してきました。」さら
に、あなたは、白人、黒人、ラテン系アメリカ人、その他のほとんどの人々が、物

事を違う見方で見たいと思っていると述べましたが、残念ながら、その方法も、それさえもわかりません。さらに、あなたは次のような発言もしていました。「白人、黒人ラテン系アメリカ人、その他の人々は、何か違うものを望んでいると思いますが、別の現実をどうやって想像するか、あるいは想像することができません。」

これが私たちが直面していることだとあなたは私や他の多くの人々を代弁しています。私は、この違った見方ができないことに、何よりもまず取り組む必要があると感じています。シカゴ近郊のオークパークに関するあなたの話は、私がその話を理解するのに本当に役立ちました。通常、人々は統合によって住宅の価値が下がると考えています。今回は、住宅の価値観を変えないために取られた非常に現実的な措置について説明されました。これらの小さな物語は、より大きな物語と同様に重要です。

オークパークはシカゴにある多くの隔離されたエリアの1つです。クック郡は米国の郡の中で最も多くの黒人人口を誇り、人種差別に関する多くの研究が行われてきた。オークパークは、人種差別に反対する例外的な小さなコミュニティとして際立っています。したがって、オークパークをさらに際立たせています。リベラルな白人が出席し、黒人が引っ越し始めたため、リベラルな白人たちは、すぐに売らなければ自宅の価値が下がるのではないかと懸念を表明した。そこで地方自治体は、その価値が下がった場合に補償してくれる保険制度を提案し、最終的に政策として導入、採用されました。

白人住民は保険料を一件も支払っていない。白人はそれ以上郊外に移住しなかった。そしてそれは50年間真実でした。これらの白人は人種差別主義者であると主張することができるので、これはさまざまなレベルで興味深い観察です。おそらく保険契約を言い訳にしているのでしょう。しかし、私たちは彼らの言葉を真に受け、彼らの立場を受け入れ、関与する準備ができているでしょうか?人は一度に複数の不安を抱えている場合もあります。
カトリーナのことを考えてみましょう。私たちを悩ませているこれらの災害の話は私たちの周りのどこにでもありますが、私たちはそれについてあまり話しません。水位が上昇し始めると、黒人たちは屋根の上で立ち往生した。公表されていないのは、実際にはすべてのアメリカ人、すべての人種が寛大に寄付をしたという事実である。これは、アメリカ史上、国民の間でこれまでに見られた最大規模の民間寄付プログラムの1つでした。そのため、白人アメリカ人、ラテン系アメリカ人、アジア系アメリカ人は皆、黒人アメリカ人であると認識している人々を助けるために寄付をしました。人々は、異人種間カップルは最も急速に成長している人口統計の1つであり、私たちの人間性は共有されていると主張していました。ラテン系アメリカ人ではなく、異人種間カップルや異民族間カップルが変化の最前線に立っている。人々は、その場ですでに自分自身であり、私たちが探し始めさえすれば、私たちの周りのいたるところにその表現がある別のアメリカを想

像しようとしています。見ていると、表情がそこかしこに現れます - 多くの場合、
予想外にそうなります。
彼らはめったに認められず、議論され、受け入れられることもありません。今こそ
私たちが彼らを受け入れ、支持するときです。

ヴィンセント・ハーディングと著者とのやりとりを聞いてください。

最近、遠くから見守ってくれているBBCを聴きました。社会混乱と暗殺のもう一つ
の時代である1960年代との興味深い比較がなされたが、あるジャーナリストは、
主な違いは希望であると指摘した。大混乱と暴力の時代であっても、人々は依
然として目標に向かって前進していると感じることができたが、今は何かが欠け
ている。この分析についてどう思いますか?

この問題の核心は非常に複雑なので、私がこの問題に取り組むことは限られた
成果しか得られません。私がこの国中で観察したことは、どこに行っても、人々
は希望と可能性の感覚に基づいて活動しているようです。それがデトロイトであ
れ、アトランタであれ、フィラデルフィアのキャンパスライフであれ、あるいはどこ
の教会でも、活動している女性や男性でいっぱいです。希望と楽観主義。

私の印象では、1960 年代にはおそらく誰もがそれを認識し、焦点を当てることが
できる、より大きな希望の感覚があったのではないかということです。現在、アメリ
カ全士の白人コミュニティに起きている深刻な変化の 1 つは、彼ら自身の役割、
彼ら自身の管理、そしてそれが彼らの生活と自由に何をもたらすのかについての
不確実性が増大していることです。
それは、快適な領域から、これまで探索することを許可しなかった未知の領域に
進出しました。

そしてそれが今日私たちがいる場所です。したがって、マーティン・ルーサー・キ
ング牧師が愛されるコミュニティの創設について語ったときの意味を理解し、そ
の夢を現実にするためには、かつて自分たちのものであったものを放棄しなけ
ればならない人もいるということを認識することが不可欠です。愛する民族が存
在するだろうか?試してみて調べてみましょう。

あなたの文章は、「アメリカは可能なのか?」という興味深い疑問を提起すること
がよくあります。その質問に答えるとき、具体化された希望の答えとして何が思い
浮かびますか?

80歳の誕生日を超えて生きる大きな喜びの一つは、多くの素晴らしい人々と出
会い、一緒に時間を過ごすことです。たとえば、フィラデルフィアは私が多くの時
間を過ごす場所です。その北西側では、私は並外れた女性牧師が率いるメソジ
スト教会と密接に関わるようになりました。この教会は、他の教会で疎外されがち

な若者たちに心と両手を広げ、自分の仕事を通じて彼らが達成できるすべてを彼らに示しました。

デンバー訪問中のある時点で、フィラデルフィアの街路から着飾ったフィラデルフィア人のグループが私たちのプロジェクトを訪問しに来ました。彼らがそこでさまざまな住民と交流するときの彼らの動きは、このマンネリズムを反映していました。フィラデルフィアの若者二人——男性と女性——が少しの間私を呼び止めた。二人の若者が別々に私に近づいてきて、「少しだけ話してもいいですか？」と尋ねた。彼らはすでに私をヴィンセントおじさんと呼び、なぜ私が彼らをそんなに愛しているのか知りたがりました。私が見たのは、彼らが私からのこの愛を認識できるようにする意識を持っているということでした。多くのアメリカ人が海外で新しい人に出会うときに欠けているもの。彼らは、新しい人に出会ったとき、自分の中に何か素晴らしいものを感じることができることを知っており、それが私のような人に出会ったり、このニュースを聞いたりしたときに、「これを知っている」ということに気づくのです。
愛は内側からのみ生まれるものであり、誰もが自分には、これまで与えられていなかったコミュニティにポジティブなものを貢献する力と責任があることを認識する必要があります。

私が彼らの存在を知っているのは、ノースカロライナ州グリーンズボロなどで彼らと一緒に働いている大人の何人かを知っているからです。ミシガン州デトロイト。ニューメキシコ州とロサンゼルス地域の居留地で、私たちはそのような状況で若者と成人の養育者との関係を確立してきました。なぜなら、彼らの愛情深い世話を見、感じ、受け取ると、彼らが私たちが愛するコミュニティを構築するのに必要な資質を持っていることがわかるからです。誰もが創造を追求します。
私の仕事には、1960年代に深南部で私が目撃したのと同じように、希望がなく、役に立たず、目的がないと考えられている人々と関わることが含まれています。彼らは、後進的で国家に変化を生み出す能力がないと考えられています。天安門広場やプラハのことを思い出すと、役立たずとして疎外されたミシシッピ州やアラバマ州の同じ人々がどのようにして世界に変化をもたらすことができたのかを思い出します。それがこの国中で絶えず展開され、若者たちが新たな可能性に向かって愛し合っているのがわかります。したがって、私の答えは「可能であれば可能です」というものです。

私の幼少期の信仰を思い出すと、不安が伴います。しかし、恐怖だけではなく、憧れもそこにはありました。

読み始めると、聖書パズルは私に感動、安らぎ、そして爽快な広大な可能性をもたらし、学校や教会の音楽を通して私を支えてくれました。とはいえ、当時はまだこのような形ではありませんでした。私の小さな人生を時空を超えた壮大な宇宙やキリスト教のドラマと結び付ける賛美歌を歌うことは、呼吸、体、心、精神が一つになり、馴染みのある人々と馴染みのない人々と調和しながら神秘と現実の両方を生き生きとさせる私の初期の経験の一つとなりました。それはそのような瞬間の一つでした。その経験は、今日の私の信仰の定義を形作るのに役立ちました。それは、神について話すとき、または神自身について話すときに、自分について信じていることを自分について信じることを意味します。ショーディエール 神を代弁する、あるいは神に代わって語る私は何者なのか。しかし、私はこう信じています。

もし神が存在するとしたら、それ自体信じられないほど単純化しすぎですが、神は私たちを切実に必要としていません。神は私たちを望み、必要としており、日常生活において私たちの存在に感謝し、気配りをし、勇気を与えてくれます。神の定義に対する私のお気に入りの古典的なアプローチの 1 つとして、神が「宇宙の背後にある心」である場合、神は私たちの心を尊重します。一方、神は私たちの「存在の根拠」として、私たちの全体性を祝福してくださいます。

私にとって子供の頃の宗教は、道徳的な完成度を高めること、そしてそれを満たさない場合の永遠の代償についてのすべてでした。さて、私にとって信仰には、道徳的な完全性とは異なる道徳的な想像力が含まれます。それが何を意味するのか、そしてそれを私自身や他の人の中で育む最善の方法をまだ見極めようとしています。この言語が日常生活の中でどのように表現されるかについて悩んでいます。その結果はしばしば私を驚かせます。なぜなら、それらは生きた記憶の中にある公的宗教的イメージとは大きく異なっており、私の出発点からはかけ離れているからです。しかし、この言語をもう一度理解することによって、あらゆる栄光に満ちた偉大な伝統に再びアクセスできるようになります。

信仰は動的です。あらゆる文化や人生において。神や祈りを信じていると主張する人でも、時間の経過とともに記憶や経験がこれらの基本的な信念の解釈を形作るにつれて、これらの信念が継続的に修正されることに最終的に気づくかもしれません。知恵とは、停滞することとは対照的に、日常生活の驚きや謎にどう対処するかにあります。要約したり説明したりできない予期せぬ驚きが訪れたとき。そのような瞬間は、許されれば私たちを内側から深く変える力を持っています。

西洋キリスト教は、帝国やその後の科学と同盟を結んだことで、その変革力の一部を失いました。祖父は、彼の大きく活発な精神に不快感を感じているようでした。聖書が扱っていないことや説明できないことを受け入れることに関しては、神経質なためらいがありました。彼らは科学の神聖でない確信に屈し、信仰を持つ人々に永遠に失われてしまうかもしれないという恐怖がありました。彼は、20世紀の科学が最後のフロンティアと思われる領域に到達し、その後、驚きを機会として歓迎しながら、謙虚さという科学の中核となる美徳を思い出すようになるなど、まったく予測できませんでした。私たちは、地球を揺るがす数々の事実の中でも特に、宇宙の膨張が減速しているのではなく、むしろ加速していることを発見しました。そして説明を通じて、その大部分は私たちが予想していなかった、そしてまだ完全に理解していない力、つまり「暗黒物質」と「暗黒エネルギー」で構成されていることがわかります。

今世紀が始まると、物理学者、宇宙学者、天文学者はもはや謎を追い払おうとするのではなく、むしろ謎を取り戻すことを奨励しました。弦理論と並行現実は依然としてSFのように聞こえますが、実際には「万物の理論」を作成するというアインシュタインの理想を実現しようとする試みです。、私たちの世界がどのように機能するかというあらゆる側面を調和させて、すべての包括的な説明を作ります。

アインシュタインが有名に指摘したように、宇宙の現実に対する私たちの理解は、ミクロレベル、つまり量子の領域での機能と一致していません。しかし、量子物理学は、かつて彼によって「ブードゥー教」だと考えられていた人もいますが、私たちに携帯電話やパソコンなど、サイバー版の宇宙空間を探索するために毎日使用するテクノロジーを提供してきました。

科学に基づいた没入型の体験は、直線的な現実だけが存在のすべてではないという古代の人間の直観を再び活性化させています。アリスがウサギの穴に落ちるように、仮想現実とサイバースペースもあるということ。私たちのオンライン生活は、アリスのようにウサギの穴に連れて行かれます。私たちは毎朝目覚めると、クローゼットの裏口や人工知能による脳のマッピングを通ってナルニア国へ向かいます。私たちの意識が驚くべきものに見えることは、ますます素晴らしいことです。

ハシディズム派ユダヤ人の血を引く不可知論者であるシャーウィン・ヌーランドは、人間は人生において自分自身に責任を持ち、どのように人生を過ごしたいかを選択しなければならないという聖アウグスティヌスの洞察をしばしば引用した。

人間は、その計り知れない高さ、押し寄せる海や川の広大な波、広大な宇宙とそこに輝く星々に驚嘆するために自然の中に足を踏み入れますが、その先にどんな美しさが待っているのか気づかずに通り過ぎてしまうことがよくあります。

私たちの時代、私たちという謎を新たな気持ちで探求することが流行しています。アインシュタインは、科学、宗教、芸術の中心に驚異への敬意を見出しました。驚異があるからこそ、私たちは熱意を持って取り組むことができるのです。不思議に思うことは、確実性や疑問が分かれる分野間で共通のミステリーの語彙を話し始める効果的な方法でもあります。精神科医のロバート・コールズは、この衝動の根源が小児期の発達と精神的信念にあることを特定しました。私はラジオでの冒険の初期段階で、ボストン郊外の本でいっぱいのロバートの家でロバートにインタビューし、その後の展開に大きな文脈を与えてくれました。

ロバート・コールズと著者ロバート・A・コールズとのやりとりを聞いてください。疑いの余地はありません。私たちはどこからともなく現れたようです。私たちの両親は自然に会いました。次に私たちの生理学的発達が起こります。最終的には、親、隣人、教師、親戚、そして私たち自身による経験や、ある種の教育を通じて、私たちの心理的、霊的な自己が現れ始めます。このプロセスは、終わりのない驚異の源であり続けます。幼少期の宗教的伝統は、自然な好奇心と宗教的好奇心の融合がこの発展過程で大きな役割を果たしているという十分な証拠を示しています。それなら、今日、多くの宗教が互いに共存して繁栄しているのも不思議ではありません。

ロバート・コールズは、1960年代の社会変革の激動の時代に、意図せずしてこの形式の言語に遭遇しました。ニューオーリンズの若い精神科医だったクリストファー・ホワイト博士は、アフリカ系アメリカ人の子供として初めて南部の小学校で人種差別撤廃を行ったルビー・ブリッジズを大勢の大人たちが野次っているのを目撃した。彼は彼女の威厳に魅了され、彼女の家族と友人になり、子供たちの心理的、政治的、道徳的生活についての受賞歴のある本を書き続けました。キャリアの後半、アンナ・フロイトは、自分の研究すべてをもう一度振り返って、何かが抜け落ちていないか確認することを提案しました。驚くべきことに、彼は自分のメモが、学術的社会的地位を理由に無視してきた子供たちからの宗教的および精神的な観察でいっぱいであることに気づきました。これらの観察は、彼の最も有名な著作となった『子どもの精神的生活』の基礎を形成しました。

ロバート・コールズは、子どもの目で霊的生活を見ていません。彼が子どもたちの霊的生活について語るとき、成長しすぎた熱狂のことを指しているのではなく、成人してからも偉大さ、創造性、立ち直りの人生につながった、継続的で好奇心旺盛な好奇心について言及しています。この世界ではドロシー・デイやウィリアム・カルロス・ウィリアムズ、ディートリッチ・ボンヘッファーなどです。ロバートは、彼の番組のようなラジオ番組にぴったりの、忘れられないラジオの声を持っています。80代になっても、賢明でありながら好奇心旺盛な人物の一人であり続けています。

著者ロバート・コールズとロバート・オレアのやりとりを聞いてください。

宗教的背景と非宗教的背景の両方の子供たち、さらには伝統が厳格に定められている家庭に住んでいる子供たちの間にも、そのような「探究心」が見られたことは興味深いですね。子どもたちと話したり、話を聞いたりすることで発見したことは、単に子供時代についてだけではないことを明らかにします。それは、私たちがまったく見落としがちな宗教の一側面を明らかにします。

それは実に悲劇的な出来事です。ユダヤ教について考えるとき、その偉大な人物にはエレミヤ、イザヤ、アモスなどの預言者が含まれます。これらの預言者たちは、最も深く不都合な質問をいくつか投げかけ、しばしば、それらの質問を提起し続けるために権力や特権の境界の外側にあえて立ちました。そして、教師となったナザレのイエスがやって来ました。彼は、古代イスラエル（現在はイスラエル、パレスチナ、中東と呼ばれている）を歩き回り、答えを探し、答えを求め、途中で出会った人々に質問し、他の人が禁じられたり教えられたりしなかった質問をあえて尋ねた旅の教師であると考えることもできます。特定の主題について質問しないこと。イエスは霊的な探求に参加できる仲間を探していました。私たちの用語では、彼らを彼の友人または知人と呼ぶことができます。これらは、彼が惹かれ、追求してきたこの精神的な発見の探求において、彼と武器を結ぶことをいとわない人々でした。

ユダヤ教やキリスト教などの宗教団体には、時にはすべてを消費し、あるいは抑圧的にさえ見える規則設定者が存在します。しかし、子供たちは宗教の精神、つまり、私たちの世界の中で答えを発見することへの疑問、探求、興奮に最もよく反応します。
子供と宗教に関してあなたが理解していることは、個人としての彼らの陰謀と関係があると私は思います。

ミステリーは人生に不可欠な要素です。その存在は好奇心と探究心を刺激します。影響力のあるカトリック作家であるフラナリー・オコナーは、その精神性においてカトリックを超えていました。彼女はカトリックを超えた深いルーツを持っていました。かつて彼女は、優れた小説家とは何かについて議論し、いつか自分も彼らの仲間入りをしたいと願っていたが、決してそう思い込む勇気はなかった。彼女は見事に次のように述べています：「小説家の仕事は謎を深めることだ。」残念ながら、私たちはそれを解決しなければなりません。それをそのままにしておくわけにはいきません。それが人生そのものの一部であるにもかかわらず、その存在を人生の一部として祝ったり肯定したりすることもありません。しかし、ミステリーは私たちに挑戦と報酬を同時に与える不可欠な要素です。「そうです」と彼女は言いました、「ミステリーは非常に挑戦的なものですが、同時に貴重な仲間でもあります。

＊かつて、私は謎を調べない方がよいものとして捉えていました。今、私はその謎に安らぎを感じており、それをチャンスだと考えています。人間はこれまでに

宇宙で知られている中で最も複雑な生き物である(ブラックホールはある意味で説明できるが、生物は説明できない)という科学者からの話を聞いて、人生は果てしなく複雑であり続ける、という自信が湧いてくる——スピリチュアルな人生は、その目的と目的を両方認識することで何かを助けてくれるのだそして危険、その美しさと損失。

精神的な生活は、超越性や超越性を装うことなく、現実的に、そして現実への道としてアプローチされるべきです。スピリチュアリティは人間のあらゆる側面を認めます。美しさと喜び、そして悲しみや痛み、そして私たちが望むものや必要とするものに抵抗する能力、それは人生を完全に包含します。
ラインホルト・ニーバーのモダニズムの古典『人間の性質と運命』は、「人間は自分自身の運命である」という完璧な言葉で始まります。私は、ラインホルト・ニーバーの、人類についてのこの示唆に富んだ発言に拍手を送りながら、彼の簡潔な冒頭の一文を述べます。
「原罪」は、どんな困難な問題に直面したときも、私の祖父がいつも頼る答えでした。彼の教えは、キリスト教などの宗教によって何世紀にもわたって西洋文化に組み込まれてきたように、私に刻み込まれました。しかし時が経ち、私がかつては罪深い行為だと認識していたものの中でも、オクラホマが人生を肯定する喜びに満ちていることが判明するにつれ、「罪」は行為を非難するものではなく、心理的な成長と精神的な明晰さをもたらすものへと変わっていきました。

25 歳のとき、私は再び宗教を探求し始めました。今回は英国国教会でした。『共通の祈りの書』の詩的な言葉遣いと人間性の描写は、すぐに私の興味を引きました。トーマス・クランマーはヘンリー8世国王に宛てた手紙で、「我々はしてはいけないことをしてしまった」と述べ、これは歴史に記されたすべてを体現する人間の本性の寓意である。「そして私たちは、やるべきことをやり残したままにしてきた」——内なる願望と外なる現実を結びつけられない私たちの日常の無能さを浮き彫りにしている。美しさを理解できないこと、物事をあるべき位置に置くこと、定期的に感謝すること、困っている見知らぬ人のために時間を割く、または私たちの苦しみを助けるために自分の知っていることを提供すること、人生を共有したり仕事をしたりする人たちに対して最高の自分でいること他の人が私の基準に従わないときは許します、など。
私たちが追求する多くの文化的活動は、最初は私たちを麻痺させ、自分自身と向き合うことを避けるのに役立ちます。それは、私たちが本当に切望している自己認識とより深く生きた誠実さに向けて前進します。マリー・ハウは、詩がどのように「入り込むと少し傷つきます。それは同時に傷つきながらも、私たちを落ち着かせ、深めてくれます」と述べています。魂に声を与える要素も同様です。沈黙、歌、コミュニティの儀式や聴く体験、そして聴くことや慈悲深い存在(仏教用語で精神的な照明を意味するものなど)などの慈悲深い存在も同様です。しかし、どの瞬間も私たちに、気を散らすことを選択するか、自己認識やより深く誠実に生きることを選択するかの選択を迫ります。この内に秘められた苦しい計算を回避するのに役立つあらゆる選択肢が存在します。

原罪はさまざまな方法で理解できます。おそらく、誘惑に負けて習慣的に誘惑に耽溺してしまう無意識の誘惑として理解されるでしょう。この現象はさまざまな形をとります。ここでは、このページの各文で、テクノロジーの背景にある要求に答え、テクノロジーの絶え間なく変化する要求によってこの調査の方向から気をそらされたいという私の願望が現れています。冷戦時代のベルリンでは、この慣行はさらに劇的になった。気を散らすものはすべて地政学的重要性を持っており、あらゆる行動や不作為に地政学が反映されている一方で、私は外交官が複雑な戦略を駆使しているのを間近で目撃したため、これを非常に重要なものにした。スリリングではありましたが、間近で体験したこの経験は、地政学に関してこれまでにないような外交官たちをもたらしました - すべてが今とは大きく異なりました

力強い対外的な生命を育むことに個人的なエネルギーのすべてを捧げたジャーナリスト、政策立案者、そしてジャーナリスト。当時、私もそのような言葉は使いませんでした。なぜなら、私も本質的にはほとんど政治的だったからです。それでも彼らは精神的に未発達で、仕事を超えて自分たちを定着させ、維持する美の内なる風景を育むことに慣れていませんでした。特に、仕事を超えて私たち全員が住む親密な空間についてです。 - 私が一緒に仕事をしたある大使は、ソ連の指導者たちと対峙しながら、聴衆を魅了する素晴らしいスピーチをした有名な核兵器専門家でした。しかし、自宅では、彼はスタッフを通じて、二階にいる妻に短くぎこちないメッセージを送った。

私たちの子供たちは、外面は豊かになりながら内面は貧しくなるという、意図せぬ自己破壊のパターンを美化するのをやめてほしいと願っています。彼らは是正策として「透明性、信頼性、誠実さ」のような言葉を私たちの市民語彙に導入しました。このような壊れやすい用語は乱用や単純化の危険性がありますが、その言葉の中に、私たちが知っていることと私たちが誰であるか、どのような信念が私たちの生き方を導くのか、またはお互いが何者なのかを切り離さないことへの私たち全員の執拗な拒否が聞こえます。これらの壊れやすい言葉の背後には、胸が張り裂けるような、しかし内からの神聖な願望、つまり私たち自身の内側から知性から知恵へと移行しようとする努力があり、それが私たち自身の内側から知性から知恵へと移行するのです。

スピリチュアリティは、私が人生において常に慎重に取り組んできたものであり、その広範な解釈や、個人のニーズや懸念事項への表面的な適用を恐れています。しかし、私は過去数十年にわたって、私たちのスピリチュアリティとの文化的な出会い、そして宗教と文化との関係が大きく進化するのを見てきました。私が確かに知っていることは、単一の分析では物事がどのように展開するかについて完全かつ確実な予測を提供できないということです。現在、社会用語の一般的な部分となっている「スピリチュアルだが宗教的ではない」という言葉は、時間

の経過とともに劇的に変化したものの一部にすぎません。私たちの世代は、髪の色や場所が宗教的アイデンティティを決定するのと同じように、家族や部族のメンバーシップを通じて宗教的アイデンティティを継承しない最初の世代の一人として際立っています。しかし、人生の流動性は、個人のスピリチュアルな道筋の選択と識別に関するあらゆる選択肢を備えており、スピリチュアルな衰退をもたらすのではなく、その復活をもたらします。宗教が予想外の方法で文化的に刷新されるにつれて、私たちは集団的に変化しつつあります。私は毎年、以前よりもさらに多くの信者に会いました。
「精神性のない宗教」、つまり超自然的な超越的なものを強調せずに、人間の生活における儀式や共同体の価値観を尊重する態度について言及する科学者は、しばしば、ニュー・ヒューマニズムとして知られるものを、道徳的想像力と倫理的情熱を必須の構成要素として言及します。。

世論調査によって算出された「どちらでもない」は、霊的アイデンティティの中で最も急速に成長しているセグメントの 1 つを表しています。この 10 年の初め以来、世論調査機関は、米国居住者の 15 パーセント、および 30 歳未満の人の 3 分の 1 が、宗教への所属に関する多肢選択式の質問に「なし」と答えたと記録しています。大規模な航空報道や印刷物報道は、キリスト教国家としてのアメリカの歴史的な自己理解を問うこのカウンターカルチャー運動に焦点を当ててきました。
1980年代から90年代に生まれた若者たちは、ジェリー・ファルウェルやパット・ロバートソンといった宗教的な声がアメリカ文化の有害な勢力となった時代に成人したため、宗教を宣言することに驚くことはないようだ。ファルウェルやロバートソンのような人物は、ほとんどの福音派、原理主義者、信仰を持つ人々、ましてやすべてのキリスト教徒や信仰を持つ人々の代表でなくなった後でも、「宗教」の代表人物として過度の放送時間を獲得した。
より具体的に言うと、拡大するノンの世界、つまり新しい非宗教的な世界は、現代生活の中で最も精神的に活気があり、考えさせられる空間の 1 つです。精神的な生活のない場所ではなく、宗教的な行き過ぎや浅薄さに抵抗する場所です。私たちの世界の大部分は、倫理的信念と神学的な好奇心で賑わっており、それらは予期せぬ場所や方法で現れています。ネイサン・シュナイダーは、ジャーナリズム、学術界、社会活動、宗教にまたがる革新的な知識人として傑出しています。彼は、2008年の財政破綻後のウォール街占拠運動の起源について、その仲間内から、型破りだが説得力のあるジャーナリズム的な説明を書き、他の評論家が見落としていた精神的な力関係に注目した。

著者ネイサン・シュナイダーとネイサン・シュナイダーの間のやりとりを聞いてください。
「ウォール街を占拠」の若者たちは、教会の外で抗議活動を始めると、教会に焦点を合わせた。それは、これらの特定の会衆が信じていると主張していることに同意しないからではなく、むしろ憤慨の行為としてでした。これらの抗議者たちは、「教会よ、教会らしく行動してください！」と言いました。多くの人は、これまで教会や何らかの宗教共同体をまったく経験したことがなかったり、経験したとしても疎外感を感じたりしました。彼らの一般的なアイデンティティはノンのものです。

ネイサン・シュナイダーは型破りな 21 世紀のライフスタイルを送っています。彼は、さまざまな精神的伝統に触れながら、自分自身の伝統を創造するよう奨励する両親によって育てられ、分類にとらわれない折衷的な経験を持っています。彼は、18 歳でカトリック教会の洗礼を受けるまで、思春期を通して知的にも経験的にも探究しました。人間はもはや遺伝によって宗派を継承しなくなった今、私たちは自分に最も適した正統派を自由に選択することすらできます。ネイサンは、「古代人からインターネットに至るまで」神の証拠の探求を探求する別の本を書いていますが、これは新興世代の賢明な探求者に非常に特徴的なアプローチだと私は思います。ネイサンは、私の言葉を引用しながら、現代社会における宗教の正当性、その中での宗教の位置、宗教が経験している変化について議論する際には修正する必要があると示唆しています。

ネイサン シュナイダーが知識を共有するのを聞いてください。

私が年齢を重ね、宗教をより正式に勉強し始めるにつれて、あることが私に明らかになりました。それは、私たちの闘争の多くは、私たちが現在管理し封じ込めようとしている宗教的伝統の偉大な思想家や革新者の何人かによってよく知られているということです。これは、新たな無神論者が台頭してきた9/11後に特に顕著でした。
宗教と暴力は本当に別個の存在なのでしょうか、それとも宗教は信者間で暴力を引き起こすのでしょうか？ 私は、宗教に関する私の燃えるような疑問の答えを求めて、自分の周囲を探索し始めました。宗教と暴力は現実のものなのでしょうか。それと暴力との関係はどうなっているのか。神は存在しますか/そこに何かが存在しますか。その質問に答えようとしていた伝統的なアプローチをさらに深く掘り下げ始めたとき、神の存在を証明するために提唱された議論のほとんどは、その特定の質問に直接答えるというよりも、人間関係の説明を通して神を表現する関係を築くことに関するものであることに気づきました。

あなたたちの世代、今この時代は、「ザ・ノンズ」として知られるこの現象を引き起こしました。あなたと彼らがここで議論していることは、神を定義しようとしているというよりも、時間と空間を超えてこれらの伝統の核心を理解し、それをどのように最もよく表現するかを模索しているのだと私は信じています。

私がローマ・カトリック教徒になった当初、私は中世の瞑想的な伝統と、ドロシー・デイの『カトリック・ワーカー』や歴史上および世界中の他の多くの同様の例に代表される勇気ある社会証言の伝統の両方に惹かれました。しかし、カトリック教会を訪れると、多くの出席者がそのような事柄やその伝統について実際には気づいていないことにすぐに気づきました。必ずしもすべてのケースではありませんが、多くの場合、ある程度の慣性がありました。

一方で、これらの宗教施設の外で私が出会った人々は、これらの問題に非常に興味を持っており、切実な疑問を抱えて自らも取り組んでいました。現時点では、どの機関にも全面的にコミットすることはできないと感じているかもしれませんが、彼らは好奇心を持ち続け、理解したいと考えていました。
占拠者の叫びは私に強く響きました。「教会のように行動してください。」今でも、携帯電話で Facebook や Twitter などのソーシャル メディア ページにアクセスすると、背景画面に、ハリケーン サンディの後、占拠者が同胞を助けるために教会に救援物資を詰め込んだときの画像が表示されます。

それが「オキュパイ・サンディ」につながったのです。残念ながら、その話はあまり広く取り上げられておらず、人々の間で知られていませんでした - そのルーツがウォール街占拠に端を発していることを知っている人はほとんどいません - そこで、その話の一部をここで共有できますか?

ハリケーン サンディがニューヨークとその周辺地域を襲うやいなや、ウォール街占拠活動家の少数のグループは、何らかの救援活動を組織することを決定しました。彼らは数時間以内に最初のウェブサイトを開設し、人々が物資を届けられる場所(教会)を設置し、救援活動の初期段階で重要な役割を果たした。

しかし、この過程で、このグループ(その多くは伝統的な宗教組織に不安を感じていた)が宗教者やコミュニティと協力しているのを見るのは興味深いものだった。一方で、彼らは、自分たちの運動では作り上げることができなかった宗教共同体の強さと回復力を目の当たりにすることになるでしょう。その一方で、彼らはこれらの伝統の考え方からインスピレーションを得ることになりました。特に、宗教の背後には、社会全体に対する彼らの不満と関連する現実的な何かがあることを認識していました。ジュビリーという言葉は、世俗的なアメリカと周囲の宗教コミュニティとの間の衝突にもかかわらず、自分たち全員を結びつける何か現実的なものがあることに気づきながら、彼らが議論し始めたものでした。
つい最近、私は南イタリアを訪れましたが、そこではテクノロジー活動家(主にヨーロッパのハッカー)が集まっていました。ここで私は、彼らがヨーロッパ中のあらゆる場所からハードウェア デバイスを導入して遊んでいるのを目撃しました。聖ベネディクトをハッキングする。これらの革新者たちは、持続可能なコミュニティを構築するためのインスピレーションとして、西洋キリスト教の修道院制度の基礎として聖ベネディクトの規則を採用しています。修道院は写本などの文字芸術を保護しながら、暗黒時代を通じて文明を伝えました。現在、これらの活動家たちは宗教的伝統をゼロから始める手段として利用している。何世紀も前の僧侶と同じように、今日使用されているテクノロジーとライフスタイルとの関係にどのような変化をもたらすことができるかを考えています。

繰り返しますが、これらの人々は特にいかなる宗教コミュニティとも提携していません。しかし、これらの伝統の中にある何かが彼らを引き込みます。そこに何かがあることは認識していますが、探索目的で既存の機関にアクセスできないと感じています。彼らは独自にそれを研究しています。

修道生活は精神的な風景全体の底流として現れます。私はそのつながりが興味深いと思います。砂漠の父と母、ベネディクト、フランシスコ、あるいはロヨラのイグナチオは、カトリックの長い歴史のさまざまな時点で先見の明を持った人物として登場しました。彼らは皆、帝国的で、外面的には飼い慣らされ、冷たい、冷たいものとして経験した教会から遠く離れたところに現れました。その精神的な核に触れていない。

若いキリスト教徒たちも、福音主義から他の宗派に至るまで、この世代のノン派運動に応じてシフトしており、その荒々しい礼拝習慣にますます嫌悪感を抱いているが、代わりに改革しようと決意している。修道院制度の傘下に緩やかに関係している影響力のある運動の1つは、新修道院主義として知られています。シェーン・クレイボーンは現在、40歳でその指導者であり長老の一人です。道徳的多数派イデオロギーの最盛期にテネシー州で生まれた彼は、若い頃の多くをダン・クエールを副大統領に推す活動に費やした。彼はまるで砂漠の父と母の一員であるかのように見える、カリスマ性のあるドレッドヘアの人物です。フィラデルフィア郊外のイースタン大学（社会活動で知られる福音派の大学）に在学中、彼と何人かの友人は、大勢のホームレスの個人とその家族の支援と世話に積極的に取り組むようになった。
路上で暮らす人々は北フィラデルフィアの放棄された教会に避難し、強制排除に直面していた。彼らの皮肉は彼らにも失われていませんでした。彼らは、そこで何が起こっているのか、そして彼らが子供の頃に通っていた他の教会で何が起こっているのかをイエスが認識するだろうかと疑問に思い始めました。彼は、テネシーでの長い話の中で、次のように語っています。

学術論文の執筆に関する、著者のシェーン・クレイボーンと私の対話を聞いてください。

イエスの言葉を読みながら、今でもその言葉を信じている人がいるだろうかと思いました。これらのキリストの教えを見事に体現しているように見える人物の一人が、マザー・テレサでした。彼女の人生は彼のシンプルな言葉と教えを完璧に体現していたので、私たちは彼女に手紙を書きました。私たちは「カルカッタでインターンシップを提供しているかどうか知りませんが、ぜひ働きに行きたいです」とメールしましたが、返事はありませんでした。彼女はたくさんのメールを受け取ったに違いない。そこで私たちは代わりにカルカッタに電話し、「慈善宣教師の皆さん、どのようにお手伝いできますか?」と丁寧に返答することを期待しました。代わりに、「こんにちは？こんにちは？」というガラガラの老人の声が聞こえました。そして、私は間違った番号を持っているのではないかと心配していました。1分あたり4ドルかかります。そこで私は急いで話し始めました。マザー・テレサの慈善宣教師たちと連絡をとりたいと彼女に言いました。彼女が答えると、これはマザー・テレサだと言い、「まあ、これはマザー・テレサ、これはマザー・テレサです、来て、来て」と言いました。すぐに彼女は私たちを家に招き入れました！そして、出てくることができました！彼女は私たちに参加できると言ってくれました。とてもよかったです。ぜひ参加してください!

その時、私はとても多くのことを学びました。私たちは社会正義を求める印象的な運動に巻き込まれ、逮捕されながらも不正義に抗議する活動を行っていました。私たちは自分たちが何に反対しているのかを知っていました。何のためなのか私たちにはわかりませんでした。カルカッタのハンセン病患者のコロニーを訪れたとき、かつての世界の中で何か違うものを作るよう社会から強制された人々からの導きを発見しました。私のヒーローであるドロシー・デイが言ったように、より良いものへのビジョンが浮かび上がった目覚めの瞬間でした。「何かを作りましょう」一緒に！"
人々がお互いに親切にしやすい社会を構築します。
シェーンと彼の友人たちは、伝統的な修道会としてではなく、修道院の知恵を活用して、お互いのリズムに合わせて、また都市生活全体と調和して生活を構築する意図的なコミュニティとして、シンプル・ウェイ・コミュニティを創設するという意図を持ってカルカッタから帰国しました。。時が経つにつれて、この建物は1軒から6軒に成長し、その中でさまざまなプロジェクトや奉仕活動が行われ、さまざまな背景を持つ若者の巡礼地として機能しています。複数の場所にまたがるグループを結び付ける包括的な組織として機能すると同時に、教会の霊性生活を新たに再構築します。

シェーン・クレイボーンと著者の対談を聞いてください。

ある日、私たちのグループは、以前と同じように教会をやってみようと決心しました。使徒言行録には、信者全員がすべてを平等に分かち合っていると書かれていました。誰も自分が所有するものに対して所有権を主張せず、彼らの中に困窮する人もいませんでした。私たちの多くはさまざまな形の教会(福音派も幻滅したカトリック教徒も同じように回復させた)での経験がありましたが、彼らはこれ以上文句を言うのではなく、これまでにあったものから夢の教会を作ってみようと決心しました。

私たちの近所に関する壮大なビジョンは念頭にありませんでした。むしろ、私たちは学習者として日々取り組み、困っているすべての人に扉を開きました。私たちの使命は単に神を愛し、人々を愛し、イエスに従うことでした。それを一緒に解決できれば、私たちの仕事は成功したでしょう。その結果、私たちは家を通ってやって来た多くのホームレスの人たちや、学業に援助を必要としている子供たちに出会うことになりました。その結果、多くのホームレスの人たちが家の前にやって来ました。学業上の問題でサポートを必要とする多くの子供たちも同様です。

私たちが行ったことはすべてその結果でした。北フィラデルフィアは闘争に満ちた場所ですが、多くの希望にも満ちています。私たちの目的は、放棄されたスペースの再生を支援しながら、お互いに希望を与えることでした。残念ながら今日はガーデニングを全部忘れてしまいました。私たちの近所では、以前はゴミと針でいっぱいだった2つの土地を取り戻すため、そのスペースに庭を作り、小さなリサイクルショップを経営する取り組みを進めています。間もなく私はここを去り、私たちのフードバンクが支援を必要としている人々に50袋を配布する予定です。私たちのコミュニティを初期化するということは、危機に対応することを意味しました。しかし、マーティン・ルーサー・キング牧師が雄弁に述べたように、最終的には私たち全員が「善きサマリア人」として立ち上がり、他の人を悲惨な状況から救い出す時が来ます。最終的には、全員の利益のためにジェリコ自体が変わる必要があることを感じながらです。

キリスト教だけでなく、より広い世界に対しても、あなたのアプローチには何か違和感があります。あなたの全体的な視点は、今日のキリスト教徒コミュニティの中でも独特のようです。たとえば、魚の釣り方を教えれば一生食べていけるという古い格言を例に挙げて、「誰が所有者で誰が汚染しているのかを問う前に、誰が池を所有しているのか、誰が汚染しているのかも問う必要がある」とあなたは言います。おそらく、人類はこのような考え方が可能だった時代に生きたことはなかったので、前の時代に生きていた何世代も前に、自分たちの世代の歴史について十分に深く考えてきたはずです？この点について、あるいはあなたの世代について考えることについて何か考えたことはありますか?この時？

どこに行っても、人々が投げかけている質問に励まされます。たとえそのような質問をすることを避けることが多い福音派教会の中でもです。この福音派の伝統の中で私が出会った若者のほとんどは、より良い世界を創造する方法を模索する中で左/右のパラダイムを超越し、私たちの脆弱な存在が私たち全員にこれまでとは違うやり方で一緒に生き、以前よりも想像力を豊かにすることが求められていることを理解しています。彼らは、個人として、またクリスチャンとしての自分に忠実でありながら、自分自身を変えて生きる方法を見つけるのは、個人としての私たち全員にかかっていると言います。
創造性により、私たちは友人の個人的なネットワークを超えて拡大することができます。

それは私にとって励みになります。もしキリスト教会がこの世代を失うとすれば、それは私たちが彼らを楽しませられなかったからではなく、むしろ私たちが人生と生き方についての真実を彼らに問いかけなかったからだと私は信じています。福音を難しくしすぎたからではなく、むしろ簡単にしすぎたからです。つまり、自分のライフスタイルが他の人にどのような影響を与えるかを子供たちに奨励するのではなく、単に子供たちとゲームをするだけでした。若い世代の間で起こっていることの多くについて私が最も感心するのは、人間はみな矛盾を抱えており、それをすべて解決していると信じる必要はないという認識です。私の故郷の教会のように、すべてが揃っていると信じているように見える教会に出席することほど私を魅了するものはありません。同じ志を持った人々と協力してこう言うことには、何か説得力がある。みんなでお互いを頼りましょう。」

現代の非人は、多くの場合、包括的、人道主義的、超宗教的であると特徴づけられます。しかし、彼らの仲間には、サービス指向の卓越性を追求しながら、伝統を飼いならすことのできないカウンターカルチャーの核に戻すことを目指す精神的な反逆者や探求者もいます。

＊＊＊その宗教は命を与えるだけではありません。人類の歴史と現代世界の過程において、宗教は良い面と悪い面の両方を悪化させる役割を果たす可能性があり、その両方を増幅させます。恐怖と怒りは、常に結びついており、感情的なコインの裏表であり、不正行為を悪や天罰と結び付ける宇宙的な世界観や語彙と混ざり合うと、爆発的な影響を与える可能性があります。世界で2番目に多い宗教であるイスラム教の名のもとに行われた暴力は、今世紀の特徴的な危機となっている。ベルリンの壁がこれほど平和的に崩壊した時には、誰もこれほどの暴力を予測できなかったでしょう。私たちは、冷戦の終結により、超大国の世界情勢の支配によって抑圧されていた民族的、宗教的緊張が開放されたのを観察したかもしれない。長い間歴史によって運命が左右されてきた人々は、自由が祖国に戻り始めるにつれて国境が再び拡大するのを目の当たりにするかもしれない。
地政学的投機と貿易で暮らしているだけでは、公私ともに怒りが表れ、恐れのない世界への喜びに満ちた移行には決してつながりません。恐怖は敵意を生みます。

私にはいつも、とても尊敬する人がいます。それが国の他の地域の出身であろうと、あるいはまったく別の場所の出身であろうと、です。それで、1年ほど前にスコットランドでチャリティーのために自転車に乗るグループに参加する機会が来たとき、私は迷わずそれに飛びつき、途中で素晴らしい思い出を作ることができました。人間の本性、イスラム教の文化とグローバリゼーションの絡み合い、そして伝統を知らずに育ったもののそのすべてに見当を失った無縁の若者の文化の絡み合い、これらすべての要因が組み合わさってテロという混乱が生じました。テロリズムは主に他のイスラム教徒を標的としていますが、グローバル化によ

り、私たち全員に影響が及びます。イスラム教はキリスト教より600年若いです
が、その600年間、キリスト教徒は聖戦を戦い、古代の神聖な空間を汚し、異端
者を火あぶりにしていました。イスラム過激派や十字軍は、現代西側の自己理
解とはまったく乖離したまま、インターネット時代に高い知名度を持って活動して
いる。奇妙なことに啓発的な、彼らの宗教的イメージの使用は、予想外かつ説
得力のある方法で復活しました。ハーバード大学で教育を受け、韓国生まれで
仏教徒として育てられた潘基文国連事務総長は、イスラム国と名乗る組織が
作ったシリアの難民キャンプの一つを訪れた後、そこを「地獄の最も深いサーク
ル」と呼んだ。
時間が経つにつれて、私は、気遣い、耳を傾けてくださる神を信じることにます
ます意味がなくなってきました。しかし同時に、私が初めてジャーナリズムを実践
したときのジャーナリズムに反映されている現代科学の否定できない側面は、客
観性を幻想として認めていることであることにも気づきました。簡単に言えば、私
たちが住むこの宇宙では、人間は常に参加者であり、決して観察者ではありま
せん。私たちの主観、存在、意志はすべて、私たちが好むと好まざるにかかわら
ず、宇宙的に重要です。私のスピリチュアルな想像力は、次のような疑問を投げ
かけます。もし私たちの側に真の冷静さが存在しないとしたら、それが私たちが
生まれたこの宇宙を定義できるでしょうか?
祖父を心配させるような信仰のいくつかの側面について、私はますます不確か
になるかもしれませんが、私は祖父が私に教えてくれたこと、つまり神は愛であ
るということに対して、これまで以上にしっかりと根ざし続けています。一般的な
霊的な事柄、特に私の住む街からますます遠ざかっているように感じているにも
かかわらず、私の目は近くと遠くの悲劇に対して広く開かれ続けています。それ
でも私は、神が存在し、すべての人々を平等に愛していることを知性と心で理解
しています。しかしどういうわけか、すべてのものの中には、愛そのものが神その
ものであるという概念に伴う可能性が存在します。
私たちを変えるケア、つまり強くて回復力のある愛は、人生に目的を与える創造
的な力の中に埋め込まれた、現実の根底にある現実の表現です。

数学の歴史において現在進行中の大きな議論の 1 つは、数学が発明されたの
か発見されたのかに関するものです。アインシュタインは方程式 e = mc2 を発明
したのでしょうか、それともそれが現実のどこかに潜んで発見されるのを待って
いることを発見したのでしょうか?人間の人生と信仰の歴史において、愛は、私た
ちが生涯を通じて発見する永遠の岩盤現実のようなものとして機能します。旅行
者はその可能性を認識し、冒険者はその謎に遭遇します。「この存在の中心で
愛で鼓動している」と感じているのは私だけではないと知って、少し安心しまし
た。デズモンド・ツツはかつてこう簡潔に言いました。

メイン州狩猟監視牧師サービスのケイト・ブレイストラップは、私にインスピレー
ションと説得力を与えてくれます。成人してから自身もユニテリアンの普遍主義
者であるケイトは、神は愛であり、信念や超越性とは関係がなく、すべては行動

と人々に関係していると語ります。私が知っている同様の科学者もこの視点を共有しているため、この概念は私に共鳴しました。

著者ケイト・ブレイストラップとのやりとりを聞いてください。

私にとって神とは、根本的に、お互いをよりよく見つめ、より誠実に見つめ、より優しく思いやり、より適切に対応するよう促す原動力です。これを培えば十分です。それを育み、崇拝することを考え、それを大切にし、自分や他の人の中にそれを育むことが人生の仕事であるということ。もっと大きなものは必要ありません。神は私の個人的な関係以外の場所に存在する必要はありません。私が協力するこの神だけで十分です。
ここで、私たちはどのようにして自分自身の内側からこの愛の神とつながることができるのか、という疑問が生じます。これは皆さんが常に取り組んでいることだと思います。
子供が行方不明になったり、配偶者が薄すぎる湖の氷の上でスケートをしたり、若い女性がレイプされて森に置き去りになったりする話を聞いたことがありますか?

最初の 2 つのステップは比較的簡単なはずです。子供は愛されており、子供を育てる人々は喜んで子供を見つけようと努めます。そして、死は私たち全員にとって避けられないものであることをいったん受け入れれば、それは注目し、記念すべきものになります。

彼らを取り巻く愛と思いやりは貴重な贈り物です。

はい。この問題のどこに神がいたのかと人々が私に尋ねたら、私の答えは、あなたを助け、あなたの子供の居場所を突き止めようとして集まった人々全員の中に神が臨在されたということです。これは人々を大いに助けます。それはすべて真実です。

「問題は、私たちが困難で不快なことをしなければならないかどうかではありません。それは絶対に当然のことです。むしろ、問題は、私たちがこれらの障害に一人で立ち向かわなければならないかどうかです。」

愛を暗黒物質に例えた天体物理学者のナタリー・バターリャは、カール・セーガンの言葉が最も適切だったと語ってくれた。私たちと同じように広大な宇宙の中に住んでいる人間にとって、すべてを耐えられるのは愛である――カール自身は無神論者であり、それを受け入れようとはしなかったがこの愛の感情を神として知られるあらゆる概念と結び付けてください。

私は宇宙学者や物理学者との会話をとても大切にしています。彼らの視点は、人類の歴史の中で長い間宗教思想家が支配していた地表に立っており、宇宙の性質とその中での私たちの位置を想像しています。伝統的な意味で宗教的であるのはほんのわずかな割合だけですが、彼らの数学は、究極の現実として人間の意志や選択、愛が入り込む余地がないことを示しています。それらに対する私たちの直観は、現時点では私たちの感覚には見えない強力な自然の力によって引き起こされる単なる幻想である可能性があります。

ブライアン・グリーンの見事な説明は、愛について議論する際に遊び心に富んでいて挑発的でもありました。私の認識は、今私が書いているこのテーブルにあるような粒子で構成されています。私の意識はこのスペクトルのどこかにあります。

このテーブルがしっかりしていて赤いということや、空が青いということは現実ではありません。むしろ、それは私の手と目からの感覚入力に基づいた私の解釈です。また、時間はすべての人にとって均等なペースで進むと考えられていますが、これも幻想です。ジェイムソンの観点によれば、人間の発達のこの段階では、現在私たちが把握できる限りの現実は根本的に私たちから隠されたままです。したがって、これらの力が世界でどのように私の行動に影響を与えるのか理解できません。むしろ、私の感覚、経験、信念が私を誤解させます。

超弦理論は、私たちの現実がどこか別の場所にある情報ベースのホログラフィック投影として理解できるというシナリオを提案しています。たとえば、文明と私たち自身は、知識の青写真/基盤の上で超高層ビルとして機能しますが、その基盤は、個人やその想像力を超えた別の場所に存在します。この概念を考えると、子供時代に抱いた難しい質問が思い出されます。神が宇宙を作ったとしたら、誰が、あるいは何が神を作ったのでしょうか？さらに、誰がその青写真を作成または設計したのかと疑問に思う人もいるかもしれません。

ブライアン・グリーンとの会話は、別の興味深い考えを引き起こすことになりました。物理学についての私たちの進化する理解は、いつか私たちの想像力と言葉が常に神として認識してきたものを埋めるかもしれません。それとも、科学の発展は、自然を探究すればその創造者が明らかになるだろうと信じていた科学者たち、コペルニクス、ガリレオ、ニュートンには想像すらできなかった、我々が想像すらできなかった、定義できない「神」を指し示しているのだろうか？ブライアン・グリーンとの私のやり取りは、双方にとって次のように結論づけられています。

FOXニュースのブライアン・グリーンとブライアン・スコットの会話を聞いてください。

現実の隠蔽性に当惑します。科学によって発見された真実を説明するために使用する言葉はエレガントではありません。かつてあなたは、日常というレンズを通して人生を見るのは、空のコーラの瓶を通してゴッホを見るのと同じだとおっしゃいました。

量子力学により、数学的計算の小数点以下 10 桁までの計算 (たとえば、13596 など) を実行できるようになります。その後、磁気特性を測定すると、観察結果は紙に走り書きした計算結果と正確に一致しました。これを聞いたら、誰もが言葉を失い、量子物理学が直接の認識から隠されている現実についての深遠な真実を明らかにしていると確信するはずですが、数学はこの物語をさらに注目すべきものにします。

アインシュタインは、メッセージの一部としての隠蔽性についての彼の主張を説明するために、必ずしも神ではなく、宇宙の背後にある「知性」または「精神」のイメージをよく使いました。現実の背後にそのような存在を想像した場合、その目的や意味をどのように想像できるでしょうか。

多くの物理学者が無神論的な見方をしていることを忘れないでください。私たちはすべての背後にある種の超自然的な力があると仮定するのではなく、むしろ、期待を裏切る偉業を達成できる強力な法則が働いていると信じています。しかし、一般相対性理論、量子力学の単純な方程式、素粒子物理学の標準モデルはどのようにしてあなたや私のような複雑な認知存在を生み出すことができたのだろうかと、私はよく疑問に思ってきました。私たちは進化の変化を通じて作用する物理法則だけから進化してきたのに、自由意志を持つ生き物である私たちさえも簡単に出現できるほど複雑で入り組んだものになったのでしょうか?しかし、それが数学の力なのです。したがって、お望みであれば、神は私たちを今日ここに連れてくるために、私たちの方程式を通して手を動かした、と考えることもできるでしょう。私はそれを単に、私たちを最初から最後まで導く数学の隠された手と呼びたいと思います。

一見すると、これは良い解決策のように見えますが、定期的なメンテナンスが必要なものには問題が発生する可能性があるため、今回は私の歯に関してです。ということで、今回は期待が持てるかもしれません。

もう一度、私たちの尊敬する同僚たちが私たちのために多大な努力をし、家族や仕事から離れて時間を返上して慈善活動に参加しているのを見ます。＊＊＊会話の旅の初期に私が学んだアイデアは、今でも深く共鳴し続けています。それは、科学的スピリチュアリティと神秘的なスピリチュアリティの間の同盟です。どちらも、真実を識別しようと努めながら、その先にあるものに対してオープンな心を持ち続けるというものです。リンドン・イーブスは魅力的な遺伝学者で英国国教会の司祭であり、画期的な長期双子研究の先駆者です。彼は、自分の中で科学者と神学者という二重の役割を調和させることがいかに難しいかを私に話してくれました。彼は、これらの分岐した部分が自分の中で平和的に共存する必要があることがどれほど多いかを私に説明してくれました。彼はキリスト教の偉大な信条を自分の研究室の操作仮説に喩えていますが、この仮説は現段階では可能な限り正確ですが、まだ完全ではありません。神秘主義者も科学者も、すでになされた発見に自信を持って生きていますが、今後起こるかもしれないさらなる発見に対して広い心を持ち続けています。

最初の本を書いている間、私は緑豊かで険しい端に近いアイルランドの西海岸に避難しました。そこで私は最初に美に目覚めたスコットランドを思い出しました。これらの風景は古代ケルト人には薄い場所として知られていました。ここでは、一時性と永遠の間の境界が時間の経過とともに侵食されているように見えます。多くの訪問者が、この評判の高い作家の隠れ家から、石を読むことができたとされる魅力的でありながら年齢を超えた人物、メアリー・マディソンという女性を訪ねて巡礼していました。当初、私はスピリチュアルな生活を探求することに熱心であったにもかかわらず、石を読むことを含め、「新しい時代」というものに懐疑的でした。しかし、何度も人々は、この神秘的な女性がどういうわけか彼らの魂、出身家族、人生経験、そして時を超えた愛の関係を見抜いていたことに驚いて戻ってきました。
7月のある午後、私は窓の向こうの海岸で集めた美しい石が入ったボウルに足を浸し、裸足で座っていることに気づきました。しかし、本当に重要なのは石ではありませんでした。この女性は、今でも十分に説明したり説明したりするのが難しい並外れた才能を持っていました。私のファーストネームだけを入力して、彼女は私の職業や子供たちの性格についてのあらゆる種類の興味深い情報を話し始めました。彼女は亡くなった親戚が今も存在し、彼らの存在を私の日常生活に伝えていることさえ話しました。彼女は私の祖父を真剣な人だと見ていましたそして、自分自身に対しても同じように厳しい基準を持っていたに違いないので、彼らは「やるべきこと」と「してはいけないこと」の長いリストを持っていたに違いないと言いました。
メアリー・マディソンは雄弁に語った。捜査の方が価値があると、人は心を閉ざしてしまうということを、彼は今では理解したのだ。」私は彼の外見上の禁欲主義にあるこの面白い矛盾を忘れていた——彼は自分の車を愛していたのです！（その陽気な矛盾については完全に忘れていました）。生涯禁欲してきた私の祖父は、あなたたち二人にグラスを掲げ、私の核心に直接伝わってくる言葉を語りました。捜査を優先する必要があるときに、私たちがいかに心を閉ざしてしまうかを理解したのです。」

この考えが最初に生まれた場所、メアリー・マディソンの心。天国がどこにあるにせよ、私の祖父。あるいは、おそらく彼の思考がこの観察を行うために進化した可能性がある別の宇宙からのエコーから来ているのかもしれませんが、それは私にとって興味深い謎です。私は、よく知られた閉じられたカテゴリーに対する調査の美徳という概念が刺激的であり、満足のいく表現であると感じています。さらに、私は世代を超え、時間を超えて対話を通じて現れてきた教義や神学を認め、評価しています。しかし、私たちのカテゴリーの多くは、完全には機能しなくなった形式や制度の中に定義され、組み込まれており、あまりにも狭くなりすぎていました。ある種の宗教は、光と空気の出入りをほとんど許可しない箱になりました。ある種の不信仰な信念についても同様です。独断的な無神論は独断的な信仰と同じように知的に信頼できるものではなく、どちらも反対の証拠にもかかわらず、証明されていない事柄について絶対的な確実性を前提としています。探究心や探求の美徳は、通常、ニュアンスに偏りがちです。生命、宗教、科学はすべて同様に、その活力と成長に貢献する何らかの謎の要素と共存しています。

驚異と継続的な発見の見通しを受け入れる精神性は、あらゆる伝統の正統派が、宗教的な他者性や無信仰を含む私たちの共有世界の神秘とともに生きるための道を提供します。私たちの伝統はすべて、未だに未知であり、一度の生涯では説明できないものを尊重することを主張しています。これは、私たちに、各個人の尊厳を守りながら、私たちの特殊性や情熱を共通の生活に組み込むよう促します。これは、追加としてではなく、忠実さそのものの一部としての招待です。

2013 年まで 20 年以上にわたり、連邦ヘブライ語会衆の首席ラビであるラビ卿ジョナサン・サックス (一般的に英国首席ラビとして知られている) は、宗教的予感と救済の両方についての私たちの第一人者の一人です。彼はユダヤ人の伝統、そして宗教全般に、「現在」に取り組むことを可能にするツールを見出しています。

「違いの尊厳」を保ち、信仰、科学、文化の境界を越えて活気に満ちたアイデンティティを維持することは、活気のあるコミュニティを維持するために最も重要です。

ラビ卿ジョナサン・サックスと作家ジョナサン・サフラン・フォアとのやりとりを聞いてください。

家に帰って花の咲く庭園を訪れると、いつも何か特別で思い出深いものになります。その点だけでは、私たちの創造主が示した理想に決して応えられないことはわかっています。2001年9月11日の後、ある知性あるアメリカ人ジャーナリストは、この一連の出来事は、ユダヤ教、イスラム教、キリスト教といった一神教が21世紀に生き残り、社会に建設的に貢献するためには、排他的な真理の主張を放棄しなければならないことを示していると述べた。あなたの議論は多くの人にとって深く説得力がありました。あなたの主張は、伝統が 21 世紀の生産的な部分となり得るにもかかわらず、別の道を歩むという点で私の意見と似ています。ユダヤ教が宗教的他者とともに自分自身を縮小するのではなく拡大しながら、どのようにしてその本質、真実の主張、差異の尊厳を保持しているかについて議論しましょう。

私の比喩は一部の人には役立つかもしれませんが、他の人には役に立たないかもしれません。アプローチの 1 つは、生物多様性を考慮することかもしれません。クリックとワトソンの DNA の発見とヒトおよびその他のゲノムの解読のおかげで、私たちは現在、すべての生命の起源が同じであることを理解しています。300万種の生命と植物はすべて単一の起源から来ています。すべての生き物は、DNAアルファベットを共有するアルファベット形式で書かれた遺伝コードを持っています。統一性は多様性をもたらします。したがって、神とのつながりを考えるとき、一つの神と一つの真理という観点から考えるのではなく、むしろ一つの神が私たちが神/彼女/彼女/彼女/彼女/彼らとコミュニケーションするために毎日使用する6,800の言語を創造したと考えてください。

聖書は常に私たちに、「神を単純なものだと誤解しないでください」と思い出させます。彼はあなたが予期しない場所で見つかることがあります。しかし、私たちは日常生活の中でこのことを忘れてしまいがちです。
"あなたは誰ですか？"モーセが燃える茂みで神に尋ねると、神は英語に誤訳されがちな3つの言葉、「ハヤ、アッシャー、ハヤ」で答えられました。これら3つのヘブライ語は、英語に「I Am That I Am」と誤訳される可能性がありますが、これら3つのヘブライ語はそれ以上の意味を持っています。神は、仏教の僧侶やシーク教のもてなしの伝統、あるいはそれらすべての内にある神を明らかにするヒンズー教の寛大さなど、予期せぬ出会いを通じて私たちを驚かせることを好みます。他の文化の人々と話すときに、宗教が彼や私たちを制限するとは思わないでください。神は境界を超えます。宗教的なカテゴリーが神をそのカテゴリーの制限内に閉じ込めるとは思わないでください。神は宗教を超越します！

あなたは神は宗教よりも偉大であると主張していますが、これは「または」ではなく「そして」の表現だと思いますが、ユダヤ人特有の聖典や契約を通じて証明される特別な関係が依然として存在します。今日の私たちの中には違いがありますが、あなたはまた、特異性を名誉ある側面として支持しています。

私は自分にしかできない自分になることで、私にしか与えられないものを人類に与えます。自分らしくあり、自分のユニークな資質を人類共通の遺産に貢献することによって。これは、アブラハム以来のユダヤ人の義務を要約しています。自分の信仰に忠実でありながら、他人の信仰に関係なく祝福することは、逆説的にその深みに到達するのに有益です。

私にもそれはわかりません。イザヤが登場し、その預言は信仰、場所、時代に非常に具体的であるため、その宗教、場所、時代の中で深く共鳴し、しかも世界的に共鳴します。だからこそ、私はイザヤを「希望の桂冠詩人」と呼んでいます。マーティン・ルーサー・キング牧師は、その絶頂期の「私には夢がある」演説の際、イザヤ書第40章から二行をそのまま引用した。27世紀以上前、中東エジプトでの著作が黒人の公民権活動家に届くことになるとは、イザヤ書には予想できなかったことだ。世界中の文化を超えて！とはいえ、彼の特殊性は深く共鳴し、大陸を超えて多くの人の心を動かしました。

マーティン・ルーサー・キングはかつてこう述べました、「それが私たち人間の姿です。その理由や方法は誰にもわかりませんが、本物の経験は、あるブランドのコーヒーを次から次へと飲むような一般的で普遍的なものよりも、人生をより豊かに感じさせてくれます。」」対照的に、独創性や独自性のない人生は、活気がなく、面白くなく、究極的には創造的ではありません。

宗教に関するあなたのコメントは、インド出身の若いイスラム教異教徒指導者エブー・パテルによって最初に引用されたとき、好評を博しました。あなたはこう述べました。「宗教は、啓蒙主義者が想像したようなものではなく、無言で、辺境的で、温和なものであり、私たちはその炎を守らなければなりません。今日、あなたの伝統や他の伝統の中から、より深い道徳的および精神的な想像力の種がどこに生じているのでしょうか」では、どこに希望を見出すことができるのでしょうか？」

21 世紀初頭、神は私たちに計り知れない挑戦を突きつけました。W・H・オーデンの言葉を借りれば、破壊的な可能性を秘めた差異に限りなく近づいて生きることだけが、神が私たちに与えた唯一の選択肢です。「私たちは互いに愛し合うか、死ぬかしなければなりません！」私は希望を感じています。なぜなら、お互いを心から愛することができれば、私たちが人類として一緒に生き残れるという大きな希望があるからです。

＊＊＊ 私たちの伝統は、私たちがどのように愛し合い、希望に満ちた人生を送るべきかについての豊富な情報源を提供しますが、プライベートでも公の場でも、また特定の違いの境界を越えて、常にそれを精力的に実践しているわけではありません。しかし、彼らは依然として、21世紀に緊急の知恵を提供する知性と実践の守護者であり、その中には私が会話やこの文章を通して何度も立ち返る美徳も含まれます。同情、和解、慈悲、マインドフルネスなどの美徳、つまり同情、和解、慈悲のマインドフルネスを生み出す大小の習慣の集合体であり、隣人と敵に対する同様の愛です。私たちの時代に新しいことは、そのような知恵、つまり霊的技術としての美徳が以前の時代よりも溢れ出て伝達されていることです。さまざまな文化の伝統に関する無料で入手できる資料を読んだり聞いたりできます。個人や地域社会のニーズを伝える伝統も利用できます。
私が革命的だと思うのは、美徳や教えがどのように機能し、なぜそれが重要なのかを説明する上で、社会科学と生命科学が重要な役割を果たすようになったということです。彼らの応用は、一部の物理学者が人間の意識について主張しているにもかかわらず、私たちが本当に選択、道徳、愛の能力を持っているかどうかをさらに調査します。生物学者、神経科学者、心理学者は現在、古代の知恵を現代の聴衆に解き明かす上で重要な役割を果たしています。彼らは、許し、思いやり、共感、愛といった偉大な美徳を、私たちがどのようにして私たちの間でその発展を促すことができるかを模索することによって、研究室に取り入れています。ラビ・サックスは、この作品が古代の神聖な知性を豊かにし、更新する

ものである、つまりその「操作指示」を具体化して洗練させるものであると喜んで
観察しています。

著者とラビ卿ジョナサン・サックスとのやりとりを聞いてください。

ここで、私たちは定量的かつ実験的な科学を用いてそれらの指示を再考し、
3000 年か 4000 年前に偉大な知恵の伝統が何を語っていたかを発見していま
す。今日、私たちは、他者に善を行うこと、強く協力的な人間関係を築くこと、そ
して人生に価値があると感じることが、幸福の 3 つの重要な決定要因であること
を理解しています。これらの古代からの崇高な真実が、私たちの意志に反して
再び私たちに突きつけられていますが、今、これまで以上に不快な状況が続い
ています。宗教指導者、科学者、社会科学者、そして社会学者の間のぎこちな
い協力関係。

マイケル・マッカロー氏は、生物学的に自然なだけでなく、許しがより可能性が
高く、長く続く条件を探求しています。リチャード・デイビッドソンは、ダライ・ラマ
の要請により、瞑想を行っているチベット仏教僧侶、瞑想を実践しているチベッ
ト僧侶の脳に関する研究を実施し、神経可塑性の発見に貢献しました。
彼は現在、子どもたちは言語を学ぶのと同じように思いやりを学ぶように組み込
まれているという自身の信念を探求している。親切心と感謝の行為に関連した
健康と社会の両方の成果について、かなりの研究が行われてきました。現在、
扁桃体を縮小させることを目的とした実験が進行中である。扁桃体は、闘争・逃
走本能を司る脳の部分であり、致命的な危険から身を守るために発達したが、
多くの場合、私たちを個人的および集団的に非倫理的な行動に駆り立てる原
因となっている。レイチェル・イェフダは、この洞察を時間を超えて回復力と治癒
を促進する力の形として使用し、身体的および心理的トラウマが世代を超えてど
のように影響を与えるかを実証しました。バークレーやスタンフォードなどの教育
機関は、シリコンバレーを活用しながら、畏敬の念や共感などのテーマに関する
継続的な研究を実施し、思いやりを教えるための革新的な仮想現実アプリケー
ションを模索しています。

この新しい方程式の反対側にあるのは、組織の健全性と発展しつつある世界へ
の貢献を再考しようとしている宗教団体です。この闘争自体が、私たちがよりよく
理解している美徳を実践し適用できる共通の空間としての神聖な空間を生み出
しました。たとえば、オキュパイ・サンディの子供たちが抗議活動をしながらも逃
げ場を見つけた教会のようなものです。
この物語でも修道院は重要な役割を果たしています。中心的な祈り、精神的な
方向性、リトリートと瞑想は、長い間、私たちのすべての伝統の奥深くにある修
道院コミュニティ、つまり隠された僧侶や修道女、または献身的なオブラートや
巡礼者の権限と考えられていました。しかし今日、カレッジビルのベネディクト会
やシモン・シモン修道会の修道会など、多くの西洋の修道院共同体は以前より

も人数が減っているにもかかわらず、祈りや静養のための物理的な空間は、休息や沈黙、あるいは帰還前の集中練習のために訪れる人々で溢れかえっている。家族、職場コミュニティ、学校など。
ネイサン・シュナイダーは、実存主義的な激しい探求の時期に、無宗教の母親が送り込んだトラピスト共同体での静養先で信仰を見出し始め、この信仰の瞬間の哀愁と皮肉の両方を捉えた説得力のある物語を語る。今日の信仰との関係。ネイサンは、人の一生を通じて、そして社会全体において、信仰がどのように生き、死に、そして生まれ変わるのかを教えてくれました。私たちの会話は、彼が著作の中で重要なものとして引用したウィリアム・ブレイクのいくつかの詩について尋ねたときに始まりました。「喜びにあまりにも強く縛られすぎると、それは間違いなくそれを殺します／舞い上がる喜びにキスをしながら、永遠の日の出をもたらすことができます。」ネイサンは説明した。

ネイサン・シュナイダーとネイサン・ファローのやりとりを聞いてください。

私の洗礼スポンサーの修道院で、私は彼の壁にこれらの文章が貼られているのを見つけました。彼は私の人生の最も偉大な指導者の一人でしたが、私たちが一緒に過ごした時間のほとんどの間、彼はゆっくりと死につつありました - 多くの場合、彼の体に取り付けられた機械で次から次へと恐怖を感じました - すべての恐怖は何らかの機械に接続されていました。修道院に入る前、そして再び入った後も、豊かで複雑な人生がずっと続きました。これらが彼の壁に貼られているのを見つけたとき、私は彼の神への信仰が死の過程でどのような役割を果たしたのか尋ねました。それが旅の途中でどれほどの慰めを彼に与えたか。

彼は、私が疑っていたことを私に告げました。彼はもうその信念を持っていないということです。それは私をショック、悲しみ、喪失感で動揺させました。しかし、そのことについての彼の正直さに、私は感謝し、喜び、同時に謙虚な気持ちになりました。たとえば、信仰を失った人が私の道を信仰に導いてくれたというような気持ちになりました。

今日のスピリチュアルな生活の新たな力学が、古代の知恵からの贈り物であることを私は何度も目にします。それは、私たちが永遠のように感じてきた信仰に挑戦するものでさえもです。宗教、文化、科学の境界を越えた知識の伝達は、実践をよりアクセスしやすくしながら、精神的なテクノロジーを強化します。
実際、義の本質的な要素である美徳は、今日ほど人類にとって達成可能になったことはありません。また、インドのアシュラミアナにあるリシ・アシュラムのような庵に定期的にこもっている賢明な作家ピコ・アイヤーが「内なる世界」や「静けさの芸術」と呼ぶものを、現代人が探求する方法も拡大している。願望と美徳は長い間、私たちの中にあるバランスに依存してきました。今日の多忙で不確実な世界に直面して、多くの人がより意識的にそれを維持する方法を学んでいます。たとえ不完全で一貫性のないものであっても、私たちは外の生命を形作り、私たちが見て触れられる世界に生命を吹き込む内なる知恵を養うことを学んでいます。このようにして信仰は、これまで以上にその中核となる本質へと深く成長することができる生存の道を見つけました。

エンドノートに関する注意事項 (END NOTES)

ピコ・アイヤーは、イートン大学、オックスフォード大学、ハーバード大学で学位を取得しているため、知的世界と精神的な世界を結びつけるユニークな資格を持っていますが、自分自身を伝統的な意味でのスピリチュアルな教師や実践者とは考えていません。家族のルーツは仏教にまで遡り、当時のルネサンス期のカトリック異端者でした。ヒンズー教の聖職者文化。神智学の影響を受けており、彼の家庭生活はこの目標への架け橋の役割を果たしています。

著者ピコ・アイヤーとアイヤー自身の興味深い対談をお聞きください。

私は旅行することが多くて育ったので、7 歳のときに家族でカリフォルニアに移住する前にイギリスでインド人の両親のもとに生まれましたが、地元の私立学校に通うよりも休暇中にイギリスで教育を続けるほうがはるかに安くなりました。したがって、9歳頃から、私の人生は飛行機での生活で構成されていました。学校では一人で北極点横断飛行をしました。20代後半、私はできるだけ多くの国や場所を訪れて地球地図を作成する取り組みを始めました。そして、30代になってすべてが自由になったとき、私はすぐにまさにそれをしようとしました - できる限り早く地図を作成しようとしました - ある朝目覚めると、ほんの数日後には、チベット、ボリビア、イエメンのような場所にいることに気づきました。祖父母が予想できなかったことが起こります。

定期的に立ち止まって、私たちの生涯におけるこの驚くべき変化を振り返ることは価値がありますね。

はい、そしてその劇的な変化とともに劇的な変化も起こりました。祖父母の地域社会、部族、宗教に合わせた家は、生まれたときに与えられたものですが、私にとってはそれが自分のものにできるものです。それは困難を伴うかもしれませんが、可能です。素晴らしいチャンスももたらします。ある時点で、私は「ああ、私は本当にたくさんの場所を訪れることができて本当に幸運だった」と気づきました。今、本当の冒険は自分の中にあります。過去の経験の記憶を収集するのに時間を費やして、感情、印象、経験を収集することです。今、私が望んでいるのは、何年もじっと座って自分の内なる風景を探索することだけです。なぜなら、旅をする人なら誰でも、旅とは自分自身を動かすことよりも感動することであることを知っているからです。最初に目に入るのは、グランドキャニオンや万里の長城だけではないかもしれません。むしろ、それらは気分や暗示、あるいは日常生活では気づかない自分自身の中の場所を表しています。ヘンリー・デイヴィッド・

ソローとトーマス・マートンが未知の領域を探検していたことを思い出しました。
私も彼らの足跡をたどり、まだ見ぬ広大な未踏の領域を探索していきたいと思っ
ています。
あなたの人生とその瞑想的実践、私はそれを「静けさ」と呼びますが、その名前
は「静けさ」という感動的なものです。その言葉を自分の文章や日常生活に導入
したなんて素晴らしい方法ですね。
人々が内なる感情にこのようなラベルを付けるために、いつからこのような言葉
を使い始めたのかがわかりますか？

すでに述べたように、私はいつもよく旅行をしてきました。30代だけで、米国の
航空会社1社だけですでに100万マイルを貯めていることに気づきました。それ
で、私の人生は多くの動きで構成されているが、おそらく静けさが少なすぎるこ
とが明らかになりました。同じ頃、サンタバーバラにある私の実家が全焼し、その
晩スーパーで一晩中歯ブラシを買った以外はすべての持ち物を失ったので、
翌朝、私は非常に混乱して孤独を感じました。それで私の生活はますます落ち
着かないものになっていきました。学校の先生の友人が、カトリックの庵でしばら
く過ごすことを勧めてくれました。しかし、私はカトリックでも隠者でもありません
が、彼はいつも授業を受けていた場所について話してくれました。その場所の
おかげで、最も気が散り、落ち着きがなく、テストステロンに刺激されている十代
の少年さえも、そこで授業に参加しているときはより穏やかで明晰な気分になれ
ました。そして、何かが10代の少年に非常に効果的に作用するのですから、効
果があるものは私にも効果があるはずではないでしょうか？

そして私は海に沿って海岸に沿って北に車を走らせましたが、海に沿って進む
につれて道はどんどん狭くなっていきました。最終的には、さらに狭いかろうじて
舗装された道路に到達し、山を3マイル登り、空気がエネルギーで強く脈動して
いるこの修道院に到着しました。最初はとても静かでした。騒音がなかったので
はなく、僧侶たちが作ったこの透明な壁が私たちの日常生活に役立つように一
生懸命働いてくれたからです。私が滞在するために小さな部屋に入ったとき、そ
こはかなり簡素なものでした。そこにはベッドと机があるだけでした。彼らの上に
は、椅子のある庭園に面した長い窓がありました。その先には太平洋が広がる
だけだった。

車で車を運転中に気づいたことの一つは、頭が考え事や会話、議論で忙しく
なっているということでした。母を置き去りにした罪悪感と、私の遅刻に上司がイ
ライラするのではないかという恐怖が常に付きまとっていた。
この場所に到着してすぐに、自分がどこにいるかはあまり重要ではなく、ここにい
ることで、母親、友人、上司が必要とするあらゆるサポートを提供できることに気
づきました。この件に関する最後のメモ: 私の母は現在、カリフォルニアの標高
1,200 フィート (修道院の標高とまったく同じ) に住んでおり、丘の上の家から素
晴らしい海の景色を楽しんでいます。外から見ると、彼女の家は静かで安全に

見えます。それでも、家で一人で本を読んでいるときは、新着メールで電話が鳴るか、別の部屋に郵便物が届いていると誰かがドアをノックする音のどちらかに常に備えています。そのため、たとえそれがレイカーズの試合を観戦するだけであっても、常に自分の邪魔をして動き続けるように自分に強制しています。そして、私の考えが星空観察に移るたびに、私の脳はすぐに他のタスクが待っていることを思い出させます。あるいは、深い会話が生まれたら、レイカーズの試合がすぐにテレビで放映されるかもしれません。再び星を眺める前に、何か他のことをする必要があります。家では、私の生活は常に私の明晰さと集中力を妨げます。これは、なぜ私のような人が沈黙と静けさの中に足を踏み入れ、その若返りの利点、つまりあらゆる心配やストレスから私たちを本当に浄化するために意識的な措置を講じなければならないのかを思い出させます。

1994 年以来、私はカーメル バレー ランチへ定期的に旅行しています。70 回以上が経過しましたが、ここはまさに私の秘密の家のように感じられます。妻と母とともに、変化と、時には無常に満ちた世界においても、変わらぬ存在であり続けています。他の場所を旅行するとき、私はいつも眼下に太平洋を望むあの小さな部屋とその礼拝堂を思い出します。どちらの思い出も、争いや不安な時期に私を落ち着かせ、地に足を着けるのに役立ちます。

その中心には、非常に重要なメッセージが横たわっています。つまり、あなたが身体的にも自分自身の内側にも静けさを求めているとき、その探求と世界への帰還の間には重要な緊張が存在しているということです。ここであなたが書いたことが特に気に入りました。「静寂を求める目的は、単にある場所や場所に静けさや平和を加えることではなく、むしろ社会全体に平和をもたらすべきである。」グレアム・グリーンに関するあなたの著書が出版された後、私はニューヨーク公共図書館で行われたあなたとポール・ホールデングレーバーとの対談に出席しました。そこであなたがおっしゃっていた言葉が、私もあなたとそれについて話すのを楽しみにしていました。精神性は水のようなもので、宗教はその入れ物を表していました。あなたは、ティーカップのように前進するが、時間の経過とともに壊れる可能性があると言いました。宗教はカップのように機能し、時間の経過とともに形を作りますが、いつでも揺らぐ可能性があるのに対し、スピリチュアリティは水のようなものなのでしょうか？

私はカップの比喩が大好きです。そして今、スピリチュアリティについて尋ねられたら、それは私たちの心の奥底にあるもの、そして時には暗くなり、時には明るく輝く内なる光との情熱的な関係であると私は答えるでしょう。宗教は、私たちにコミュニティ、枠組み、伝統、そして私たちがその中で見つけたものを共有するための同盟者を提供します。私も上で述べたことの多くに同意します。特に最後の文には同意します。上で述べたように、水とお茶について話すとき、私はダライ・ラマから大いに借りていたかもしれません。彼は、生き残るために優しさがいかに極めて重要であるかをよく強調します。優しさがなければ、私たちは滅んでしまうでしょう。彼は優しさを水のようなもの、宗教をお茶のようなものだと考えています。お茶は人生の味わいを高める贅沢な体験なので、お茶を飲むことでその楽しみがさらに増し、すべての経験が豊かになります。しかし、水は依然として不可欠であるため、日々の優しさと責任があらゆる人生の旅の基礎となるべきです。これは、文章や絶対的な概念の意味を深く考えすぎる前に、まず自分の大切な人たちに根を張ることを思い出させる優れた思い出です。

物理学者であり思索家であるアーサー・ザヨンクは、科学の最果ての領域が根本的な価値観の再調整につながっていると信じています。
ザヨンク氏によれば、科学と人文科学の統合は、「私たちを構成するすべてのものと、この世界を構成するものとを結び付ける」ことについて語る別の方法にすぎません。

Arthur Zajonc と Arthur Zejonc の間のやりとりを聞いてください。

スピリチュアリティは信仰だけを中心に展開する必要はありません。むしろ、それは自らを知ることに専念していると理解すべきである。20代から定期的に実践してきた瞑想と熟考を通じて、瞑想の精神性の中に明確化できる経験的な領域が存在するという信念に私は至りました。それは、ある意味では科学的ですらあります。なぜなら、その基礎は何千年にもわたって共有されてきた人類の経験にあり、今日私たちは、私の科学的研究と互換性のある方法で取り組むことができるからです。

道徳の定義は次のとおりです。「道徳とは、他の人々と私たちが存在するより広範な環境との関係を指します。

私にとっての道徳は、カトリック教徒としての教育に根ざしています。したがって、それはしばしば罪悪感を伴うものでした。ご存知のように、罪と小罪…

間違い。
それでもあなたは、どういうわけか、誰かにバレてしまうのではないかと常に恐れていましたが、ある時点で、その可能性は低いように思えました。この問題は単に教会の階層によって決定されるものではありません。別の情報源があったはずだ。そして、このすべてをより良く理解する誰かがこのすべての背後にいる必要もありました。
倫理は全体的な形ではなく個人の行動の一部として重要であったため、科学は決定論的思考の失敗を探求する魅力的な方法となりました。カオス力学や量子力学は、物事がそれほど厳密ではないかもしれないという予感を与えます。生物学的命令は完全ではないかもしれない。自由の余地があるかもしれない。道徳的に正当化される行動もあるかもしれません。しかし、もし私たちが、親、司祭、教師、仲間の集団、生物学などから私たちに加えられる力をすべて取り除き、自分自身のためのスペースを作り出すとしたら、あなたの道徳の羅針盤や手段は何になるでしょうか?仮説や瞑想ではなく、直接それを探ることはできますか?そして、道徳的なつながりを感じ、自分の人生をその中に置くのに役立つアプローチはありますか? 私にとってそれは私の経験になりました。

存在感は、瞬間瞬間に培われるものです。

正しい。しかし、あなたの言いたいことは明らかです。現実は広大であり、主観は現実に存在し、私たちの友人です。実際、この新しい科学は「人生に対する根本的な方向転換」を表しており、道徳的な生活の基礎を提供しています。

うん。議論は次のようなものです。17 世紀以来、メカニズムと物質が主流となってきました。しかし、1900 年から 1925 年の間に、観測者を完全に無視することはできないことに気づき、物理学は信じられないほどの革命を経験しました。ただし、注意深く見ずにそれらを近似することによって、ある程度はそれができるかもしれません。しかし、科学を適切に行っている場合はそうではありません。その代わりに、私たちは量子力学や相対性理論、または一般科学における主観的次元を通じて、常に何らかの形で関与しています。これは、つい最近まで私たちの先人たちがメカニズムと物質を一緒に研究していたときには気づかなかったことです。
現実であれ空想であれ、どこにでも観察者がいて、何が起こっているかを観察しており、それは宇宙が私たちに要求していることなのです。これを単に物事の楽しい見方として無視することはできません。宇宙が意味をなすためには、この要素が存在しなければなりません。展開するすべてを外から見ることのできる視点はありません。そのため、私にとっては常に、目の前で 1 つの大きな物語が展開しているように感じられます。

経験、歴史、物語はある意味で唯一の真実です。

奇妙に聞こえるかもしれませんが、主観的な現実を経験することは、恣意的または気まぐれな方法ではなく、私という人間に結びついた現実として、私たちを経験と主観に戻します。この視点から見ると、主観は私の人生において敵ではなく味方になります。これが起こると、主観的な経験を浄化することによって道徳的な可能性が入る余地がなくなるため、道徳的な側面が人生に戻ります。

いつものように、最終的に何をするかが重要になるため、道徳が再び重要視されます。

現実はあなたが行い、経験するものですが、私たちが日常生活の中で現実として経験していること、つまり子供や苦しみから年をとり、赤ちゃんの誕生に至るまで、どういうわけか、さまざまな観点から古いパラダイムによって説明されています。時々、私はこれを偶像崇拝だと思うことがあります。あなたは神を指差していますが、よく見えないので彫像を作ります。同様に物理学においても、モデルは存在するが、現実をよりよく表す答えを提供する実際の結果はまだ出ていないが、実際に表現するものを敬虔に崇拝するのではなく、崇拝すべきものとして崇拝されるのではなく崇拝されるようになる。あなたの経験は、古代の考え方やその他の情報源によって意図されたものを崇拝するのではなく、現実になります。この分断のどちらが中心にあるのかを理解するのは難しいですが、直接的な経験、ひらめき、生きた経験に戻るパターンへの洞察を蘇らせるためには、時には偶像破壊者のように行動する必要があります。これを行うことで、道徳的および倫理的な側面も開かれ、人生をより完全に再発見できるようになります。

リチャード・ロドリゲスは、自己と社会についてのアメリカの偉大な作家の一人です。彼は、アメリカの「褐色化」と彼の言うところの現象によって、前の世代の人種関係がどのように変化しているかを観察しています。さらに、彼はローマカトリック教徒として、9.11 以降の世界のイスラム教徒に対する理解を求めてきました。リチャードの人生は、左から右へ、移民から知識人、さらには世俗的な宗教的伝統まで、言説に及びました。

リチャード・ロドリゲスと作家エイミー・アイドルマンの会話を聞いてください。

私の教育はローマカトリックでしたが、これはそれを正当に評価するものではありません。私はカリフォルニア州サクラメントの、何の変哲もない地域で育ちました。「白」という言葉だけでは、あなたの父親が炭鉱夫として働いていたのか、息子がカヌー中に悲劇的に亡くなったのかなど、すべてを語るわけではありません。私の学校生活は主に白人でした。クラスメートは全員カトリック教徒でしたが、唯一の例外はボビー・ライトでした。彼は聖公会会員であり、一緒に祈るときは頭を下げていました。アイルランド人の声が私の教室に響き渡り、英語の言葉と文化への入門として役立ちました。よくあることですが、アイルランドは私にとって英語学習への入り口でした。司祭、修道女、祭壇係の全員がアイルランド人女性であったことが、私が初めて英語を習得したきっかけでした。さらに、私は祭壇係の少年として、司祭にラテン語で返答することでラテン語を学びました。今でも思い返すと微笑ましいことです。
私は、棺を墓場から露天掘りに運ぶのを手伝ってから、1時間後にはすぐに算数の授業に戻ったのを覚えています。当時はそんな生活でした。しかし、記憶、詩、散文が若者の心に強力な影響を与えていることは、聖職者に「私は青春に喜びを与えてくださる神の祭壇に行きます」のようなラテン語のフレーズで答えたときに証明されています。それでは、人々が今私にとって教会とは何だったのかを尋ねたら？私の答えは、とても魅力的でした。

あなたの回想録『ハンガー・オブ・メモリー』には、私が特に印象に残った興味深い記述がありました。あなたはこう書いています、「彼らの生活に関わっているすべての機関の中で、私の母と父が思想家であり、人々が自分たちの人生の経験を知っているように見えたのはカトリック教会だけでした」生きています。

はい。私たちに自分の人生を省察させる宗教の力は、知的とも言える内向き性を促進しているように私には思えます。クリスタ、農民の教会が今でも世界中のこれほど多くの人々に、宗教を信じていない人たちにさえ、これほどの慰めをもたらしていることに本当に驚かされます。現在、私の時間のほとんどは、無宗教または反宗教の人々と過ごすことに費やされています。私の兄は自分が無神論者であるだけでなく、反神論者でもあると考えています。彼にとって、「無神論」という言葉は宗教に関する彼の感情を完全には捉えていません。したがって、宗教について書くとき、私の口調があからさまに宗教的であるか、過度に宗教的であるように見える場合、世俗的な読者が私の文章をどう思うか心配になります。それらは世俗的な読者に適しているのでしょうか、それとも宗教作家にはスタイリッシュすぎるでしょうか?私の考えでは、これらの本はおそらくどちらかのカテゴリーに分類されるでしょう。時には、宗教文書における皮肉や逆説の使用が無視される場合があります。

9月11日が発生するとすぐに、イスラム教(10億人以上の信者がいるこの宗教)が「他者」として認識されるようになった、私たちの文化における転換点となりました。あなたは、テロリストと同じ一神教の神を崇拝することでテロリストとの親族関係を探り、「私も父の神を崇拝していたので、何らかのつながりがあるに違いありません」という返信を書くことでテロリストとのつながりを探るという、カウンターカルチャー的な興味深い動きをしましたね。あなたはその観点から何が起こったのかを理解しようと努めました。

まあ、最初に理解できるのは謎です。中東の砂漠に移住した後、私はアブラハムの神——ユダヤ人、キリスト教徒、イスラム教徒が同様に共有する神——がそこでご自身を現されたのを見るようになりました。神聖である一方で、神がご自分に対してそう思われるのと同じように、私たちにとっても孤独であるかのように感じて帰ると、人々が不安になることもあります。部族の忠誠が必要になる。したがって、私たちが現在見ているような暴力的な争いだけでなく、慰めとなる慰めにもつながります。

砂漠を横断するときは、太陽光がいかに明るく眩しいかを認識することが重要です。しかし、暗闇と日陰はなんと心地よいことでしょう。多くの宗教は、日陰と暗闇を神からの贈り物であると考えています。ムハンマドは、自然光だけで照らされた洞窟の中で啓示を受けました。ユダヤ教ではまた、モーセを洞窟の中に閉じ込めて、その明るさで目がくらまないようにしている。復活は別の内部でも起こりました!私たちは時々、自分たちが暗い場所に住んでいることを忘れてしまいますが、信仰の一部として暗闇を受け入れることは、それを強めるのに役立つはずです。

さて、これで私からの質問になります。砂漠と洞窟の伝統が、あなたにとって救いをもたらすカトリックの精神性をどのように形成してきたのか、どのように理解しましたか？

アメリカの偉大な無神論者でケーブルテレビのコメンテーターであるクリストファー・ヒッチンズは、神は死んだということを私たちに納得させることを自分の使命としました。私は一年の半分をロンドンに住んでいますが、ここでは神は決して死んでいないと断言できます。イスラム教徒もヒンズー教徒もたくさんいます。マザー・テレサの死後、聴罪司祭や司教に宛てた数通の手紙が浮上し、彼女の生涯が最後の40年間は暗黒の時代であったことが明らかになった。クリストファー・ヒッチンズが死ぬまで生涯を通じて反神の哲学への信念を公言する一方、マザー・テレサは絶望の中で絶望的に信仰を持ち続けるという形で、なぜこのような形で本を終わらせることにしたのかと聞きたかったのです。

「私はかつて彼女と一緒にサン・クエンティン刑務所に行ったことがあります。それは私が宗教的に思い出すことができる最も素晴らしい午後でした。死刑囚からの凶悪犯のグループが男子生徒のように振舞っていました。彼女は小さな声で彼らに、神に会うべきだと言いました」隣にいる人たちを見てください - 首を覆う入れ墨のある囚人、または他人を殺害し強姦した人たち: そこに彼の顔があるのです! それまで私は思っていましたが、気づきませんでした: ずっと私は見ていたのです代わりに神聖な写真を; その瞬間はもっと理にかなっていたでしょう！その日の午後、ジョージ・コイン神父とガイ・コンソルマーニョ兄弟がサン・クエンティン刑務所で私たちと一緒にいました。
月上の30以上の物体にはイエズス会の名前が付けられている。結局のところ、イエズス会はその表面の地図作成に協力したのです。イエズス会士は現代天体物理学の先駆者の一人でした。歴史上だけでも４つ(ロヨラのイグナチオもそのうちの１つ)には、小惑星にちなんで命名された小惑星があり、現在、バチカンの天文学者ガイ・コンソルマーニョ兄弟とジョージ・コイン神父がこのように称えられています。

作家ガイ・コンソルマーニョ兄弟と精神的顧問ジョージ・コイン神父とのやりとりを聞いてください。

科学の影響を多く受けたお二人の視点が、カトリックの神学や伝統一般とどのように共鳴するのか、ぜひ聞きたいです。ガイはどこかに、カトリックの知的達成には「それに付随する富と哀愁を中心に据えた人間の誤りが含まれる」と書いている。確か、あなたはカトリック神学そのものだけでなく、文学、芸術、詩、文化全体に対するその影響について話していましたね？

ガイ兄弟: そうですね。これを書いたとき、これはまた戻ってきて悩まされることになるだろう、と思ったのを覚えています。しかし、これらの考えを書き出すことで、

それがどこにつながるのかがわかり、知的にも感情的にもアプローチできるように
なりました。カトリックの喜びの一つは、私たちの長い知的伝統です。そこに
は、神が存在し、私は神について何かをしたいという認識を反映する香り、鐘、
賛美歌も含まれています。

コイン神父: 小さな点を 1 つだけ付け加えさせてください。無知であることは興味
深いことであり、科学に対する私たちの無知は信仰に関係しているのかもしれま
せん。信仰には、私が信仰と呼んでいる神との愛の関係をめぐる不確実性が含
まれています。たとえば、ある学術集会で、私は年齢判定方法の不確実性につ
いて講演しました。
宇宙はどれくらい前から存在していましたか?この問題を確認するにはさまざまな
方法があり、方法ごとに精度が異なります。学術会議に出席するとき、私は通
常、宗教的な服装をしません。それは事態をさらに混乱させるだけです!でも、私
はローマ首輪をつけて、教会か何かで講演をしたところだった。話し合いの最中
に一人の紳士が立ち上がり、第一声で「お父様」と言いました。最初は私を「父」
と認めて恐縮した気持ちでしたが、その後、彼は意味深なことを言って話し合い
を深めました。「父よ、科学の研究には不確実性がたくさんあるにもかかわらず、
信仰を支えとしていることは驚くべきことです」「私の信仰が常にそこにあると誰
が言ったのですか？」と私は順番に答えました、「毎朝起きると、私は疑いと不安
を抱きます。信仰は愛であるため、毎日がそれをさらに成長させるための努力で
す。結婚、友情、兄弟愛、姉妹愛が、永遠に私たちを支えてくれる静止したまま
ではないのと同じように。

私が言いたいのは、科学における無知が科学を行うことへの興奮を生み出し、
科学に携わる人なら誰でも、発見はさらなる無知につながるだけであることを
知っているということです。ガイ兄弟: 発見されることが増えるにつれて、私たち
はまだ知らないことが多くなってきます。

そして、信仰があなたにとって同様の重要性を持っていることに同意しますか？

ガイ兄弟: まったくその通りです。アン・ラモットは、信仰がその反対であることに
ついて話すときに、適切なフレーズを生み出しました。確実性はそのアンチテー
ゼです。何かがあなたにとって十分に確かだと思えれば、信仰は不要になりま
す。

科学に関係するかどうかに関係なく、疑いがあるときに信仰が現れることがありま
す。彼女は名詞ではなく動詞として信仰についても言及していませんでしたか？

ガイ兄弟: はい。ジョージが無知について議論しているのは、「自分の無知を
知っているので、私は他の人よりも賢い」と言ったソクラテスにまで遡る古い伝統
です。14 世紀に地球外生命体について書いたニコラス・オブ・クーザは、この

テーマについて、『無知の書』、またはその翻訳が示唆するような類似のタイトルなど、さまざまな名前でこのテーマについて書きました。

コイン神父: 科学は常にこの概念を実証してきましたが、ここ数十年で私たちは宇宙がどれほど広大になっているかを認識するようになりました。私たちは、その拡大が永遠に拡大するか崩壊するかの瀬戸際、まさに可能性の限界点にあるように見えることに驚きました。本質的には、それ自体が驚くべきことなのです。初めに想像できるすべてのシナリオから、銀河や星が形成されないほど急速に膨張しました。または、膨張が始まるとすぐに崩壊するほどゆっくりと、私たちの宇宙はまさにこれらの極端な可能性の狭間にあり、私たちを喜ばせ、驚かせていましたが、遠方のクエーサーの正確な観測のおかげで、宇宙が加速的に膨張していることが最近までわかりました。
重力はニュートン以来、長い間人間理解の中心でした。しかし、このアイデアは重力の基礎としての地位に疑問を投げかけます。

しかし、ここであなたが示唆しているのは、無知であることを楽しむことができるということだと思います。

コイン神父: 知識は無知を生みます。

ガイ兄弟: 私たちはすべての答えを知っているわけではないということに気づきました。もしそうなら、私たちの人生は無意味になってしまいます。人生は本当に無意味になってしまうでしょう。
9歳のとき、雨が降ったので外で遊ぶことができず、何らかの理由で家に閉じこもっていた午後のことを覚えています。その雨の日曜日の午後、母がトランプを持ってきてシェアし、一緒にラミーをしたときのことです。母は年齢のせいでよく私をトランプで殴りました。しかし、それが私たちがプレーした理由ではありませんでした！代わりに、それは彼女が「息子よ、私はあなたを愛しています」と直接言わずに私を愛していることを示す方法でした。科学は、神ご自身からのもう一つの愛の行為として、創造に関するこのような親密な知識を私たちに提供してくれます。このようにして、遊び心があると同時に愛そのものの行為である親密な知識を私たちに提供してくれるのです。

コイン神父: それは興味深いアイデアですね。それか、神が私たちとゲームをしているかのどちらかです。どちらも正しいかもしれません。彼は魅力的な世界を創造しました。私にとって、科学を行うことは神を探すことに似ています。科学はその性質が謎に寄与しているため、決定的な答えを与えることはありません。もし自分の周りのすべてについて知っておくべきことをすべて知っていたら、ヤシの木の下に座ってジントニックを飲みながら、人生が過ぎていくのを眺めているでしょう。

ガイ兄弟: たまにはそう悪い考えでもないでしょう。コイン神父: 時々、非常に単調になることがあります。

マーガレット・ヴェルトハイムは、人類の歴史と文化全体にわたる科学探求のスリルを伝えるために、科学執筆に移行する前に物理学を学びました。その関連性を私たち全員にとって個人的なものにしました。オーストラリアで生まれたマーガレットは、一卵性双生児でアーティストの妹とともにロサンゼルスにフィギュアリング研究所を設立しました。

マーガレット・ヴェルトハイムとマーガレット・アダッカーの対話を聞いてください。子供の頃、私は自然界における数学的概念の自然な現れに深く興味をそそられました。6歳か7歳のとき、学校で円周率 (円の切っても切れない部分) についての授業を受けた後、草むらに寝そべって太陽を見上げているとき、私の考えは、この数字が本当に存在するのか、つまり円周率は本物なのか、それともただの数字なのかということに向かいました。想像した？私たちの太陽、ホイールキャップ、またはあなたが目にする円形の物体の中心に謎の数字があるということは何を意味するのでしょうか?そして、物理学を学べば学ぶほど、自然界のいたるところに数学が存在するという例がより注目に値します。この現象をどのように解釈すべきでしょうか?レーザーなどの現象を記述する非常に複雑な方程式があるということは、何を意味するのでしょうか?そして、これらの方程式を理解することで、マイクロチップのようなテクノロジーにつながるでしょうか?それが、私が人生においてもっとよく理解したい中心的な哲学的質問です。なぜ数学が私たちの日常生活の一部になっているのでしょうか?

ですから、質問の仕方に応じて、光が粒子としても波としても存在し得ることを科学が認識していることは興味深いと思います。これは、現実に対する矛盾した説明が両方とも正しい可能性があるということを、私たち全員が経験していることを示しています。「波動粒子の二重性は私たちの世界、あるいはむしろその数学的表現の核心です。」しかし、私たちのイメージがどれほど曖昧であっても、宇宙は完全なままであり、ばらばらの断片に分裂していないことを理解することが重要です。実際、永遠に魅惑的な光がどんどん近づいてくるにつれて、この魅力的な全体性が物理学者を前進させます。「わあ、とても美しいですね。この考えに何か付け加えることはありますか?」

はい。1世紀以上にわたり、物理学には現実を記述する2つの方法、つまり連続現象としての波と、離散的または離散的な出来事としての粒子があり、その両方を記述に使用していました。量子力学は、現実に対するこの二分法的な見方を表現しました。
一般相対性理論は粒子を離散的に記述しますが、量子力学は波状の連続特性を記述します。一般相対性理論は宇宙論的スケールで機能する一方、量子力学は亜原子スケールで見事に繁栄しますが、数学的に言えば、これらの理論はうまく噛み合いません。過去 80 年ほどにわたり、物理学における決定的な疑問の 1 つは、「一般相対性理論と量子力学を 1 つの数学的総合に結合する統一的な枠組みを見つけることができるか?」というものでした。超弦理論がこの解決策を提供する可能性があると信じている人もいます。現代の物理学者は、あたかもこれが根本的な問題であるかのように私たちの世界について書いています。しかし実際には、それは人間にとって単に不便なだけです。それ以外はすべて自然界の予想通りに進みます。

そうですね、私は宇宙が統合失調症であるとは考えていません。むしろ、私たち人間が統合失調症であると考えています。これは、物理学者が行っていることに何か問題があることを示唆しているわけではありません。量子力学と一般相対性理論はどちらも、実験により小数点以下 20 桁以内の精度であることが証明されています。それは本当に印象的です。しかし、それらの比較不可能性は、私たちの世界について私たちが発見すべきことがまだたくさん残っていることを示しています。

あなたは、神経科学は私たち自身（幸福、愛、痛み）や、なぜ私たちがそのような行動をするのかを説明するための包括的な理論を提供することは決してないと述べました。もっと何かが残っていると思う。あなたは多くの発言の中で、自分はカトリック教徒であると同時に無神論者であると考えていると述べているのを聞きました。
いいえ、私は自分が無神論者だとは思っていません。しかし、このように言ってみましょう。私は伝統的な意味での神を信じていないかもしれませんが、私の好きな本は『神曲』であり、それは何らかの光をもたらすかもしれません。ダンテは宇宙の構造に侵入し、その中心にある愛を見つけます。私もそのような本質が存在すると信じており、その発見に対するダンテのビジョンに感謝しています。ですから、私は神を信じていると言えると思います。そしてこれが、「あなたは無神論者ですか?」という概念を構成するものの一部です。難しい。私の懸念は、神性についての私たちの理解が非常に矮小化され、陳腐化してしまい、教義に頼らずにこの質問に答えることがほとんど不可能になっているということです。さらに、戦闘的な無神論が社会内で顕著になりつつあることは悲しいことである。私はその破壊性は役に立たないと思いますし、それが科学を進歩させるとは全く思いません。

そして、神を取り巻く言語は使用や論争によって信用を失墜する可能性があるということであなたが示していることは理解しています。したがって、あなたがその用語を使用するかどうかにかかわらず、私の印象では、あなたは人類の科学史の歴史研究を通じて、何も語っていないのではないかと思います。それは宗教の「主義」というよりもむしろ、想像上の存在と現実そのものを信用しない人類または科学的唯物論の間にある種の第三の道を提供する可能性のある「超越」のものについてのものです。

そうですね、科学に関連して神の問題を理解できると私が考える1つの方法は、近代科学が始まる前、キリスト教の神概念は2つの機能を果たしていたということです。彼は宇宙の創造者であり、人類の救い主でもありました。しかし、現代科学の出現により、救い主としての彼の役割は脇に置かれ、すべての質問と公の議論は創造者としての彼の役割に集中し始めました。これがダーウィンがそのような偶像破壊者になった理由です。彼の議論は、創造主としての神という概念を損なうものであるように見えました。

今日西洋では、神とその創造的機能に関する議論が主流となっています。神学界の外では、宗教界の外では救いについて効果的に議論することができないようです。もっと自由に償還について議論する必要があると思います。救いについて議論するために、原罪の概念を信じる必要はありません。一人一人が他の人と同じように間違いを犯し、集団で大きな間違いを犯します。問題は、償いをするためにどうやって自分自身を償還できるのかということです。

レザー・アスランは、世界中の宗教について、挑戦的かつ新鮮な視点を提供します。これは、ニュースサイクルでは取り上げられないことが多い歴史と人間性の両方を考慮した視点です。テヘランで生まれ、サンフランシスコのベイエリアで育ったアスランは、コーネル大学で宗教を学び、中東諸国の独立系メディアや情報をキュレーションしながら、イスラムとイエスに関するベストセラー本を執筆したことで有名です。

レザー・アスランとレザー・アリフのやりとりを聞いてください。

その時点では、私は彼の警告を真剣に受け止めず、状況がもう少し落ち着くまでイランを離れるのが賢明だと考えていました。それは30年前のことです。事態はまだ沈静化していませんでした。

宗教は単なる信仰ではなく、その歴史であると理解されるべきです。」

すべての偉大な宗教が、進化し続ける現代世界と折り合いをつけようと努める一方で、政治と暴力に関する同様の問題に直面していることは否定できません。ほとんどの信仰を持つ人々の間には、預言者がどこからともなく現れ、事前に伝えられる準備ができた所定のメッセージを持って、まったく新しい宗教を瞬時に生み出すという誤解があるようです。しかし、預言者は宗教を発明しません。彼らは単に自分たちが育った宗教の改革者としての役割を果たしているだけです。イエスはキリスト教を発明したのではありません。彼自身はユダヤ人でユダヤ教を改革しましたが、もう一人のヒンズー教徒である釈迦はヒンズー教を改革しました。

宗教史家として、私たちは預言者がその出現した環境と密接に結びついていることを認識する必要があります。特定の宗教の起源を議論するとき、ムハンマダン以前の時代から預言者時代を経て、預言者以後の時代への移行がいかにシームレスであるかに注目することが重要であると私は考えています。ムハンマドはその優れた例です。

イスラム教徒と会話する経験が増えるにつれ、イスラム教には改革が必要だという考えがあまり共感を呼んでいないことに気づきました。たとえば、キリスト教徒は「イスラム教とイスラム教徒が本当に求めているのは、私たちのような改革だ」とは言えません。
しかし、私は、あなたがその言葉を利用して、イスラム教内部の改革がすでに100年近くにわたって起こっていること、つまりそれがすでにここにあり、私たちがその中を生きているという興味深い示唆をしていることに気づきました。この声明が何を意味するのか、そして正確に説明していただけますか？

「改革」は、すべての宗教的伝統に内在する葛藤を描いています。信仰をどのように定義すべきかを誰が決めるのか、それは組織でしょうか、それとも個人でしょうか？キリスト教の場合、最終的には制度と個人の間のこの分裂こそが、今日私たちがプロテスタントの宗教改革とカトリックの不屈の精神と呼ぶものを生み出し、その誕生につながったのです － あたかもプロテスタントの改革が何らかの魔法のような手段によってカトリックの不屈の精神に勝利したかのように！しかし実際には、これは実際にはうまくいきませんでした。

マルティン・ルーサーも、より良いカトリック教徒になりたいと願った人物でした。

右。そして、自分の解釈と異なる改革者仲間を絶対に許さなかった人でした。

はい、まあ、それもですね。

しかし、ひとたび個人が個人の認識に従って宗教を解釈することを許してしまうと、無限の虫が供給されることになります。すべての解釈が同等に有効になり、それぞれの解釈が同等に有効になると、同時に声が上がるだけでなく、時間の経過とともに最も声が大きく最も暴力的なものが勝つ傾向があります。イスラム教は植民地支配が終わって以来、制度的権威から個人の手に渡る長い改革の歴史を経ており、その傾向は現在も続いている。
中東およびイスラム教徒が多数派を占める諸国全体で、新たな情報源への広範なアクセスと識字能力と教育の劇的な向上を目の当たりにし、権威が崩壊し始めました。さらに、植民地主義はアフリカの人々の間で個人主義の感覚を強めました。このような状況ではよくあることですが、平和、寛容、フェミニズム、民主主義を促進する個人主義的な解釈が生まれます。個人主義的な解釈は、暴力、女性蔑視、憎悪、テロを促進します。世界中に16億人以上の信者がおり、地球上で2番目に多く信仰されているイスラム教には、真の信者とは誰なのか、あるいは何が真の信者なのかを定義できる権威ある宗教指導者がいない。教皇やバチカンのようなイスラム教の中心的な宗教団体が存在しないため、誰がイスラム教徒とみなされるべきか、誰がイスラム教徒とみなされるべきでないか、またどのような行為がイスラム教徒の行動にふさわしくないか、またどのような行為がイスラム教徒の行動にふさわしくないかについてこの判断を下すための、そのような組織は存在しない。あなたが経験しているのは、単に異なる解釈間の醜い叫び合いであり、暴力は改革の間接的な結果であり、暴力が必ず発生するという証拠ではありません。世界の宗教におけるこの驚くべき転換点において、私たちは真に変革的な出来事が目の前で展開しているのを目撃しています。しかし、原理主義は反動的な現象であり、独立した勢力ではないことを心に留めておく必要があります。原理主義が急増しているのを見ると、それは単に社会の進歩によるものであることがわかります。したがって、私はそれに反発するのではなく、その成長に焦点を当てることにしました。

シルヴィア・ブアスタインは、1960 年代から 70 年代にかけて仏教哲学を西洋文化の主流に浸透させるのに貢献した若いユダヤ人の探求者の 1 人であり、現在でも影響力があり多才な精神的存在であり続けています。
時間をかけて、彼女はユダヤ教の教えと儀式を仏教の信念と実践と巧みに統合し、両方のセットを豊かにする魅力的な相乗効果を形成してきました。

シルビア・ブアスタインと彼女の著者とのやりとりを聞いてください。

私の生い立ちに関して言えば、両親は共働きで、私は一人っ子でした。両親は仕事に出かけたので、祖母が母親としての責任の多くを引き受け、お風呂に入れたり、体を洗ったり、私の好みに合わせて服を着せたり、髪を編んだり、私の口に合う食べ物を作ったりしてくれました。子どもたちが繰り返し不満を表明しても、彼女は反応する気にはなれませんでした。私は「でも、私は幸せじゃない」と言うのです。私の祖母はよく尋ねました。「私たちは皆、常に喜びを保つように努めなければならないとはどこに書いてあるのですか?」彼女はこの文脈で決してタルムード言語を使用しませんでした。むしろそれは単に民族的なものです。「幸福が常に優先されるべきだということはどこに書いてありますか？」その瞬間、私のスピリチュアルな実践が新たに始まりました。人生は困難なこともあるということを受け入れ、問題をこれ以上複雑にせず、知性を持って乗り越える方法を見つけることです。40 年が経過した後、仏教もこの考え方を共有していることに気づきました。彼らもまた、生きることが間違いなく困難であることを認識していましたが、必要以上の負担を加えずに、どうすればそれを乗り越えることができるのでしょうか？

私たちは、子どもたちがしばしば恐ろしい世界においてタフであることを望むのと同じくらい、彼らが立ち直る力を維持することも望んでいます。

それがいつ起こったかを正確に特定することはできませんが、リトリートセンターで人々がよく言うことなので、それは間違いなく起こりました：ここでは誰もが安全で静かに感じており、外に出ると私はあまりにも無防備になるでしょう。それが私に言う機会を与えてくれたので、正直に言って、私たちはあまりにも脆弱になることはできないと思います。世界中が突然危険を感じ、私たち全員が周りを見回して「立ち止まって、分かち合って、どこにでも十分な食べ物があることを確認してください」と言える日を私は待っています。クリスタ、私たちはお互いの道や希望や夢を分かち合うことはできますが、殺し合うことはできません。さらに、私たちの環境を破壊することは、現在起こっているように起こってはなりません - それが、リトリートを離れる人への私のアドバイスです。

親として、私は子供たちが成長するにつれて必然的に世界と交流しなければならないことを説明したいと思います。親として、子供がどれくらいの時間テレビを見るか、どれくらいの頻度でテレビの苦痛にさらされるかについて、私たちがコントロールできることは限られています。人生が耐えられないように思えるとき、私は人々に驚嘆することに慰めを見出します。彼らの回復力。公共の場で誰かが転んだりトラブルに巻き込まれたりした場合、人々は知らない人をどのように世話するのか。人間にはこの驚くべき能力があり、それを学ぶ必要はありません。私たちは順応的な種族である傾向があります。

人々を見て、人生は本当に素晴らしいものだと実感します。今朝、太陽が昇るべき場所から昇ったのは、本当に素晴らしいことです。記念日などの特別なイベントを記念して、季節、誕生日、聖日を祝います。私たちの祖先も見ていた広大な宇宙に注目しながら！私は、生涯にわたる成長と学習の方法として、この不思議な感覚を自分の中に生かし続けています。
時にはそれは驚くべきことになるかもしれません。私の孫たちは、私が月のようなありふれたものを見せたことに、よく驚きを表します。それは、三が日の月の季節に、私の一番好きな月です。それを彼らに見せると、彼らもそれが彼らのお気に入りの三曜の月だと思うだけです。これらは重要なバランスです。仏陀が私たちが優しさをもって対応できるように世界の苦しみを理解することについて教えたのと同じように、私たちに命を大切にし、それを非常に大切に守ることを思い出させました。

このことをきっかけに、子どもたちが私たちに何を教えられるか、何を伝えられるかに常に留意することがいかに重要であるかを考えさせられました。なぜなら、子どもたちがすでに理解していることの中には、私たちが理解するよりもよく伝わるものがあるからです。私の娘は最近、あるニュースを見た後、強く反対しているとコメントしました。「世界にはたくさんの美しい命があり、彼らはこれだけに注目しているのです！」

彼らは見出しを作りません。私たちの周りで起こっているポジティブな出来事を専門に扱うニュースチャンネルがあれば、それは素晴らしいことでしょう - それが経済的に持続可能かどうかはわかりませんが - 。

ジャーナリストとして、良いニュースを魅力的に伝えるのは難しいと感じています。私がよく考えるもう一つの考え。おそらく、良いニュースは優しさのように見られるべきです。その影響は深刻なものになる可能性がありますが、それは私たちが変化の瞬間に注意を払うように自分自身を訓練した場合に限られます。私たちだけを見れば、美しい人生は、これらの小さな、しかし重要な瞬間に現れます。

2つの重要なポイントについて触れました。1つ目は、私たちが他者に真に注意を払っているとき（マインドフルネスにはこれが含まれます）、私たちは真のつながりを持っているということです。急いでいるなどの理由で、私たちは自分の子供たちさえも十分に見届けることができないことがよくあります。十分な注意を払うことには、何か非常に特別なことがあります。

私の経験から、子供は親の生活を吸収するということが分かりました。一例は弁護士のジム・フィンリーです。
「私は教会で母の隣に座って祈り方を学びました」とキリスト教観想心理療法士のジョアン・ライスナー氏は言う。彼女は次のように説明しました。「彼の再指導で私にとって最も興味深かったのは、言葉を学ぶことではなく、彼女がそこに座っているときにどのような感情を表現したかを学ぶことでした。

スピリチュアリティは、ただじっと座って瞑想しているように見えるだけではありません。精神性とは、疲れた一日を過ごした後でも、タオルを優しくたたむこと、家族に優しさを示すことを意味します。おそらく、次のようなことを彼らに言うかもしれません。「聞いてください、今夜の夕食に私が必要なのはわかっていますが、もし助けになるなら静かに折り畳みたいのですが」またはその瞬間に適切なものであれば何でもいいです。日々、スピリチュアルなことをする時間がない、とよく人が言いますが、賢い親、あるいはスピリチュアルな親になるのに余分な時間はかかりません。それは、このような子育ての行為を通して自然に身につくのです。

シェーン・クレイボーンとシェーン・ケイボーンのやりとりを聞いてください。

あなたは、何らかの意味で、自分自身が革命運動の一員であると考えていますか？おそらくその言葉はあなたの議論の中ですでに言及されたでしょう。

私の迷いがはっきりと聞こえます。

はい。
私は特定の運動や革命に執着しないように気をつけていますが、イエスの生涯は、革命が壮大なものである必要はない、ということを私に教えてくれます。私たちは小さなコミュニティ内で働くことで、徐々にこの状況を乗り切ることができます。
ディートリッヒ・ボンヘッファーは、コミュニティの問題に関して私たちにとって非常に貴重な教師です。

ナチスの刑務所で亡くなったドイツの神学者。

ディートリッヒ・ボンヘッファーは、「コミュニティのビジョンを愛する人は誰でもそれを破壊するでしょうが、周囲の人々を深く気遣う人はどこにでもそれを作り出すでしょう。」と主張しています。私たちを団結させるのは、いかなる運動や革命にも巻き込まれず、ラディカルかつシンプルな人生を同時に生きることです。今日の私たちの世界は、思想における刺激的な変化を経験していると私は信じています。特に教会に通う若い人たちは大きな希望を与えてくれます。

あなたによると、あなたのコミュニティで現在の現実を形作っている、またはあなたが思い描くこの新しいビジョンに貢献している人々について詳しく教えてください。

私に希望を与えてくれるコミュニティがたくさんあります。最近、ある郊外の家族に会いましたが、「私たちは隣人を自分自身のように愛することが何を意味するのかを模索しています。」私たちにとって、これは、大学に送るすべての実子に対して奨学金基金を創設し、奨学金を確保することを意味します。危険にさらされている若者は大学に通うことができます - 私たちが彼らの家族を知り、彼らと交流することで、その夢が可能になります！「ご存知のように、マザー・テレサが提案したように、私たちは自分たちの周りにカルカッタを見つける方法を見つけようとしています。私たちに見る目さえあれば、どこにでもあるよ」と彼らはさらに私にこう言いました。この子供たちは、プレッピーな 10 代のチアリーダーです。それで彼らは私にこう言いました、「私たちはそこに行って、訪問者や訪問が必要な家族がいない女性たち全員を尋ねました。そして、これらの女性たち全員を個別に訪問して、全員を一緒に訪問し、すべての贈り物を持って行きました」そこで彼らは私に、「私たちはそこへ行き、訪問者や家族なしで女性全員に尋ね、その後、女性全員を個別に訪問し、途中で元気と希望をもたらしました。
私たちは彼らの爪や足の爪にペイントをしながら、時間をかけて彼らの話を聞きます。

今日の人々は、核家族単位の外での生活を模索し始めており、これによって視野が広がり、個人的に豊かになることに気づき始めています。私が滞在したある夫婦は、経口避妊薬を服用しているため子供を産むことができないと言いました。「私たちの近所を歩いているときに、彼らは妊娠中のホームレスの女性に出会いました。彼女の妊娠のためにいくつかの一時的なサポートサービスを提供し、必要に応じて宿泊施設を提供した後、彼らは彼女を自宅に連れて帰り、そこで彼らは、これについては一緒に考えてみましょうと言いました。そして、それは変わりましたとても素晴らしいものに変わりました;すぐに彼女は出産し、彼らと一緒に暮らしました!驚くべきことに、彼らは一緒に暮らし、一緒に子供を育て続けました。最近私は彼らを訪ねて戻ってきました、そして10年以上が経った今でも彼らは夫として一緒に住んでいますとその妻、元ホームレスの女性は今看護師として働いています、彼女の子供はもうすぐ思春期になりました、さらに驚くべきことに、元夫婦の一人が現在多発性硬化症を患い、自宅で看護師の介護を受けながら死を迎えているということです。この種の感傷は、このカップルのような、本当に喜びをもたらすお互いの間にある本物のつながりからのみ生まれます。そのような表現は全面的に現れます。

これらのコミュニティで起こっている良い出来事についての物語は美しいですが、本質的には逸話的なものであり、個人または小さなグループのみが関係しているため、社会全体に影響を与えることはできません、と誰かが言ったら、あなたはどう反応しますか?

まあ、歴史はそうではないことを示しています。それが常に物事がうまく行ってきた方法です。人々のグループが集まり、新しい想像力やアイデアを共有し始め、それが山火事のように広がります。

南部人はあなたを誰かの「似顔絵」だとよく言います。私の祖父はよく私のことを、自分の「スピッティン・イメージ」と呼んでいました。これは「精神とイメージ」の略です。
身体的なことだけではなく、性格的な面でも。

今日のキリスト教に関して私たちが最も望んでいることは、イエスの姿にますます似てきて、見た目も行動もイエスに似せつつ、イエスの名を主張するだけでなく他のさまざまな活動に従事する人々に気を取られることなく、キリスト者が現れることだと思います。大人になったら何をするつもりなのかだけでなく、自分がどうなっていくのかについても重要な質問をする人がいますが、それはもっと本質的なことだと私は思います。

クリスチャン・ウィマンは詩人でありエッセイストであり、彼自身も驚いたことに、今日のアメリカにおける信仰の飢えとその課題を代弁する声を見つけました。彼のテキサスでの生い立ちは、暴力とカリスマ的なキリスト教の両方によって特徴づけられました。しかし、家を出た後、恋人と結婚し、不治の癌と診断されるまで、彼は積極的に信仰を持つようにはならなかったが、この 3 つの重要な転機が彼にとってキリスト教を一周するきっかけとなった。

クリスチャン・ウィマンが彼自身とクリスチャン・ウィマンとの対話について話し合うのを聞いてください。

クリスチャン、私は宗教と精神性がどのようにして子供たちに伝えられるかについて数多くの話を聞いたり読んだりしてきましたが、あなたの話は特に私にとって馴染み深いものとして際立っています。あなたはすべてを意味する宗教コミュニティに浸っていましたか？

遠ざかると、宗教的な側面はパッケージ全体の一部としての意味を失いました。

はい。はい、それは私のためでした。多くの人たちと同じように、私も完全に信じるのをやめて、無神論者、あるいはそれを何と呼びたいかということになってしまったので、最初はそれがどれほど深刻な影響を与えるかわかりませんでした。今、私自身の子供たちがいるので、自分の子供たちに霊的な事柄に関してどのように教育するのが最善かを考えています。なぜなら、彼らの生い立ちはその文化の中に徹底的に組み込まれていたからです。

あなたは週に2回、日曜日と水曜日の夜に教会に出席していますか。

そうです、聖書の一節を暗記し、将来参照できるように保存することも、私たちのライフワークの一部でした。

賛美歌を歌うことは常に私の文化の一部でした。

私の世界に穴が開くことはありませんでした。決して疑問はありませんでした。大学に入るまででさえ、私の知り合いで信じない人は誰もいませんでしたし、自分自身を疑う人がいても構いませんでした。しかし、この世界は私の人生に一貫性、激しさ、勢いを与えてくれたかもしれませんが、同時に問題も生み出していることに気づきました。多くのアメリカ人は、自分たちがすでに持っている宗教的信念のいくつかの側面に単純に不満を持っています - おそらく何かが彼らの神聖性や精神性の理解と一致しないかもしれませんが、それでも新しい信仰の方法のために存在するすべてを簡単に無視することはできません -
最近私は、事実だけでは伝えられない真実を伝えるための喩えとして詩と散文を使用する、革新的な形式の数学言語を扱うひも理論学者と話をしました。同様に、方程式だけでは伝えられないが、より視覚的な数学を使えば伝えられるかもしれない物理的現実があるかもしれません。

いやあ、それは魅力的ですね！物理学は多くの詩人にとって大きな魅力となっているようです。現代の詩人は、従来の経路では直接アクセスできないある種の現実が出現しているため、特に物理学に興味を持っています。マイスター・エックハルトのような神秘主義者や、シモーヌ・ヴェイユのようなより現代的な神秘主義者が私にとって神秘的であるのは、まさにこの理由からです。彼らのアポファシスの使い方、つまり意味が曖昧または不明確なまま何かを述べるという表現は、深く共鳴します。マイスター・エックハルトはかつて「私たちは神が自由になるように神に祈ります」と述べました。「彼は宗教そのものを放棄するつもりはなかった。そのような考えは彼の頭によぎらなかっただろう。むしろ、神が私たちの意識とは別のものとして存在するという概念を放棄したかったのだ。」詩は、物理学の方程式のように、現実から少しずれた空間に私たちを連れて行ってくれるので、突然私たちの認識が以前と比べて根本的に変わります。そしてそれは、風通しの良い妖精の神秘主義を意味する必要もありません。私は、詩がこの役割を担うことを可能にする物理学や物理科学との類似点があると信じています。

信仰は単なる心の状態ではなく、社会の変化と進歩に向けた積極的な追求です。

「私がそれをどのように定義したかは次のとおりです。信仰には具体的な対象があり、信仰には具体的な対象がありません。信仰は、人生の方向性や人生のエネルギー、その他あなたにとって意味するものとして、好きなように定義できますが、対象のないことは常にそうあるべきです」信仰の特質とみなされます。」

右。そのおかげで、これらの用語をよりよく理解できるようになり、なぜ自分の人生に何らかの構造が必要なのかを自分自身に説明できるようになりました。なぜ教会に行くのか、なぜ特に宗教的な要素を求めるのか、など。本を読んだり、祈ったり、瞑想したり、熟考したりすることが私にとって慰めになります。しかし、これらの努力が外につながらない場合、最終的には絶望する可能性があります。自分のスピリチュアルな傾向が正当であることを知る方法の１つは、スピリチュアルな傾向が私たちを自分自身を超えたものにするときです。

誰もが自分の精神的な生活を一人で選択するのに苦労しているので、状況は非常に危険になっていると思います。新しい言語が作成され、多くの人が混乱しています。伝統的な宗教言語は確かに重要な役割を果たしますが、異なる宗教や慣習を完全に含む、まったく新しいものが出現するでしょう。

ディートリッヒ・ボンヘッファーは死の直前に刑務所に収監されており、宗教のあらゆる側面が悪によって乗っ取られているという厳然たる現実に直面し、「無宗教のキリスト教」とはどのようなものなのかについて語っていた。一方で、一部の言語や考え方は時間の経過とともに適切でなくなるかもしれないが、核となる真実は存続し、これらの真実を表現するための新しい形式が現れることを認識しています。私は彼の経験を思い出し続けています。

ボンヘッファーはいつも私を魅了してきましたが、彼が手紙の中で述べたことが私にとって非常に印象に残りました。信者の間よりも彼らの間のほうが居心地が良いと感じていたのは、彼が自分自身について理解しようとしたことでした。ボンヘッファーが今も人々にインスピレーションを与える人物であり続けているのは、単にアメリカなど他の選択肢があったときに帰国したり、あるいは定年まで留まったからだけではない。むしろ、この個人的な啓示にもかかわらず、彼は真の模範として立っています。

彼は米国に戻り、ドイツの破壊に参加しなければドイツの復興に確実に参加することはできないと感じた。さらに、彼は神に呼ばれていると感じました。多くの人がそうするのではなく、私たちと同じように、何かをするのが正しいと感じるまで待っているのです。神は彼に、待つのではなく、直感に従うようにと言われました。やがて信仰が到来するでしょう。それで彼はそのために命を落としました。ある時点で、彼は「私たちは前も外も神とともにいます」というようなことを言いました。彼の言葉は素晴らしく示唆に富んでいるようだ。

文化としては、考えられるあらゆる方向から（政治的なレトリックによって）非常に多くの反発があったにもかかわらず、私たちは文化として、緊縮と明晰さのバランスに到達しつつあると思います。それは個人として私たちが目指しているものだと思います。社会の中には、すぐに忘れ去られてしまう、もっと軽薄なものを求める欲求が依然として存在します。私たちを完全に笑わせないほど曖昧でも愚かでもないもの。同時に、その意図を簡単に理解できない私たちの部分を引き込むのに十分なアクセスしやすいものでもあります。

疑いは私の信仰の概念と切り離せないものであり、切り離すことはできません。私は、ある瞬間に私に神について歌うように呼びかけたその同じ神が、ある瞬間には私を不敬虔な状態へと導いてくれるのだと確信しています。こうした議論にエネルギーが集まり、人々が自分たちの信念体系を定義し共有する方法を模索していることを考えると、信仰が新しい形をとるために信仰から遠ざけられる人もいるかもしれないと思えることがあります。

第6章 - 希望の再考

人間は肉と骨でできています。しかし、一部の人にとって、この現実は慰めをもたらさず、毎日生きていくためには正面から向き合わなければなりません。

神秘家や修道士は、それができない人々に代わって祈ります。信じられないほど未解決の疑問に満ちた時代において、希望を持つことができる私たちにとって、希望は全人類のために不可欠なものとなります。希望は楽観主義や理想主義とは大きく異なります。希望的観測に基づいて生きるのではなく、あらゆる場面で現実を参照し、真実を崇拝しながら、時には圧倒されるように見える日常生活の一部としての暗闇に目を開いて生きます。希望は、物事が思い通りに進むことを期待するのではなく、現実を乗り越えるのに役立つ選択を実践することによって、霊的な筋肉の記憶になることができます。

ラルシュ運動はこの 8 月に創立 50 周年を祝いました - ジャン・ヴァニエがパリの亡命先からラファエルとフィリップを招いて一緒に暮らしてから 50 年！米国中のコミュニティから、障害のあるコアメンバーや健常者のアシスタントを含むメンバーが集まり、全員が所属することで得られる美しさを身に着けていることは、本当に光栄であり、喜びでした。

最初は目が慣れるまでに時間がかかりました。この新しい風景は不安であり、私を非常に不安にさせます。人間のそのような珍しい断面。二人組の人々が突撃を主導した。

典礼の一環として、さまざまな参加者には、身長6フィートの20代のアシスタントと、それよりも数フィート背が低く、肌の色も異なる中心メンバーが含まれており、二人とも幸せそうな顔をしていた。ようやく予定していた不況期に到着したとき、ケーキはすでに用意されていたので、みんなで一緒にお祝いするために階下へ直行しました！

シカゴのティム・ストーン氏は、ラルシュは単なる解決策ではなくむしろ兆候であるとすぐに答え、私はそれを高く評価し、それが正確であると信じていました。「希望」が彼の答えだった。ティムはラルシュの中心メンバーの一人で障害を持っていますが、この説明は限定的であると見なすこともできます。ティムは友人や家族を心から愛し、情熱的に料理を愛し、抽象芸術を創作することで知られています。膨大な量の知識を共有しながら心の知能指数を放射します。ティム自身と同じように、ラルシュは希望の気取らない源として立っています - ティムが代表するラルシュのメンバーと同じように。

私たちの世界に関する新しい知恵は、予期していなかったプロジェクトや人々から、一見重要ではないように見える時空の点間のつながりまで、静かに展開されることがよくあります。私の毎日の会話は、「解決策ではなく兆候」を中心に展開しています。このフレーズは、変化する形と鮮やかな色合いで私の人生に浸透し、それを真剣に受け止めていると主張しています。これらの兆候は、私が子供の頃から真剣に受け止めていましたが、常に理解できなかった終末的な兆候や宗教の驚異とは一致しません。公民権運動の指導者たちは、個人の命を取り戻すために必要な大変な努力ではなく、ビジョンの閃きを求めていることが多かった。ビンセント・ハーディングさんは、都心部でアフリカ系アメリカ人の若い男女に会ったときの話をしてくれました。彼らは、自分たちの新たな可能性を思い描き、信じるのに役立つ「生きた人間の標識」を望んでいると言ったそうです。

ヴィンセント・ハーディングと著者とのやりとりを聞いてください。

私たちの教育プロセス、特にいわゆる疎外された若者に対する重大な欠陥の 1 つは、彼らが暗闇から光の中に素早く脱出できるように教育することです。
代わりに必要とされているのは、その暗闇の中に喜んで立ち、深く傷ついたコミュニティから逃げるのではなく、思いやりのある人間だけが見ることのできる可能性を切り開くことができる、より多くの人々です。

かつて、既知の世界の端と辺境を明らかにする地図は、少数の人によって使用され、密接に保持されていた権力の道具でした。今、私たちは征服ではなく物語によって定義される相互依存の世界に住んでいます。つながりが地図上の点として私たちの存在を生み出すもの。私たちの想像力はまだ人間主導のこの新たなフロンティアに追いついていないため、私たちは皆、伝統的な重要な裁定者、つまり「レーダーの下にある」ステータスにやや捕らわれています。悲しいことに、私たちの地球を変えようとしているほとんどすべてのものとすべての人が、現在その「レーダー下」に該当します。レーダーが壊れてしまいました。

私たちはいつもそのような状況で生きてきたのでしょうか？ジョーン・チッティスターの言葉で、6世紀のローマ版のニューヨーク・タイムズ紙には「ベネディクトがルールを書く！」という見出しが掲載されていなかったことを思い出した。ヌルシアのベネディクトには静かな計画がありました。それは、当時の競合していた宗教権威を単一の統一権威に置き換え、隠者と外部から来た人々の両方を受け入れることができる、利用しやすい生活リズムを作り出すことでした。当初、ベネディクトの任務はうまくいきませんでした。彼をリーダーとして認識していた初期のコミュニティの1つは、彼を毒殺しようとした。彼は生涯にそれぞれわずか 12 人の修道院を 12 か所設立しました。しかし、ベネディクトは、時が経つにつれて大きな報いを得るために戻ってきた何かを動かし始めました。当時、ベネディクトは自分自身も周囲の誰も気づかずに、千年以上後に西洋文明を生かし続ける何かを創造しました。
この物語には勇気が見つかります。有益で栄養のあるものに焦点を当てようとジャーナリストとして最善の努力を払っているにもかかわらず、おそらく、今から100 年後、1000 年後に世界を救うことができる創意に富んだ人たちをすべて目にすることはできないでしょう。

それでも、私は自分の周りにあるすべての善に驚いており、その一部をこのページで共有できればと思っています。たとえほんの一かけか二かけでも私の人生に大きな影響を与えてくれたので、腕と心は感謝の気持ちでいっぱいです。

私たちが書いているときでさえ、私たちが気づいていなかったり、求めていなくても、何が私たちを癒してくれているのかという知識で心はあふれ出ています。そして、癒しとは、一緒に人生をより深めるための機会を作り出すこと、つまり、単に年をとったり、賢くなったりするのではなく、より賢くなり、完全になることを意味します。

オクラホマでの幼少期からの私の旅は私を遠くまで連れて行ってくれたので、希望の美徳を誇張しすぎていると非難する人もいるかもしれません。それでも、私の心は今、これまで以上に強くそれに向かって傾いています。私は、知的に信頼できる視点は常に懐疑的であることから生まれなければならないという考えを放棄しました。知性は謎に対しては機能しません。寛容は愛に取って代わられるものではありません。皮肉主義も適切な代替手段ではありません。人生における多くの価値ある努力とは異なり、皮肉主義は汚職や大惨事によって試されることはありません。生成的でもありません。むしろ、物事をそれ以上変更したり、必要以上に努力したりすることなく、単に存在するものをそのまま判断します。

歴史のこの転換点において、あらゆる年齢層の人々が向上心を持っているのを私は観察しています。これは野心とは異なります。むしろ、向上心とは、最高の自分になることに惹かれ、それがどのようなものかを理解しようとすることを意味します。私たちは、これを成功させるためにはお互いが必要であることに気づきました。誰になりたいか、何になりたいかという一面だけに焦点を当てるのではなく、若者たちがどのようになりたいか、誰になりたいかについて話すのを聞くことで、私はインスピレーションを得ることができます。シルビア・ブアスタインは、子供たちは私たちの言うことに常に注意を払っているわけではないが、常に私たちを観察していることを思い出させてくれます。シェーン・クレイボーンのように、子ども時代にモデル化された大人の文化を、孤独や持続不可能などの言葉で表現する人もいます。

自分の考察や執筆が十分に真剣であるかどうかを心配するのが遅すぎます。結局のところ、私の中には、そして知恵が急速に成長するこの世界と同様に、何かさわやかな遊び心があります - 希望は必ずしも重い意味を持っているわけではありません！進歩とみなされるために知恵は万能である必要はないが、それは私たちの最も優れた行動心理学者、神経科学者、宇宙論者である小説家の価値を損なうことになる。人生の本当の驚異や恐怖にもっと簡単に直面する準備をするのに役立つスリリングで恐ろしい話を共有した炉辺では、私たちはもはや成長しませんでした。今日、私たちの炉辺は、伝統的な物語や詩のスラムだけでなく、大小のスクリーンでも開催されています。私は余暇の読書習慣の一環としてフィクションを読んでいます。

哲学の小冊子が私の自由時間のほとんどを占めていますが、客観的には私にほとんど良い影響を与えないテレビを見すぎています。殺人小説やミステリー小説に私は魅了されますが、遊びは人間の存在にとって不可欠です。その創始者の一人である医師のスチュアート・ブラウンは、子供時代に遊びの欠如を伴うことが多かった殺人犯を研究することから初めてこの分野に参入しました。スチュアートは、教育の一環として彼らの心を研究することで発見したものです。遊び心の研究（幼少期の乱暴な遊びは思いやりを育むのに役立ちます）。

人間は魅力的でありながら複雑な存在であり、両方の中に同時に存在し、常に変化する存在です。私たちは、ますます中毒性の高いおもちゃや、成功と恐ろしい失敗の魅力的なイメージを持つ現代の産物です。しかし、私たちの中には、私たちの中に栄養を与え、熱望するもののためのスペースがあり、私たちの多くが尊重し、保護し、育てているものがあります。希望とは、私たちの前に横たわる予測不可能な現実から知恵と喜びを引き出すことを目的とした方向性です。

テイヤール・ド・シャルダンの最初の情熱は地質学でした。フランスの火山山岳地帯で生まれ育った彼は、岩石（最も純粋な意味での物質）に魅了され、第一次世界大戦中に担架の運び手になるまで岩石の性質について熟考することに多くの時間を費やし、その経験から次のように書いた。彼は後に人類を「最も爆発的な段階にある物質」と表現した。

テイヤールは瞑想的であると同時にイエズス会士でもあった。したがって、彼の精神的および科学的世界観は、彼に歴史の広大な見方をさせることになりました。彼は、数千年にわたる人類の生理学的進歩を示す化石を発掘しました。彼は、進化は意識と精神に向かう傾向があり、科学的観察に基づいた希望を与えてくれると信じるようになりました。「私の出発点は」と、彼よりも私たちの時代にもっと適切なアプローチで彼は述べた、「各個人は、その物理的、有機的、精神的な存在のあらゆる側面と、自分を取り巻くすべてのものと強制的に織り込まれているという基本的な最初の事実です。」」前述したように、テイヤールは、人間の人工物や発明が、心を意味するギリシャ語のヌースから引き出された想像上の概念であるヌースフィアを生み出すだろうと信じていました。彼の理論は、現代の地質学者が私たちの時代を人新世と名付けたことを先見の明を持って予測していました。これは、人類の歴史から人類の影響を無視することはできないという認識です。
人類は、地質学的時間スケールにまたがる痕跡を地球上に残しました。私たちの個人的な行動が私たち個人に影響を与えるのと同じように、集団的な行動もその形を大きく変えてきました。

テイヤール・ド・シャルダンは、イエズス会の上司から生前、古生物学以外の著作を出版することを禁じられていたが、1955年の復活祭の日に安らかに息を引

き取った。彼のスピリチュアルな本（『人間の現象』、『神聖な環境』）が 1960 年代
にようやく入手可能になると、すぐにベストセラーになりました。彼のアイデアは
今、新たなエネルギーとともに世界中に広がりつつあります。
テイヤールのビジョンは、長い時間の視点と、人間の意識と主体性の進化への
投資とのバランスをとることを私たちに求めていますが、そのような呼びかけに必
要な語彙を持っている人はほとんどいません。その代わりに、ほとんどの議論は
人工知能に関係しています。感覚を持ったコンピュータが魅惑的になるか邪悪
になるか、あるいは権力を握るようになるのです。私たちが意識そのもの、つまり
意識が私たちをどこへ連れて行くのか、あるいはさらに先に進むのかどうかにつ
いて議論しているのを一度も聞いたことはありません。霊的な進化は、大規模な
スケールでどのようなものになるでしょうか？
そしてそこで私は、テイヤール・ド・シャルダンのアイデアと質問を直接引き出し
ながら、今のところ生産的な方法でそれらを適応させた興味深い対話を発見し
ました。進化生物学者のデヴィッド・スローン・ウィルソンは、2009年に出版150周
年とチャールズ・ダーウィン生誕200周年を記念してバチカンで開催された会議
に出席するまで、『テイヤール・ド・シャルダン』を読んだことがなかった。

デビッド・スローン・ウィルソンと著者の間のやりとりを聞いて、彼らの交流につい
ての洞察を共有してください。

もちろん、ほとんどの進化論者と同じように、私はテイヤールのことをよく知って
いました。しかし、彼らは彼の言葉を読んだことがあっただろうか、あるいは彼の
考えが最新のものであると考えたのだろうか？ほとんどの進化論者にとって、こ
れらの質問に対する答えはおそらく「ノー」でしょう。しかし驚いたことに、テイ
ヤールは実際に科学的に時代を先取りしていたことが分かりました。彼が書いた
ものの多くは、今日の進化論の観点から見て価値がありました。
彼の主なメッセージは、最近再び流行しつつありますが、人類は単なる別の種
や霊長類のように見えるかもしれないが、実際にはまったく新しい進化の過程で
あり、私たちの発展は生命そのものの発展と同様に結果的であると考えることが
できるというものでした。テイヤールはその点に関しては正しかったので、私は驚
きました。継承メカニズムとしての象徴的思考と私たちのさまざまな文化的実践
はすべて、真に新しい進化の経路を構成しています - この考えが確認されたこ
とに私は驚きました。

デヴィッド・スローン・ウィルソンはテイヤール・ド・シャルダンと同じ無神論者であ
る。しかし、彼は進化生物学の観点から宗教を非常に効果的な適応集団として
研究しており、しばしば進歩ではなく衰退の方向に向かっています。デビッド・ス
ローン・ウィルソンは、進化生物学の洞察を社会的利益に応用することに多くの
研究を捧げてきました。現在、この精神に基づいてニューヨーク州ビンガムトン
の都市再生プロジェクトに取り組んでおり、これらの教訓を都市再生に応用する
ことを目指しています。このプロジェクトを詳述した彼の著書には、「我々は今、

ヌースフィアに入っている」と題されたテイヤール・ド・シャルダンを讃える章が含まれている。

著者デヴィッド・スローン・ウィルソンと彼自身とのやりとりを聞いてください。

彼は「思考の粒」についてよく話しました。彼にとって、これは、人間が当初、互いに切り離された個別の象徴システムを持つ小さなグループで暮らしていたことを意味しました。しかし時間が経つにつれ、社会が拡大するにつれて、これらの考えの粒が集まり始め、それがオメガ ポイントと呼ばれる1つのグローバルな意識につながりました。
鏡像を通して見る進化。
右。社会はミクロ社会から今日の巨大社会へとますます拡大し続けていますが、これが最終的に1つの地球規模の頭脳につながるという仮定は可能性の範囲内ですが、確かに保証はありません。いつでも崩壊する可能性が残っています。おそらくオメガポイントは、私たちがそこに到達するために十分な努力をすれば、どこかのどこかに存在するでしょう。そうしないと、私たち全員が損をします！

スピリチュアリティは人類の進化を導くものでなければなりません。そのためには、その定義と、なぜスピリットやソウルなどのスピリチュアルな用語が日常生活において不可欠な役割を果たすのかを理解する必要があります。
それができれば、超自然的なエージェントに頼らない、彼らにとって満足のいく意味を考え出すことができると思います。このようにして、私たちは魂の存在について率直に話すことができます。私たちのグループにも魂があり、私たちの都市にも魂があり、私たちの惑星さえも魂があるのです。それは実際にはアクセス可能な解釈を持つことができます。

テイヤールは、霊性とは単に個人的な慰めに関するものではない、と主張しました。むしろ、より大きな善を達成するために、私たちよりも大きな何かを刺激する必要があります。あなたがビンガムトンで何をしているかを考えると、この考え方はそれを裏付けているように思えます。

まったくその通りです。進化論的な観点から言えば、進化は行動のみを観察します。あなたの心の中で何が起こっているのか、あるいはあなたの意味体系として何が起こっているのかは、実際の行動を通じて明らかになるまで目に見えないままです。したがって、あなたの内側で起こっていることがあなたに適切な行動を引き起こさない場合、それはあなたの意味システムが他人に望ましい行動を生み出すのにそれほど効果的ではない可能性があることを意味します。

私たちが行動し、正しいことを行う動機付けには意味が不可欠であり、現代社会ではそれには関係するすべての事実の認識が含まれなければなりません。

そして、これらの事実を利用して、ますます複雑になり、地球規模での管理が必要となる世界で行動を計画するために、私たちは自分の価値観を常に意識し続ける必要があります。

「地球規模の経営」のような理想は、私にとっては現実離れしたものに思えます。それは、今日の世界秩序や今ここで起こっているあらゆることとは不条理にずれているように思えます。そこで、ジャーナリストで環境ブロガーのアンドリュー・レブキンが、現在の世界的な出来事と、10代の脳の発達の中で観察された出来事とを類推すると、次のようになります。どちらも不均一性を示しており、非常に進歩した領域と無謀な領域が同居しています。どちらも創造性と破壊の可能性を同時に示しています。

アンドリュー・レブキンが著者と会話するのを聞いてください。

したがって、株式市場を見ても、タハリール広場での出来事がどのように展開し、その後ツイッターやフェイスブックを通じて変化していったのかを見ても、私たちはその機能をまだ明確に理解していないまま、新しい配線を試していることがわかります。ブログを書くことでこの分野についての洞察が得られます。瞬間的な嘘はすぐに燃え上がるかもしれませんが、すぐにその真実が同じように、最初に暴露されたときよりも早く現れます。

これにより、いくつかの興味深い疑問が生じます。カーツワイルのような人たちは、私たちのシステムが人間よりもさらに強力になる可能性があると考えています。しかし、現時点で実際にさらに強力なのは、以前は不可能だった方法で、私たちが協力して物を作り、感じ、体験するのに役立つこのシステムの能力が増大していることだと思います。最も印象的なのは、アイデアを共有し、形にするこの能力です。
気が遠くなるような。それは単なるコンピューティング能力をはるかに超えています。ここにはもっと本質的な何かが働いているに違いありません。

アンドリュー・レブキンは、テイヤールのヌースフィアからノウオスフィアという用語を派生しました。

これは、スピリチュアルな言語が私たちの社会にいかに強力に定着しているかを示す、あなたからのもう１つの文章です。どのような用語を選んでも -- この場合は「知識圏」-- 観察や意見を共有する新しい方法によって、私たちの世界が急速につながっていることは明らかです。人類の進歩に影響を与えるアイデアを形にすること。それが真の霊的言語です。

まあ、確かに。気候変動問題はしばしば科学的なものとして扱われます。しかし、詳しく調べてみると、彼らの人間の意思決定プロセスは、科学的思考から価値観の考慮と評価へと急速に移行します。化石燃料からの切り替えと、海面上昇の抑制や作物の不作のリスクとの間のすべてのトレードオフ（すべて非科学的な質問です!）を考慮すると、それらの利点をどのように比較検討するかが明らかになります。これらの決定には、価値観だけでなく経済性も考慮されます。

そして、事実について議論するのは簡単かもしれませんが、価値観について議論し始めると、はるかに複雑になります。

はい。この時代は人新世、つまり人間が地球を支配する時代として知られるようになりました。この時代がスムーズに進むためには、私が「人新世」と呼ぶもの、つまり互いの違いを受け入れることが必要です。

どの集団の人々も、共有された知識体系に関して異なる意見を持つ傾向があります。
科学を通じて相互に接続されると、インターネットの使用は私たちの生活の一部となり、科学はそれに適しています。より大きなものの一部になることで、私たちはオンラインになるときに、それがグリーンであろうとリバタリアンであろうと、自分たちのバブルの中に孤立したままになることがなくなります。むしろ、私たちは他の人々に関与し、手を差し伸べることによって、他の人々の意見を求めます。それは知識圏の一部です。エネルギー効率に関して同様の目標を共有し、潜在的に一緒に解決策に取り組むことができる、さまざまなエネルギーの選択肢を持つ人々を見つけます。そして、協力できる場所があることに気づきます。それもすべての知識圏の一部です。

私たちがインターネット上で直面している問題は、その領域に特有のものではありません。彼らは人間の一部なのです。人がたくさんいる部屋にいるときは、より大きく、より怒った声を発する人が最も多くの通話時間を得る傾向があります。私がブログで心がけていることの１つは、静かな参加者にも意見を提供できるツールを開発することです。

＊＊＊私は、物静かな人々が自分の声を見つけ、古い真実が発掘され、新しい知識が創造されることの間に起こる、変容をもたらす相乗効果に魅了されています。これは、多くの人類がずっと昔に知っていながら忘れてしまったことです。

デトロイトの経済が変化し、人々が生計を失うにつれて、利便性の内部矛盾があまりにも明らかになりました。街区全体が空になった。残った者の中には空き地に食べ物を植え始めた人もいた。最初はただ生き残るためだったが、後には希望の表現として。これらの実験は後にアメリカ全土の都市庭園に影響を与えました。私はマートル・トンプソンとウェイン・カーティスに会いました。彼らの庭には、ヒマワリの種やハーブからカボチャのような野菜に至るまで、多くの驚異が含まれていました。収穫には何が含まれているかを尋ねると、彼らは印象的なリストをあげました。

著者のマートル・トンプソンと編集長のウェイン・カーティスのやりとりを聞いてください。
ここの庭では、コラードグリーン、トマト、ピーマン、唐辛子、ナス、カボチャ、イチゴ、ラズベリー、スイカの3種類のケールと、タマネギ、ジャガイモ、コリアンダー、バジル、パセリなどのハーブが栽培されています。昨シーズンはヒマワリ、トウモロコシ、ヒマワリ、トウモロコシも育てました。オクラは遠くから人々を惹きつけますが、私たちのナスはレシピを求めてインド文化から来た人々を連れてきます。私たちが何かを学び成長するにつれて子供たちが反応するのを見るのは、物事が成長するのを見るのと同じくらい本当にやりがいのあることです。それがこんなに早く起こるとは思っていませんでした。新しいものが登場するたびに、私たちがさらに学ぶにつれて子供たちが反応するのを見ると、最初はここで花が咲くとは予想していなかったので、私自身もさらに驚きます。

マートルとウェインは、栄養密度について議論する際に、ダン・バーバーやマイケル・ポーランと同じくらい賢明で科学的であることを示し、同時に私と意識についても議論します。

著者のマートル・トンプソンと著者のウェイン・カーティスのやりとりを聞いてください。

食糧を栽培することと同じくらい重要なのは、文化、コミュニティ、イデオロギー、その他の側面を育成して、私たちの存続がもはや危険にさらされていないことを保証するという私たちの役割です。この庭園は単に食物を育てるだけではなく、この庭園よりも古い生態系の一部になることを目的としており、私たちは時間の始まりからその存在プロセスの一部となることで貢献しているため、意識を養うことは極めて重要です。食物を育てるだけでなく、私たちのアイデンティティをデル・モンテに依存しない人文主義的な実践を実践することもその一部です。

いつもそこにあった食べられるものを再発見することには、文化を変える力があります。価値のあるものを優先してきたかもしれないことに気づくからです。あるいは、誰かがオイルを交換しているパレットの下を覗いたり、私たち全員に栄養を与えてくれるかもしれない植物を見つけたりすると、地球と自分の周囲の人々の両方との関係が変わります。今からあなたは彼らにすべてを説明する方法を見つけなければなりません。
私はルイビルで、市長、警察署長、教育長、ルイビルの信仰コミュニティの指導者、組合の主催者、そして歴史的な家族のメンバーとともに、魅力的で魅力的な夜を過ごしました。夕食時には、私たちは親密な「カントリークラブ」を訪れます。そこは、誰かの最愛の祖母の家のように感じられます。高級陶器が置かれたかび臭い地下室です。ある人によると、ここは常にエリートが集まる場所だそうです。窓の外にはオハイオ川が流れています。その銀行は階級と富の歴史的な分断を示しています。しかし今夜は、さまざまな都市生活者が一緒に話したり聞いたりしているのが見られます。ルイビル市長のグレッグ・フィッシャーは当選後、市の目標は思いやりの一つであると公言しました。市民生活のあらゆる面で一つになるべきだということです。彼らはこの実験を非常に真剣に受け止めています。今、彼らは恋愛を超えて社会の変化へと移行しています。結果が出るまでに何年もかかる可能性のある長期プロジェクトを学校に植え付けること。一流の家の息子の一人は、それは単なる願望にすぎないと私に言いました。しかし、市民の願望は強力であり、道徳的な想像力に具体的な努力の余地を与えます。

これらの驚くべき発展の中で際立っていたのは、その部屋に生み出された驚くべき信頼感でした。恐怖は和らぎ、恐れることなく脆弱性がさらけ出されました。アフリカ系アメリカ人の牧師は、本当に変化をもたらしたのは、政策や解決策をすぐに提案することなく人々の痛みに喜んで寄り添う政治家がいることだ、と私に語った。代わりに、それに対して慰めを与えたり嘆いたりする前に、それが部屋の中で悲しむものとして存在することを許可します-古代の預言者が彼らの喪失を嘆いたように嘆くのです！損失を悲しむこと自体は決して生産的でも効果的でもありませんが、この機会がなければ、持続的な進歩や前進する成長は決して望めません。
私たちがそのような取り組みに集団的に参加することを選択した場合、知識は権力の行為として取り上げられる可能性があります。しかし、残念ながら、この知識は、私たちが20世紀を通じて戦争によって問題の解決を求めて戦ってきた本能、つまり私たちの職業生活、外交政策、国内政策、子育てスタイル、子育てのあらゆる側面に浸透した本能と矛盾します。戦争は怒りと野心を燃料として利用し、同情心とともに嘆きや悲しみの感情を先送りします。その計算は、負けを犠牲にして勝つことを測定します。9/11の後、アメリカでは敵に対する復讐の言葉はたくさんありましたが、喪失によって引き起こされた悲しみや悲しみ、それを表現しなければならないものを受け入れるのに役立つ言葉はありませんでした。アメリカの9/11の後、私たちは復讐という強力な語彙を使いながら、時間をかけずに行動し、それ以来起こったことを内面化させました。
アメリカ国民は、最強の要塞の中で前例のない脆弱性を感じました。このことがアメリカ人を、同じように人生を送っている世界中の見知らぬ人々との新たなつながりへと誘導した。しかし、私たちの反応はさらにお互いを疎遠にしてしまいました。

ビジネスから教育、心理学に至るまで、失敗は常に人間の経験の一部であることを社会が思い出し始めるにつれ、私たちは精神的な成長や個人の知恵における失敗の役割も認識し始めています。私はその考えをさらに進めて、失敗と脆弱性は精神的および個人的な成長にとって不可欠な要素であると考えています。私たちにとって何がうまくいかないとしても、何が私たちの強みであると同時に弱みとして認識されるとしても、これらの経験は、希望を合理的にし、生きた美徳を可能にするのに役立ちます。それらは人類に対する私たちのユニークな貢献の一部を形成しています。ブレン ブラウンは、何世代にもわたって私たちの共通の語彙から抜け落ちていたこの古くからの基本的な真実を共有する専門知識により、さまざまな環境やリーダーシップのレベルで人気の教師になりました。この取り組みは、彼女が非常勤教授を務めるヒューストン大学ソーシャルワーク大学院で始まりました。

著者とブレン・ブラウンのやりとりを聞いてください。

私はいつも人々に簡単な質問をして、個人的に、または他の人が勇敢なことをしたのを目撃したときに、自分が本当に勇敢な行動を示したと思うかどうかを評価します。そして、11,000件のデータを扱う学術研究者として、私は道徳的、精神的、リーダーシップ、人間関係における勇気のうち、弱さから生まれなかった例を見つけることができません。それにもかかわらず、私たちは弱さは行動しない言い訳として弱さであるという神話を信じ込むことが多すぎます。十分に大胆に。

古典的な完璧主義者を自認していたブレネ・ブラウンは、これらの発見によって彼女自身の人生が大きく変わりました。彼女はヒューストンで開催された TEDx トークでそれらを共有することに決め、それ以来その話題は急速に広まりました。
「Listening to Shame」は、魅力的ではないタイトルにもかかわらず、これまでで最も視聴された TED トークの 1 つです。シーン博士が、心から生きることを研究しているときに、現代人の耳に否定的に響く真実に偶然出会ったということを知るのはとても楽しかったです。
ブレン・ブラウンが著者と議論しているのを聞いてください。

データのコーディングを開始し、単語のパターンやテーマを探し始めました。それらはすぐに急速に現れました。私は、心からの男性と女性が意識的にまたは無意識に生活から特定の活動を排除しながら、意図的に選択することに重点を置く傾向があることに焦点を当てたリストを作成し始めました。そして、自分のことを正確に説明した「やらないことリスト」を見上げるとすぐに、それは私のものではないことが非常に明らかになりました。私は自分の人生全体がそこにまったく存在していないことに気づきました - 私の存在全体が異質に思えました。

それで、その中には何が入っていたのでしょうか？そうですね、まずこれをお聞きします。これらの人々が利用できる強力なサポートシステムにより、より良い子育てを受けていたり、トラウマの経験が少なかったりするという証拠が見つかると期待していましたか？

最初、私の反応はやや独善的でした。自分を信じ、自分に価値があると信じている人は、一般の人に比べて離婚や破産、トラウマや依存症の履歴が少ない人生を送っているに違いないと私は思いました。しかし、まったくそうではありませんでした。これらの変数の点では、彼らは何の違いもありませんでした。彼らは他の皆とまったく同じでした。

あなたを最もよく表しているリストは何ですか?

完璧主義、判断力、ステータスシンボルとしての疲労、自己価値としての生産性、クールさ、人々はどう思うか、証明を行うこと、確実性の探求はすべて、このような魅力的な絵を描く要素です。

これらの心からの人生は、あなたが今この言葉を使っているように、脆弱性によって特徴付けられていますか?

そのとおり。彼らは、何の約束も保証もなしに私の人生にやって来た人たちでした。そのため、数日後にそのテーブルに座り、私が彼らのデータを保管して、代わりにセラピストを見つけようと決心したとき、それがうまくいきました。その決断が現実になりました。

私は自分自身にこの質問をしたのを覚えています。もしこれが、私たちの心からの能力が傷を経験する意欲を決して超えることができないことを意味するなら、それはどうして可能でしょうか?

それは、脆弱性に対する私たちの文化的な嫌悪、つまり私たちが脆弱性に対する原始的な感覚に対して行ってきたことに戻ります。それは自分自身と自分の大切な人を守るための素晴らしい本能として始まったかもしれませんが、時間が経つにつれて、それはまったく異なるものになりました。私たちは、自分自身や自分に近い人たちを守ることを真剣に考えるよりも、完璧を目指すことで事態を改善する傾向があります。

同意します。私が助けを求め、違う生き方をしたいと思うようになったのは、子育てについて見ていたことでした。私たちが世界とどのように関わるかは、その実践について私たちが持っている知識よりもはるかに子供たちの成功を予測します。現在、私たちは穏やかな目覚めの時代にいると信じていますが、私の研究は9/11のわずか半年前に始まりました。12年間にわたり、私は家族内で恐怖が暴走するのを観察し、私たちが今日の世界の不確実性から自分たちと子供たちを守るために並外れた努力をしているのを、大学教授としての研究レンズを通して、そしてその両方を通して見てきました。親であり生徒である私自身。

これまで真の逆境に直面したことがなく、無力感や絶望感を感じている学生たちが私たちのところに来ます。最も魅力的な側面の1つは、この展開を目の前で目撃できることです。
この分野で働いた私の経験から、真の希望を持つ人にはもう1つの特徴があることが多いということが分かりました。それは、カンザス大学ローレンス校のC. R. スナイダーの研究では、希望は闘争を通じて生まれることが示されています。

あなたの文章には、このような本当に息をのむような文章があり、私は本当に驚かされました。

希望は感情ではありません。むしろ、それは、私たちが困難に直面し、信頼できる関係を築き、困難な状況から無傷で立ち上がる能力について他者からの信頼を得るときに発達する認知的および行動的プロセスです。

これは、子供たちを盲目的に信じ、痛みを可能な限り無視しようとする私たちの傾向とは異なります。しかし、私たちは、大切な人のために素晴らしい世界、人生、経験を作りたいという願望を確かに理解していますか?

しかし、私たちはしばしば美しさを見失います。私の人生で最も貴重な思い出のいくつかは、私が想像もしていなかった闘争の爆発から来ています。「神が私をこの人にしてくれた」と思う瞬間は、私が予想もしていなかった瞬間です。

希望は、心を通わせる旅の途中で打ち砕かれます。希望は闘いの結果です。私は進化生物学者のデヴィッド・スローン・ウィルソンに、人類がかつて知っていたが忘れていたこと、たとえば日常生活の中での食糧源や緑地などを再学習することによって進歩することがあるという、進化の観点から見てナンセンスなことがあるのではないかと尋ねた。たとえば、同様のことが人間の発明にも当てはまるかもしれません。おそらく私たちは闘争が成長の一部であることを学ぶ必要があるでしょう。本物の食べ物や緑地を再発見することで、日常生活に活気を与えたり、私たちの種が残っていることを知って安らぎを得たりすることができます。彼の返事は？彼の説明は次のとおりです。魚は水の外では生きられず、生き残ることも繁栄することもありません。人間の発明は、かつて知られて忘れ去られたことを再学習することによって、まったく同じことを行うことができます。これが彼の反応です - 魚が自然にやらないことです。水から引き上げると、かつて知っていたことを忘れる前に覚えたことを忘れる前に知っていたことを忘れる前に知っていたことを学ぶとき、人間のように生き残ることも繁栄することもできなくなります。魚が水から上がると、もはや生き残ることも繁栄することもできないのと同じように、人間が賢い発明を開発してきたように、発明によってまったく同等のことが行われていますが、無数の賢い方法でこれを行うことができるので、再学習する必要があります成長する中での闘争劇、本物の食べ物を再発見したり、共同生活を活気づける緑の空間を提供しながら、共通の生活を一緒に過ごす仲間を知る安らぎを見つけたり、時間を忘れて何かをすることを学び直す仲間を知る安らぎを見つけたりすることまたは、以前に知っていたことを今では単純に知ることができます。魚にはできません！水の外ではもはや生き残ることができません/そのときはただ生き残ることができません/そして最終的には自分自身を取り除くのと同等の効果をもたらすことになるでしょう。ここでは、あらゆる種類の賢い方法をすべて紹介します。私たちの役割を再学習する お互いを知ることで自分自身がより良くなる 慣れ親しんだ知識と同じように、共通の生活でもお互いを知らなくても、必要に応じてすべてを知ることの快適さを知ることにより、自分自身をよりよく知ることができます/もう一度知ってください/すぐにとても快適に知ることができます 他の人を知ることは、事前に知っていた安心感を与えるかもしれませんし、自分のことを他の人から知ることは、実際には再学習（または単に知ること）として非常に良いことです。要するに水かもしれない。の上
隣人たち - これらの変化は逆転として見られるべきではなく、進化と人類の霊的観点から私たちが必要とするものへの目覚めとして見られるべきです。生存と活力に不可欠な要素を回復することは、正しい方向への一歩です。進化が自らを明らかにするときの知恵について語る別の言い方。

* * *

都市計画からメンタルヘルスケアに至るまで、レジリエンスが私たちの現代言語の一部になっていることを心強く思います。レジリエンスは、物事が途中でうまくいかない可能性があることを認識しながら、単なる進歩と持続可能性に代わる選択肢を提供します。当社のすべてのソリューションは、最終的にはその有用性が失われます。私たちは混乱を起こしますし、私たちが引き起こしたり予期していなかった混乱が私たちにやってくるでしょう。それは単に人生の一部です。この存在のドラマが私たちをしっかりと地に足をつけさせてくれます。回復力のある個人や都市を育成するには、避けられない脆弱性を理解し、困難を予期する考え方を植え付けることが必要です。概念と戦略の両方としてのレジリエンスは、私たちの存在と生活の現実を尊重し、繁栄するシステムと社会を構築するための強力なガイドとなります。レジリエンスは、願望に基づく楽観主義から、現実に基づく希望に満ちたものへと移行します。レジリエンスは、意味のある持続的な幸福と定義できます。完璧や満足といった一時的な状態や、その瞬間の状況に対する感情的な反応に依存するのではなく、光と闇のすべての感情と経験を合計した生き方へのアプローチです。人生そのもの。回復力には、謙虚さを保ちながら積極的でありながら現実的であることが必要です。失敗を克服するのと同じくらい他人のサポートが必要であることを認識し、これまでに起こったことに失敗を統合します。

アンドリュー・ゾリは、起業家用語でこの用語を普及させた張本人の一人です。彼は 10 年間、社会起業家の PopTech コミュニティの復活を率いました。現在、彼はフェイスブックのような場所で人間の状態についての調査をアドバイスしている。ゾリは、世紀間の新しい科学的理解と文化的理解の含意に対する私た

ちの集団の目覚めの脈動を正確に把握しており、ある世紀から次の世紀の間に、新しい科学的理解と文化的理解からの目覚めの先駆者となっています。アンドリュー・ゾリとアンドリュー・トリスのやりとりを聞いてください。

あなたが言ったことで私の注意を引いたのは、「正常に失敗する」システムを求めるということでした。たとえば、この考え方は、2008 年の経済低迷やハリケーンカトリーナのような出来事を考えるときに非常に当てはまります。しかし、私たちは自分たちの組織や、組織が共通の生活をどのように管理し組織するかに関してこのように考えることはほとんどありません。この概念は完全に理にかなっています。

確かにそうです。その原因の一部は、失敗から自分自身を救えるという誤った信念にあります。エンジニアリングや計画を通じて、何らかの方法でそれを防ぐことができるだろう。私の個人的な旅は 1990 年代に始まりました。当時何が起こっていたのかを今振り返ってみると興味深いです。ソ連は崩壊し、戦争はしておらず、インターネットは繁栄し、人々は「歴史の終わり」などのタイトルの本を出版しました。私たちが知っていた歴史は終わった——みんなが帰って私が家を出る前に、手の込んだパーティーに参加したようなものだ。これが私の人生で起こるのはこれが最後ではない。喧嘩は物理的資源をめぐるものではなく、経済と創造性に限定される。したがって、国家間で本当の戦争が起こることはありません。私たちはこの時点を超えて移動していました。

すべてが上がるだろう。何も起こらないでしょう。

その通りです。物理法則は停止され、私たちは平和の配当を費やすのに忙しかった。これを、その後に起こったことと比較してみよう。多くの人は、目覚ましい成功を収めた世界規模のテロ行為から始まり、その後、解決までに何年もかかった国際的に懸念される大規模で費用のかかる、複雑で痛みを伴う問題が続いたと主張するだろう。
おそらく歴史はこの10年をアメリカ史上最悪の10年として振り返るだろう。それは、誰もがそれを好むからではなく、むしろ物事が相対的な静けさから真の混乱へといかに急速に変化し、それが文化に浸透してきたかによるものです。したがって、正常な失敗を考えるとき、最初の前提は次のとおりである必要があります。失敗は本質的で、健全で、正常であり、複雑なシステムでは必要です。

問題解決やサービスに関しては、行き過ぎや失敗は避けられません。私が 20代の頃に一緒に仕事をした核兵器の専門家たちと同じように、あらゆる時代の革新主義者や活動家も燃え尽き症候群を経験しています。たとえそれが善意であっても、世界を救うことと、他人を自分たちの目的に合わせて形作ることとの間には紙一重の境界線があります。社会起業家精神を含む起業家精神は、時として、たたきのぼりの人間、つまり一人の力で世界を救おうとする崇高だが潜在的に自滅的な衝動の考えを呼び起こすことがあります。しかし、私自身の希望は、私たちの中の若い人たち、特に若い人たちにあります。彼らは、予期せぬ回復力のある方法で成長し、変化の中で適応するのを見てきました。その中核となるグループは模範を示し、効果的かつ持続的に変化する態勢を整えています。非凡でカリスマ性のある30代の思想的リーダーであり活動家でもあるコートニー・マーティンは、20代の頃から「世界を救う」ということがいかに複雑でもどかしいものになり得るかを理解し、人類を「救う人」と救う必要のある人に二分する本質的な論理を拒否した。それに応じて世界も分かれるかもしれない。コートニーはこう書いている、「私たちの人生の目的は世界を救うことではありません。むしろ、不完全でありながら激しく、愛情深く謙虚に、世界の中に存在することです。コートニーと彼女の仲間たちは、どこに行っても反省的かつ積極的に学び、社会に奉仕することを学びます」新しい現実を可能にするのと同じくらい長老たち。

アインシュタインは、精神的な天才を技術の進歩に対抗するもの、つまり無責任な適用によって社会に損害を与えることなく科学を活用する効果的な手段であると考えました。今日の知恵はテクノロジーと結合されています。インターネットは原子を分割するバージョンです。それは、大学などの伝統的な学習機関を根底から覆す、危険かつ有望な計り知れない力を持っています。創造し、導き、所属し、学習するなど、古代かつ原始的な人間の活動。私の最大の心配であり、現代世界に対する私の評価を複雑にしているのは、インターネットがどのようにしてエネルギーとそれを可能にする取り組みを分散させるかということです。セス・ゴーディンもこの危険性をよく認識しています。しかし、インターネットというレンズを通して人生を見ることで、人間がかつて夢見ていたものを超えて拡大する前例のない力を私たちが持っていることにも気づきました。今、私たちは親族や部族を超えて他者とつながることによってだけではなく、自分自身を認識します。私たちは今や、血統や地理に関係なく、情熱と奉仕に縛られた独自の部族を形成する手段と自由の両方を持っています。これらの仮想部族は、ジョン ポール レデラックのクリティカル イーストの概念のデジタル版として機能します。それらは、高名な人類学者マーガレット・ミードが「進化クラスター」と呼んだものを触媒することができます。

宇宙、サイバースペース、時間を超えて知性と知恵を結びつけるデジタル部族が非常に多く存在します。ネイサン・シュナイダーの『ベネディクトのハッカー』はほんの一例です。Maria Popova の Brain Pickings ブログもそのような話です。

マリア・ポポワと著者との興味深いやりとりを聞いてください。

私の毎日は通常、本の山、手紙、日記、そして昔の思想家からの古い哲学書で満たされています。「スピリチュアルな子育て」というニューエイジの言葉がありますが、これは私の好みとしては少しヒッピーっぽすぎると思いますが、魅力的だと思う側面もあります。旅をしながら、過ぎ去った思想家たちの世話をしながら、

彼らの知恵を若い心に伝えていくことです。過去と現在の再子育て世代の様
子。

マリア・ポポワは、魂の概念がすべて追放された鉄のカーテンの時代にブルガリ
アで生まれました。しかし、それでもマリアは彼らの声を見つけました。
本が並ぶアパートで祖父母に育てられた彼女は、今でも祖父母の本の中で精
神的な糧としてマージナリアを研究している。第二次世界大戦後ヨーロッパを離
れた後、彼女は留学先としてアメリカを選びました。マリアさんは大学の学費を
稼ぐためにオフィスで働きながら、オフィスの同僚向けに毎週アイデアを話し合う
電子メール ニュースレターを発行し始めました。マリアの中央ヨーロッパのルー
ツは、彼女にアイデアの力に対する率直な信頼を与えていると思います。これは
ここアメリカではあまり一般的ではありません。そしてどういうわけか、彼女は伝統
的な知恵に役立つテクノロジーツールを使用することに成功しています。私が
30 歳でマリアに会ったとき、彼女はすでにこの仕事に 10 年も携わっていまし
た。Brain Pickings は幅広い賞賛を集め、テクノロジーの救済の可能性を強調し
ました。ブレン・ブラウンと同じように、マリアは、一見まったく異なる疑問を探求し
ながら、希望に満ちた広範な語彙を発掘しました。

マリア・ポポワと著者アンナ・ベルの音声会話を聞いてください。

あなたの作品には、「破壊的」ではなく、その野心的な性質があるため、人々を
魅了しているようです。私たちは若者に対して、深みが入る余地がないという思
い込みを持っています。物事を一口サイズの塊でのみ摂取すべきだということ。
それにもかかわらず、あなたは人々にこの真実を明らかにします：彼らは自分の
頭脳を伸ばしたいと思っています。あなたの作品には、人間として特別で寛大
な何かが表れていると思いますが、この現象について何か説明はありますか?

そうですね、私が大切にしている核となる信念があると思います。そのような信念
の 1 つは、皮肉と希望の関係に焦点を当てています。希望のない批判的思考
は皮肉に等しいのに対し、批判的分析のない希望は無邪気につながります。そ
こで私は両方のバランスを取るように努めています。これらの両極端の間のどこ
かに住むことで、諦めの表現としての皮肉に屈することなく、しっかりとした基盤
の上に自分の人生を築くことができます。この場合の自己保護メカニズム。
しかし同時に、私たちには何かをより良い方向に変える動機がないため、希望
だけに頼ることは諦めにつながります。個人としても文明としても同様に繁栄す
るためには、批判的な分析と希望を組み合わせる必要があると私は信じていま
す。

Brain Pickings のコンテンツは、適時性と時代を超えたもののバランスが取れてい
るように見えますが、これは時の試練に耐えるものです。

文化の多くは、物事の大枠で優先すべきものではなく、今何が緊急であるかに焦点を当てており、一種の時間バイアスや現在主義バイアスが生じています。

現在主義。大好きです。
その理由の一部は、Twitter フィードや Facebook のタイムラインからニュース Web サイトに至るまで、インターネットの構造にあります。そこでは、最新の項目が常に逆時系列で上位に表示され、最近のものがより重要であるか、重要であると考えるように私たちを慣らしています。その結果、以前に起こったことや存在したことはすべて、もはや関連性も重要性もなくなったと、私たちは誤って信じ込んでしまいます。たとえそれらが重要であったり、まったく存在していたとしてもです。そのため、Google やニュースで表示されないものは存在しない、または存在する、またはまったく存在しないという信念につながりました。すべてこの条件付けのせいです。

インターネットの美しさは、自己改善の能力にあります。しかし、それが広告資金によるメディアであり続ける限り、その唯一の動機は商業的なものであり、ユーザーを人道的な価値観やアイデアで豊かにすることとは対照的に、リスト、スライドショー、神託を完成させることです。
アン・ラモットは、希望の重要性について議論する際に、エミリー・ディキンソンについて言及しました。エミリー・ディキンソンは、希望が進歩に向けた私たちの行動の原動力となり、「希望は良いものを示すためのインスピレーションを与える」と書いています。
「人々がインターネットは自己完成する有機体であると言うとき、彼らが言いたいのは、テクノロジーを人間の精神が繁栄し深化できる場所として見ているということです。私たちの生活とテクノロジーについて議論するときに、この言葉が現れることはほとんどありません。

このことを念頭に置いてください。これはまだ非常に若いメディアであり、私たちはまだ 1 世代も生きていないため、開拓者としての熱意を持って開拓するフロンティアと同様に、良い結果と悪い結果の両方が発生する可能性があります。残念ながら、事態がどうなったかはずっと後になるまで分からない。しかしその間に重要なのは、私たちが行う日々の決定とその波及効果です。私の願いは、最終的には人々が自分たちの精神的、知的、創造的なニーズに応えられなくなったものに反抗するようになるということです。

そして私たちはそれをあるレベルで目撃しています。若い世代（必ずしも年齢という意味ではなく、むしろインターネットのシーンに最近参入した人たち）は、古い世代よりも、広告なしバージョンの出版物にお金を払ったり、関与する内容を制限したりすることに積極的であり、質の高い出版物を作成することを認識しているようです。時間、思考、努力、リソース、関係者全員の関与が必要です。さらに、何かが自分をどのように感じるか、そして人類の集合的な記録に対するその全体的な貢献に基づいて意思決定を行うことが、この年齢層の間でより顕著になってきています。

ウィキペディアの創設者であるジミー　ウェールズへのインタビューを聞いていると、人々は自分の時間を何か有益なことをしたいから無料で貢献できる、と彼が主張しているのを聞きました。私もこれに同意し、これが真実であると長い間信じてきました。今日の社会の人々は、自分の時間に高貴なもの、つまり有用性のような功利主義的な価値観では定量化するのが難しいものを求めています。私の中心的な信念は、私たちのほとんどは良いことをしたいと思っている、つまり人々は他の客観的な尺度よりも有用性より美徳を望んでいるということです。私は人々が他のどんな目標よりも良いことを望むと強く信じており、この現象は私たち全員の間に存在すると確信しています。

そうは言っても、私たちは皆、より良くなり、自分自身を進歩させ、精神的に成長することを望んでいます。このメディアはその点で希望を与えてくれます。

世界をありのままに見る人はいません。それは、私たち一人ひとりが独自の何かを貢献しているからです。ウィリアム・ジェームスは、「私の経験は私が注意を払うことに同意したものであり、私の注意を引いたものだけが私の心を形成しました。」と述べました。私たちが世界の中でどのように存在するかを選択し、どのように貢献するかを選択することによって、その経験と貢献はすべて私たちによって決定され、内なる世界と外の世界だけでなく、最終的には私たち自身も形成します。それは私にとってスピリチュアルな旅の核心です。疲れ果てるものではありませんが、励みとなる考えであり、私が何年も自己啓発に費やしたものです。

＊＊＊善の出現を促すには希望が不可欠です。それは善を人生そのものの要素として取り込み、何が善であるかに注目することです。このフレーズが最初に私の意識に入ったのは、数年前の感謝祭の頃に掲載されたニューヨーク・タイムズの面白い記事を通してでした。科学的研究は、感謝の気持ちを実践することの健康上の利点を明確に示しました。苦労していると感じることも含めて、毎日の良いことをすべて数えるだけです。それは、より健全な睡眠、より大きな心の平安、不安や憂鬱のレベルの減少、より親切な行動、そして全体的なより高い生活満足度など、顕著で測定可能な成果をもたらしました。新しい研究では、感謝の気持ちが人々を刺激されたときに攻撃的になりにくくすることを示し、この効果を実証しました。これは、なぜ非常に多くの義理の兄弟が感謝祭で大きな怪我をせずに生き残ったのかを説明するのに役立つかもしれません。」

希望や善意と同じように、感謝も無邪気で重みがないように見えるかもしれません。幸福と同様、それは、人が生まれながらに持っているかどうかにかかわらず、静的な状態であると誤解されることがよくあります。恵まれているかどうか。私個人にとって、言葉を話すことは時々非効率的に感じられることがありますが、それを知恵として尊重すると、それはより豊かになります、つまり喜ぶ習慣、喜びになります。賛美は、キリスト教の詩篇などの精神的な伝統に見られる感謝のもう一つの形であり、たとえ苦しみに直面したときであっても、屈辱から栄光に至るまでの私たちの経験に声を与えてくれます。賛美は、ヘブライ語聖書の詩篇でも同様に機能し、屈辱から至福の満足までのあらゆる人間の経験に声を与える、賛美の機能を備えた詩篇を通じて、苦しみに関連する人間の経験に声を与えます。

しかし詩編作者は、今日はまさに神の日であると主張し、読者にその日を喜び喜ぶよう勧めています。

私の幼少期の記憶には、私にとって慰めとなる考えはあまりありません。それでも、私は、幼い頃、家族が重度の、しかし認められていないうつ病に苦しんでいたときに、喜びと安堵の間の何かを感じながら、聖書のある箇所を結びつけていたことを今でも覚えています。私は、聖パウロがフィリピの若い教会のために書いた美しく詩的な一節を思い出しました。「最後に、愛する人よ、真実で、名誉あるもので、公正で、純粋で、喜ばしいものは、賞賛に値するものであり、賞賛に値するものかもしれません。それが何であれ、注意深く考えてみてください。」。「わたしが言い、示したことを実行しなさい。そうすれば、平和の主があなたととともにおられるでしょう。」精神的およびスピリチュアルな回復力のためのこの処方箋は、現在、2000年にわたる科学的研究を経て、スピリチュアルなテクノロジーが世俗的なスピリチュアルなテクノロジーとしてこれらのテストから生まれてきました。
それでも、こうしたことすべてを考えると、いつでもどこでも良いものを取り入れるという自然でさわやかなことに、なぜこれ以上の努力が必要なのか、なぜこれほどの言葉が必要なのか疑問に思う人もいるでしょう。積極的逸脱とは、人類の発展に関する進化論的な「適者生存」の見方によって生み出された期待に反する人々を表すのに適した社会科学用語です。私が深く大切にしている私のキャリアは、真実、名誉、公正、純粋、喜ばしく称賛に値する優れたものを、プラスの逸脱であると誤解することがよくあります。これは、逆の道徳的想像力が働いていることを表しています。この本で私が言及した人は皆、積極的な逸脱者とみなされる可能性があり、人類の支配の例外として破滅論者によって簡単に片付けられます。そして今、サイバースペースの豊富なポルノ、暴力、矮小化が明らかなときに、インターネットが可能にするものの例として Brain Pickings を選んだことに対する批判を耳にします。
現実は両方/そしてです。より具体的には、マリア・ポポワ氏が観察しているように、インターネットはまだ初期段階にあり、私たちの人間の状態とそのすべての矛盾（救いと罪など）をデジタル速度とウイルス複製で見るための新しい方法を表しています。さらに、それは、美しいかひどいか、つまらないか意地悪か、寛大で好奇心旺盛かなど、考えられるすべての人間の傾向に対する虫眼鏡の役割を果たします。

この認識によって、テクノロジーが私たちにどのような影響を与えるかを私たちがコントロールできるようになり、権力を私たち自身の手に取り戻し、その最も極端な悪の現れでさえ個人の変革と反省をもたらす能力があることを示していることに注目してください。これを実現すると、私たちにどのように力が戻ってくるかに注目してください。私たちは、テクノロジーが私たちを形作る上でどのような道をたどるかを決定することができ、インターネットの破壊的な能力の最も大胆な発現でさえ、しばしば救済と癒しの源として機能することができることを知ることができます。

サイバースペースは、私たちにいじめと対峙することを強いています。これは、子供たちが育つ物理的空間に長年存在してきたものです。何世紀にもわたって、西洋文明の最高レベルは、不幸な少数の人々の成長の必然的な部分として、積極的または受動的にそれを容認してきました。しかし、その影響がインターネットのキャンバス上で展開されるのを見ると、いじめは容認できないものとなり、いじめに対する意識の変化が一度生じました。子どもたちにいじめ事件を覆す方法を教えながら、いじめを永久になくすためのキャンペーンを開始し、歴史における道徳的転換点をマークしました。

この記事を書き上げるまでの過去数か月間、貴重な荷物が到着しました。それは、テクノロジーの能力によって私たちの暗い側面を生の詳細で即座に明らかにする能力によって鮮明に浮き彫りになった顔と生活です。そのような名前には、ケイラ・ミューラー、デア・シャディ・バラカット、ユソー・モハマド・アブ＝サルハ・ラザン・モハマド・アブ＝サルハ、クレメンタ・ピンクニーが含まれます。彼らの人生は、視点と決意を変えることで私たちが誰になれるのかを示しています。私がここで彼らのことを思い出しているのは、彼らの人生が、私たちが一歩ずつ前進することで誰になれるのかについての、より大きな救いの物語を表しているからです。

ケイラさんはシリアにある国境なき医師団の診療所を出る際にISIS戦闘員に人質に取られ、18カ月後に死亡した。デアとユソーはノースカロライナ大学の歯科学生で結婚しており、ユソーの義理の妹であるラザンはノースカロライナ州立大学に在籍していた意欲的な映画製作者であった。参加した4人の若いアメリカ人は全員、私たちの誰もが近くに住んでいるかもしれない普通の人々、つまり私たちが知っているかもしれない近所の人たちであり、私たちが自己満足として軽視しがちな世代の人々でした。

私の自然な反応は、苦しみを助けたり和らげたりすることが無力であると感じ、苦しみに関するニュース記事を避けることです。しかし、私は、私の並外れた友人であり同僚であるイスラム学者であり宗教教育者であるオミド・サフィによる、デア、ユソル、ラザンについての絶妙な瞑想に魅了されました。デアとユソルは、死の直前のウェディングドレスを着たユソルのような写真を通して私にとって生き生きとしました。デアとユソルがトルコの難民やここノースカロライナの隣人への援助の手段として歯科医療をどのように利用したかについての説明。それからラザンの、笑顔、勇気、そして苦労して勝ち取った希望を持ったUNCの何十人もの若いイスラム系アメリカ人をフィーチャーした忘れられない、しかし深くインスピレーションを与えるラザンのビデオに進みます。ラザン自身の顔も含まれています。
今日でも、あらゆるポーズで力強い声明を掲げている人を多く見かけます。それらは、時間と空間を超えて響く私たちのすべての声を表しています。

「私の世代が無関心で無関心であると示唆するのは誰にとっても不誠実でしょう。

「将来的には、私自身が築いた包括的なコミュニティの一員になりたいと思っています。」

ケイラ・ミューラーさんの自宅への手紙は、彼女のブログで証明されているように、「これは本当に私のライフワークです。苦しみがあるところへ行くことです。」と、彼女の年をはるかに超えた知恵と恵みの証しでした。私たち皆と同じように、私も自分の内側の世界の苦しみに対処する方法、つまり社会の一員として積極的な役割を維持しながら自分の痛みに対処する方法を学んでいます。彼女の呼びかけに従って、彼女はアムネスティ・インターナショナルやビッグ・ブラザー/ビッグ・シスターズ、そして故郷の地元のビッグ・ブラザー/ビッグ・シスターズなどの団体でボランティア活動を始めた。さらに、彼女はインドからグアテマラに至るまで勤務し、最終的にシリアに行き着いた。監禁中に彼女は両親に手紙を書き、それは私がノリッジのジュリアンやマザー・テレサなどの神秘主義者について読んだことを思い出させました。彼女の手紙は私に自分の使命を遅滞なく遂行することを思い出させました。

「私はこれまでの経験の中で、言葉のあらゆる意味で、私たちの創造主に完全に身を委ね、文字通り他に何もすることがなかったという場所に到達しました...そして神とあなたの祈りによって、私はそうすることができました。落ちながらも安心感がありました。

「あなたは私に暗闇の中で光を示してくださいました。私は刑務所の壁の中でも人は自由を見つけることができることを学びました。そのことに私は本当に感謝しています。」

誤解のないように言っておきますが、ケイラが捕虜として死亡していなければ、彼女の手紙がガーディアンやワシントン・ポストのような新聞に掲載されることは決してなかっただろう。また、ノースカロライナ州出身のユソル、ラザン、デアがそこで殺害されなかったら、私たちは彼らをフィーチャーした YouTube ビデオを見ることもなかったでしょう。また、日常生活で気を散らすことの多いテクノロジーがなければ、これほど親密なつながりを築く機会もなかったでしょう。

そこで私は、どうすれば記憶を超えることができるだろうかと自問します。これらの命を贈り物として認識し、お返しに敬意を払うにはどうすればよいでしょうか？私の経験は、幸運にも続けられる人生にどのような影響を与えるでしょうか？私たちは、そして私は「私たち」という言葉を大まかに使っていますが、亡くなった人たちを偲びながら、まだ私たちの中に残っている人たちに敬意を払う方法として、どのようにして今も力強く続いているすべての美しい命に立ち会い、支援することができるのでしょうか？

クレメンタ・ピンクニーは、全米の黒人男性（および女性）にとって、しばしば警察の手によって悲劇的な出来事が一年続いたさなか、亡くなった。彼は、南北戦争中に南軍旗が配備されてから150年後に、最終的にサウスカロライナ州とアラバマ州の州会議事堂から南軍旗を撤去した責任者の一人として歴史に残るかもしれない。振り返ってみると、クレメンタ・ピンクニーは自分の人生を素早く生きたように思えます。18歳で叙階され、23歳でサウスカロライナ州下院議員となり、史上最年少で州上院議員に選出されたが、この2つのマイルストーンは彼の経歴が証明しているように否定できない。彼はチャールストンの精神的な中心地であるエマニュエル AME 教会の全時間牧師として、著名な公務員でした。悲しいことに、まさにこの教会で、彼と彼の会衆の8人の輝かしいメンバーが、水曜日の夜の聖書研究に迎えた若い白人男性によって殺害された場所でした。

「私たちはこのプロセスに光と洞察を加えて、自分たちに新しい見る目を与える素晴らしい機会を手にしています。」
私たちの世界は、優しさを持って生きる日常の静かな美しさと勇気に満ちています。毎分、何百万もの老若男女が他者への奉仕のために犠牲を払い、改善への希望を危険にさらしています。この善良さは重要です。暴力の見出しよりも私たちの現実を知らせましょう。ラザン、デア、ユソル・ケイラ・クレメンタ、そして彼らの同志たちがそうしたように、暗闇の中でその光を受け入れてください。いつでもどこにいても、善を探し求めることは、人生そのものに対する新しい窓を開きます。
＊＊＊
私はオハイオ州ヤングスタウンに招待され、創造的な方法で対処する必要がある課題や、まだ名前を付けることができない課題の中で、新しい会話の場や人間関係を構築することについて学んだことを共有しました。ヤングスタウンは産業大国としてスタートしましたが、長い間困難な状況に陥ってきました。現在、ヤングスタウンの子供たちの半数以上がその下に住んでおり、何世代にもわたって生計と自尊心が貧困によって失われています。6月の蒸し暑い嵐の金曜日の夜、聖公会教会で行った私の講演は満員御礼でした。話した後、私はその夜も次の日も、人々が話、質問、答え、知恵を共有するのを熱心に聞きました。誰かがそれを結び付ける前に、私がその部屋で感じたことを少しずつ具体化していきます。このコミュニティは同時に死につつあり、同時に生まれ変わっているのです。」

彼らの物語は私たちの物語です。それは、時間と空間を超えて私たちが形成する家族、場所、親族のあらゆるコミュニティのことです。私たちは喪失の後に再生が訪れるということを信じられないことがよくありますが、歴史はそうではないことを教えてくれます。時々、次に何が起こるかについての選択に直面したとき、私たちは無力感を感じたり、どこから始めればよいのかわからなくなったりすることがあります。しかし、私たちが最も深い疑問や最も敏感な感情を自分の中に表面化させたときこそ、私たちは目を背けるのではなく、一緒にそれらを乗り越えることができるようになります。脆弱であると同時に強い人類は、思春期の種の存在の証人として立っています。一見相反する現実を一つにまとめ、創造的な緊張感を保たなければならないときにこそ、知恵が生まれます。力と脆さ、誕生と死、痛みと希望、美しさと傷つき、神秘と信念、静けさと陽気…すべてが知恵の創造に貢献します。。

私の対話生活は、詩と同様に、言葉では言い表せない真実を表現する人類の驚くべき能力へのオマージュです。この文章の結論として、私は、言われなかった、または私の言葉で表現されなかったすべてのことに対して恐怖と震えを感じますが、彼らが必要としている謙虚さを認識しています。

謙虚さはここで祝う価値のあるもう一つの美徳であり、知恵と回復力によって特徴付けられる人生を通して見つけることができます。謙虚さの意味は時が経つにつれて廃れてきましたが、謙虚さについての会話はその重要性を再発見するのに役立ちました。ユーモアや美しさと同様に、謙虚さは、これまで述べた他のすべての美徳と同様に、もてなしや質問に対して私たちを和らげます。

霊的な謙虚さには、自分に合わせて縮こまったり、自分を卑下したり、自分の価値を貶めたりすることが含まれず、むしろ、良いものを見て驚かされたいという熱意を持って、あらゆるものやすべての人にアプローチすることが含まれます。イエスはこれが子供のような謙虚さを示し、科学者や神秘主義者たちが軽やかな足取りで、心の重さを感じることなく、同様の他者への敬意の特質を示したとして賞賛した。

軽さは、世界や自分自身の中で知恵を見たり感じたりするときに、それを認識するための私にとっての頼りになるテストです。私たちを導く可能性のある疑問は、すでにそこにあり、探求され実現されるのを待っています。それらを呼び起こし、私たちの感覚、体、私たちが住む場所に植え付け、それらを通して癒しを助け、それらを癒す責任を負うことは喜びであり、特権です。冒険や使命として、お互いへの愛を冒険や使命として主張し、その広大さを楽しみながら自分の中に埋め込まれた現実に驚嘆し、最後に希望という強固で弾力のあるものにしがみつくことには、すべてを永遠に変える力があります。

生きることの芸術と神秘は広大です。しかし、それらは手の届くところにあります。この瞬間と次の瞬間に利用できるすべての恵み、美しさ、癒し、そして気配りを静かに探し始めてください。

終わり